季卫东 著

The Great Transformation and
Rule of Law in China

大变局下的中国法治

悼念

北川善太郎(1932.4.5—2013.1.25)

一位对世界格局的变迁有着深刻洞察,在东瀛长期关注中国法治的人师和制度比较研究的巨匠

序

北京大学出版社的白编辑希望出版我的近年随笔集,起初我是颇有些忸怩的。但被她的诚意所感动,终于同意把散落在各处的、内容各异的稿件汇拢在一起,就有了这本书。借此机会也对白编辑的细致梳理和编辑,并对早前提供不同形式表达机会的机构、论坛、报纸、杂志以及相关人士,致以由衷的谢意。

在某种意义上可以说,此处的长短篇章互相关照印证,构成了中国法治三十余年进程的部分观察记录,也是作者心路的一片缩影。在江西形成的红壤印象,在北京大学未名湖畔呼吸到的清新空气,使我始终无法把自己完全关在学术象牙塔里,无法对社会中每天上演的活剧熟目无睹、对来自人民群众的呼声充耳不闻。这就造成了本书的政治维度。

实际上,1979年我从江西考入北大法律系,个人生涯发生了巨大转折,与此同时整个国家大转折的帷幕也次第拉开。这场大变局以渐进方式演变至今,我们突然发现已经身处"历史三峡"中水流更为湍急凶险之处:中国的政治改革已经到达从量变到质变飞跃的临界点,是需要对政治改革进行决断的时候了。中国能否真正推动政治改革、能否成功建构民主法治的新秩序,这是当下摆在我们面前的一大课题。

在过去的六年间,世界格局丕变,中国形势复杂,家庭环境变迁。这一切都使我密集地穿越不同的时空、不同的领域、不同的群体,扮演不同的角色,抱有不同的心态。考察对象和写作主题也随之不断切换,但都围绕"大变局下的中国与中国法治何去何从"这个主题展开,特别是对核心价值、基本制度、主要举措的是非得失给予了深切关怀。在有关论述中,我试图把顶层设计、底层压力、整体渐进、个体突变有机地结合起来,通过先法治、后民主的路径,统筹兼顾、刚柔兼济的方式以及社会代价最小化的手段推动政治体制改革"软着陆"。

以20世纪90年代中国日益明显的多元化以及转型期社会矛盾的激化为背景,我在近些年的评论和讲演稿中重申并且进一步发挥了新程序主义的持论。众所周知,我们的文化传统是非常重视实质性价值的,在人际关系网络中不断增值的互惠合意也总是压倒法定权利的观念和审判制度的形式理性,这就使得程序正义的理想很难在中国生根。在转型期,各种改革主张也更倾向于实质性价值的推陈出新,对点点滴滴的制度建设、特别是对尽量保持价值中立的程序设计却显得缺乏耐心。尽管如此,我还是要特别强调公正程序原则对现阶段中国重建改革共识的特殊意义,因为在核心价值空洞化之后,舍此我们别无选择。我们不得不通过程序来避免合法性危机,通过程序公正来使不同的利益诉求和价值主张和平共处,通过程序共识来逐步累积实体共识。

站在新程序主义的立场上来看,司法改革是法治秩序形成的关键,是政治体制改革的最佳突破口。因而我集中讨论了审判独立与民主参与、法律教条主义与法官的有思想性服从、法官的规范创制活动、对自由裁量权的限制、律师在保障司法公正方面的作用、法律执行过程中的等级原理和平面互动关系等相关主题。在近些年的特殊氛围里,司法独立莫名其妙地变成了法学讨论的禁区。为此,我在写文章、作讲演时特意在这一点上加强了拨乱反正的力度,指出了某些认识论上的盲点,澄清了某些大局观上的命题。在法治已经成为社会共识的情况下,必须把审判权的独立性作为法治的最重要指标,因为没有审判独立,就不能明确守法的责任,就不能树立法制的权威,就没有平等适用规则的正义可言。

从新程序主义的视角观察司法改革、法制改革、政治体制改革,可以建立一个工具性框架,以此分析日常生活中出现的各种典型现象、热点问题、疑难案例、潜在趋势,往往可以举一反三、触类旁通。虽然在本书所使用的素材形形色色,但论述的逻辑线索是连贯的、主张的立场方法是统一的。毋庸讳言,随笔就是随笔,不可能像学术论文那样严谨、那样周全。但正是这些观察和思考的碎片,我们可以用来拼画出一幅关于大变局下中国法治发展前景的马赛克图像来。正是在这些碎片的隙缝里,一个与改革同行的法学研究者的忧患意识、批判理性以及建设提案都是有迹可循的。如果这些包含着思维和情感的碎片还能够为法治国家建设提供一砖一石,那么这本随笔集的出版就不算太浪费油墨纸张了。

季卫东
2013 年 3 月 30 日于鹿鸣苑

目　录

初始记忆　　选择的自由与烦恼　/ 003
　　　　　　　法与时转则宜　/ 011

十字路口　　以最小化社会代价推动政治改革　/ 019
　　　　　　　大变局下中国法治的顶层设计　/ 031
　　　　　　　现代法治的精神　/ 043
　　　　　　　价值和制度的普遍性　/ 070

和而不同　　没有程序，就没有真正的法治可言　/ 085
　　　　　　　法制重构的新程序主义进路　/ 088
　　　　　　　"程序共和国"宣言　/ 103
　　　　　　　决策的程序和语法　/ 107
　　　　　　　程序很重要，但不是万能药　/ 110
　　　　　　　通过互联网的协商与决策　/ 115

法治突破　　中国司法改革的现状与目标　/ 121
　　　　　　　司法改革第三波　/ 148
　　　　　　　中国司法改革第三波与法社会学研究　/ 157
　　　　　　　审判的推理与裁量权　/ 165

日本司法改革：民众参审的得失 / 181
中国律师的重新定位 / 186
法治原则与中国警务改革 / 192

时局万象　官员外逃的制度反思 / 201
爱国，何不守法？ / 205
信访终结制与审判终局性 / 209
"祸从口出"的律师 / 213
"封口费"葫芦案 / 217
舆情的裂变与操纵 / 220
个人安全保障与宪政 / 224
如何面对一个风险社会？ / 229
最高法院的使命与威信 / 233
期待地政拐点 / 236
"铁腕"执政功与过 / 240
人事与天命的碰撞 / 244
官员财产公示的"下行上效" / 247
经济危机中的司法责任 / 250
法律：举起正义之剑 / 254

大 变 局 下 的 中 国 法 治

初 始 记 忆

选择的自由与烦恼*

——关于新时代的起点,1982年的记忆碎片

对我个人来说,1982年那个燥热的初夏,颇费思量的事情还真不少。首先要考虑的,当然是翌年从北京大学本科毕业之后的人生选择。

自从在一年前"五四研讨会"上发表批判苏联法学权威维辛斯基的基本命题的论文之后,虽然在小圈子里赢得了些许掌声、关注以及鼓励,但同时也引起了不少争议。有位思想极左的研究生(他的姓名我已经忘记),甚至还公开指责我违背正统的法学理论原则。好在他没有向校党委打份小报告或者向有关部门递交批判信之类,否则我就没有机会在这里来回顾那段陈年旧账了。毕竟当时的大氛围是改革开放,支持我的观点的师友也居多数,所以对那顶政治大帽子也就没怎么在乎。但无论如何,怎样在统治阶级意志之外为国家秩序确立客观中立的普遍性标准,从此就成为一个对自己而言不容回避的基本课题。

在当时,我一度很醉心于追求某种作为真正科学的法律理论体系。为此还阅读了不少自然哲学和社会科学方面的著作,也到处搜集关于法

---

* 原载曹保印主编:《精神历程——36位中国当代学人自述》,当代中国出版社2006年版。

律与科学技术的资料,制作了大量的笔记和卡片。特别注重的当然是法社会学的发展,把周围能找到的相关出版物都找来看过了,并竭力搜索散见于各种期刊的零星信息以追踪国际学界的动向,同时着手梳理不同流派的学说谱系。此外,还到社会学系去选修了课程。不过那时的社会学研究还处在刚刚恢复名誉不久的起步阶段,又忙于配合全国人口普查的中心工作以显示自己凤凰涅槃的现实意义,所以找来找去都找不到与法律秩序有联系的讲义科目。倒是有一个刚刚访美回来的教师,在燕园周末讲座中提到计量法学(jurimetrics)的发展,引起我的兴趣。在散会后曾找他请教过,但还是未能获得更详细的资料。后来又凑合着旁听了关于社会学一般方法论的两门课,终归不得其要领。

　　北大人都知道,不管关起门来如何自嘲"文化大革命"之后的"一塌糊涂",言外之意依然把博雅塔、未名湖以及规模宏伟的图书馆(一塔湖图)作为自豪的资本。但是,在浩劫之后的当时,即使那个堂堂北京大学图书馆,也极其缺乏法学书籍,更不必说法社会学方面的著作和最新近的重要文献了。偶尔发现有几本好的藏书,赶紧填写借阅单排队索取,结果往往是眼巴巴等上个把小时后,只得到一句在冷冰冰的钢筋水泥混凝土上掷地有声的回答——"没有"。在这样的状况下,尽管我已经打算报考研究生,但心里仍不免犯嘀咕:即使熬成了学术上的巧妇,又能把那无米之炊做多久?

　　鉴于法律方面思想和知识的资源贫困,出国深造应当是最佳选择。

　　起初我很希望到美国研究经验性法社会学或者到德国研究理论法社会学。想到美国去,因为那是法社会学研究最繁荣的国度。至于考虑赴德,是因为根据我当时查到的资料,在欧洲数西德最重视法社会学,专门的研究者人数达47名,且以学说的体系性见长。当然,自己已经学习的外国语种也是决定性因素。

　　本来我的外语并不太好。高考时的成绩,数英语最糟糕,只有45分。但入学后经过恶补,到二年级结束时,终于也有资格挤进国际法班,与英语呱呱叫的少数同学一起听美籍教员讲"判例方法"了,虽然有许多地方似懂非懂还不懂装懂。后来,太阳终于从西边升起,让我在校学生会组织的1979级英语竞赛中侥幸获得一等奖,不仅让法律系的同学们跌掉眼镜,连我自己也不大敢相信。第二外语选了德语,虽然还远没有登堂入室,但有点小舌音大舌音、雄性课桌雌性板凳之类的词义文法底子总是聊胜于无吧。因此,报考出国研究生的主要障碍已经不在语言上了。

当时的问题出在怎样选专业上。

我的志趣是法学理论。但近30年来,这个领域一直没有派遣在外国大学研究生院正式注册攻读学位的留学生。这是一个不能不面对的现实困境。有的同学为了争取留学机会,纷纷改选涉外专业。自己也考虑过这样做的可能性,但总觉得牺牲志趣的代价毕竟太高,何况承蒙赵震江教授、张宏生教授(已故)、沈宗灵教授等恩师的厚意,指望我能在法的基础理论方面有所作为。既然"熊掌和鱼翅不可兼得",就得牺牲一头,怎么办?我最终决定还是不改初衷,无论如何都坚持选择真正感兴趣的专业。

出人意料的是,后来公布的北大研究生院招生方案中,法学理论领域居然也破例有了一个赴美留学指标(只是因为国际关系上的争端以及其他因素几经反复,最终改派日本),我的考试成绩又足够达标,于是难题迎刃而解。然而,当初面对命运的"未知之幕",还是在一段时间内很伤脑筋的。

另外有一件苦恼的事,就是与女朋友骆美化闹了场不大不小的别扭。起因是我没有观看她兴冲冲地排练几次、想在我面前露一手的舞蹈表演"吐鲁番的葡萄熟了"。

当时的北大校园,充满了对改革前景的希望以及刻苦向学的激情。即使在寒冬的清晨,图书馆前也会出现等候开门的长队。我也算不落伍的一个,但革命觉悟倒也没有高到为了事业而牺牲爱情那样的程度。只是由于那段期间正在构思新的论文,我想在学校文艺汇演当天晚上还是去图书馆里继续用功为好;但打听清楚了上演的节目表和时间预定,允诺在美化表演的时候赶去捧场。这样做虽然有些傻乎乎的,也显得狭隘自私,倒也不乏感动芳心之处——专门赶去看一人表演,这才成其为"专一"呀。听我辩白后她哼了一声"你总是有理",也就微露笑意地答应了。

没想到由于临时调整节目顺序,等我到办公楼礼堂时,人家都已经谢幕卸装去也。我又不会撒谎,说已经睁大眼睛鉴赏过她横摇脖子竖跺腿、还把自己巴掌都拍得通红微肿云云。结果可想而知,无论我后来在南北阁附近、在暗香浮动的合欢树下怎么口干舌燥地解释和忏悔,她还是那一句话"你心里没有我",并庄严宣告等期末考试一结束就回长春的清凉世界度暑假,留下我一人在学校里吃不着葡萄说葡萄酸。看来从此以后我得时刻准备着那把号称"吹啦"的达摩克利斯剑从天而降(谢天谢地它终于没有冲着我的脑袋掉下来)。

就在这样"吾日三省其身"之余,也有许多往事涌上心头。

高中毕业之后,我曾下乡种过两年田,也当过一段时间够不上品级的基层小干部。在"文化大革命"刚结束的当时,在有些人眼里,要弃官读书纯属犯傻。实际上,我是瞒着指名留我待用的组织部有关领导私下里准备报考大学,各门功课都是在极其繁忙的工作之余挤出点滴时间来复习的。考后又马上陪县长下乡督促检查"双抢"(江南农村在夏季"抢收、抢种"的简称)工作,以至于累倒住院。我是躺在病床上打点滴时获悉自己考分为江西省文科第一名并接到北京大学法律系的录取通知书的。结果延搁了半个月我才独自一人到北京大学办理新生报到手续。

正是这些经历,使我深知学习机会来之不易。因此,在北大期间的生活基本上是采取笨鸟先飞的方式,成天累月地泡在图书馆里如老僧坐定,被同班的一个学友形容为"不食人间烟火"者流(其实还是喜欢到学三食堂买三角五分钱一份的红烧排骨或者木须肉的)。即使在谈了朋友之后,花前月下湖边的时间也少得可怜——对这些心里本来就一直有些内疚,这次观看文艺汇演的食言,更让我有些诚惶诚恐。

以上所说的,显然还夹杂着一些在"少年不知愁滋味"状态下"强说愁"的成分。回首往事,那些都只不过是蓬勃向上过程中的烦恼,是有选择余地和选择自由时不知何去何从的烦恼。其实,当时的国家又何尝不处于类似的境况?

刚刚开始拨乱反正搞改革,中国到处都有新气象和生机,但到处也存在着矛盾、冲突以及面对历史伤痕的淡淡的伤感。从北岛的朦胧诗《回答》《走吧》,到白桦的剧作《苦恋》,再到刘宾雁的报告文学《一个人和他的影子》以及后来的《第二种忠诚》,我们可以感受到那种独特的时代氛围——有委屈,有不安,有憧憬,有振奋,也有大变革的呼吁。整个国家都踯躅在历史的十字路口,究竟走向何方还没有确定,所以有"摸着石头过河"一说。唯其不确定,才充满风险、机遇、浪漫以及喜怒哀乐的无常。

到1982年的夏天,西单民主墙上的字迹是早已被冲刷得一干二净了,就连北大推举海淀区人民代表的竞选实验也淡出了校园话题。虽然在某些沙龙里还在争论着中国究竟需要卢梭还是罗伯斯庇尔或者拿破仑之类的宏伟叙事,理想主义色彩还没有被磨洗殆尽,但纪律和秩序已经逐渐成形。有些阶层和群体尝到了经济发展和对外开放的甜头,并进一步盯上更实在具体的盼头,同时也迫使中央政法委员会不得不在7月10日召开新中国成立以来最大规模的执法会议,把坚决打击经济犯罪作为当前的首要任务。

在政治和法制方面,当年最激动人心的有两件大事。一件是中国共产党第十二次全国代表大会即将召开,给所谓"文化大革命"彻底划上休止符,完成基本路线向"四个现代化"的转轨。另一件是新的宪法草案付诸全民讨论。作为法律系学生更关心的当然是改宪问题,也参加了有关当局在晚春时节组织的讨论。八二宪法草案中特别引人注目的内容是把坚持"四项基本原则"作为起草作业的指导思想并写进序言之中。在公开的场合虽然人们不敢提出实质性的非议,但私下里还是能或多或少听到一些对重要规定的不同意见的,也有人含蓄地强调宪法序言与本文不同,不应具有法律规范的效力。

现在回过头去看,"四项基本原则"入宪的目的是要给意识形态之争以及围绕庚申政治改革方案的讨论贴上封条,也可以堵住新老左派的嘴,实际上发挥了安定化装置的功能。但在新宪法草案中赢得普遍赞扬的内容是第二章,强调了公民基本权利,不仅把有关条款置于国家机构一章之前并增加了规定的数目,而且还大大拓展了制度性保障的范围。特别是从1978年下半年开始,最高人民法院对"文革"期间审理的一般刑事案件进行全面复查,据1981年底的统计,改判率高达25%。也就说,平均每四桩案件就出现一个错判。到1982年5月还在贵州省发现并昭雪了一起导致19人被判死刑立即执行、10人被定重罪、64人受到牵连、经过两次复查均维持原判的特大冤案。在这样的背景之下,人格尊严、人道主义之类的自由权利观念大行其道,并以商品经济为媒介逐步向国家权力结构中渗透。

上述社会变动当然也不是一帆风顺的。在经济改革的思路方面,还存在着围绕"白猫黑猫抓老鼠"的竞争机制、"运动员当裁判"的管理体制以及把自由的商品经济关进国家计划的"鸟笼"里去之类议题的激烈争执。在公众传媒中,反精神污染、反自由化之声此起彼伏。也不断有学者、文人乃至党内领导干部因言行过激而遭到点名批评甚至行政处分。

最令我感到吃惊的是,在北大法律系任教的美籍华裔法律家黄氏仅因为收集的中文法律法规资料中包括所谓"红头文件"(内部的政策性规范),就在不久前被悄悄逮捕、定罪以及判处重刑。我不认识这位先生本人,但听过他夫人授课,也和同学们一起观看过他们提供的英语电影录像《飘》什么的。因此,当一位朋友神秘兮兮地悄悄告诉我那两口子是美国间谍时,的确受到很大震撼。后来再也没有听到他们的音信。等我到日本京都大学法学院留学时,在1985年碰到研究中国法的美国学者费能文教授,提起此事他还直摇头,并对自己在1979年申请到北大法律系留学被拒(当时的理由是法学属于绝密专业)、不得不进历史系的不快经历也耿耿于怀。后来我去东京大学法学院拜访比较法专业的鲍尔·陈教授,他也打听那位黄律师的下落。我本来什么都不知道,直到出国之后才体会到该事件对海外的巨大冲击力及其余波荡漾的程度。

大约与此同时,我接待了故乡来的几位客人,因为他们的一个亲戚得罪了当地权势者而受到打击报复、以不实罪名被关进监狱而来北京上访。我问为什么不找省市有关部门申诉或发动审判监督程序,他们的回答是,那不管用,在各级地方都是官官相护,法院更怕得罪当地党政头头脑脑们,报纸又受宣传主旋律的新闻原则的限制,不愿或不敢揭露阴暗面,只好指望北京的大干部能出面为民做主。听着他们的牢骚和求见计划,我不禁回忆起在农村当大队书记时所见所闻,有许多事情的确是可以互相印证的。

我正是因为当年在基层工作对盘根错节的黑势力感触良深,才在报考大学的第一志愿栏里填写北京大学法律系,在第二志愿栏里填写复旦大学新闻系的。可是现在的我,除了提供一点点初步的信息、请他们在北大西南门对过的长征饭店喝杯闷酒之外,又能帮他们做什么呢?刚刚付完餐费,就听到门口传来扩声器发出的响亮女高音:"332路公共汽车开往动物园请先下后上",于是赶紧奔跑。等他们挤进人满为患的车厢想起回头说"谢谢"、"随后再联系"时,巴士已经开动了。从排气管猛然喷出的一团灰色烟雾弥散开去,使尾随其后的马车也不禁停顿下来,并激起一个沉闷的喷嚏……

与这些事实和慨叹或多或少也有些关系,当决定四年级上半学年在石家庄市进行专业实习的部门时,我志愿报名去河北省第二监狱。为此还利用1982年这个暑假阅读了一些犯罪学、狱政、刑事政策、社会心理、青少年不法行为方面的文献资料,并访问了北京第一监狱。我们是9月开学后出发去实习的,手头保存了我自己当时做的原始记录的卡片,兹摘录如下:

> 河北省第二监狱占地总面积近千亩,全狱政法干部626人,职工206人。干部中狱级领导19人、科级领导65人、大队干部271人、中队干部275人。截至1982年8月23日,在押犯人共3573名。其中反革命犯241名,占总人数6.7%;一般刑事犯3332名,占93.3%。在一般刑事犯中,杀人、放火、强奸、抢劫等重罪犯人计1532名,占46%;判死刑缓期执行的125人、判20年以上有期徒刑的213人、判15年以上徒刑的681人、判10年以上徒刑的713人、判5年以上徒刑的1143人、判5年以下徒刑的587人。从年龄构成上看,30岁以下的犯人计1539人,占总人数43%。关于对犯人进行教育和劳动改造的效果,据不完全统计,在1979年该监狱释放犯人673人,考察了422人,其中表现好的332人,占78.7%;表现一般的82人,占19.4%;出狱后重新犯罪的8人,占1.9%。在1980年释放了1249人,考察了三个地区161人,出狱后表现好的126人,占78.3%;表现一般的33人,占20.5%;重新犯罪的2人,占1.2%。另外,该监狱还有刑期届满后自愿留下的就业人员730人。狱内设有三个工厂,即新生机械厂、床单厂、特种车辆改装厂,年产值共计3000万元,年利润在1981年度为360万元。自从监狱成立以来接受犯人累计1.9万余人,创造财富1亿3000多万元。

但是,这些都是后话。就在卡片记录的统计截止日期1982年8月23日那天,我还身处与河北第二监狱形成鲜明对照的北京大学校园,还没有真正体验到中国最不自由的地方与最自由的地方之间存在着多么巨大的反差。

经查阅日记,那一天,我依然赶早到图书馆,挑一个熟悉的宁静角落占据座位,除了用餐之外都在那里画地为牢。傍晚则到未名湖边散步,在霞光和清风隐约送来的朗读外语课文声的抑扬顿挫里,掂量着现在的烦恼,推测着未来的命运。记得就在踏上离博雅塔不远、斯诺墓前的那块湖畔青石上的那个刹那,突然,卢梭的一句名言在脑海浮现,其含义几经咀嚼后觉得好像余味无穷。即:"人生而自由,却无往不在枷锁之中。"

2002 年 12 月 23 日

法与时转则宜*

> 已成为20世纪80年代标志之一的诗人海子在80年代末选择离开,带走了那个年代的全部伤感与理想。但作为他的同班同学,季卫东则开始了他的另一条道路。20世纪80年代赋予了他更多思考现实的能力,关注这个国家进步的愿望,以及参与到改革中的责任感。
>
> ——《法制日报》记者:田思露

"海子死了,是我对80年代个人记忆的句点"

田:20世纪80年代,您先是在燕园读书,而后赴日本求学,80年代您的个人经历是怎样的?

季:因为知青下放政策以及县政府工作等影响,我进北大法律系时刚过22岁。

记得我因病延搁了到校报到的时间,刚进宿舍43楼那个摆了十几个

---

* 这是《法制日报》的一篇采访稿,原载《法制日报》2007年2月11日"法学家的80年代意识"专栏。

床位的临时房间有些摸不着东南西北。家在北京的赵利国兄立即前来问寒问暖,周末还带着我到校园拍照,至今想起来还感激不已。还有黄尔梅、李京生、朱宁等几位学长,经常把外地同学分批招待到家里改善伙食,让我这个生活委员当得极其容易。

在20世纪80年代初,燕园里还有小块农田,海淀镇(现北京市海淀区)也充满乡村情调,在中关村的街道上马车和自行车川流不息。大学生的口粮也还是定量供给的,在北京有米食和面食的固定搭配比例。作为生活委员的主要工作其实就是每月按照比例分发饭票菜票,因此比较容易成为受欢迎的人,也对民生主义与民主主义之间的关系有了直接体验。

当时的学生宿舍,还存在自由改变饭菜票搭配比例的"物物交换"机制,因为南方来的同学爱吃大米饭,正好可以与北方出身的同学互通有无。记得我与张安平大姐商量,曾经根据这种供求关系对票证分配方式进行过某些合理化改革,颇得好评。

田:读书的情况呢?

季:那个年代的大学生很朴素,但求知欲极旺盛。天不亮图书馆前就有人排队等待进阅览室,晚上教室统一熄灯之后才回到宿舍洗漱就寝,甚至还有人在通宵不熄灯的厕所里继续攻读。当时法律专业的书籍还很有限。商务印书馆的"汉译世界学术名著"丛书中关于政治和法律的著作在校内新华书店极其抢手,所以饭后到书店转一圈就几乎成为我的必修课。说句现在有些难为情的话,台湾书籍的盗版对迅速缩短法学领域的知识时差还是功不可没的。可以说,精神方面的"粗细粮搭配"也很重要,借助深入思考的努力,可以把知识碎片之间的断层和空白填补起来,拼出差强人意的学术谱系图。

作为阅读和思考的初步成果,我在大学一年级结束时写了"关于法律基本定义的刍议"一文,直接向支配国家与法的基础理论的维辛斯基命题提出挑战。这篇论文在1981年"五四研讨会"上宣读后曾经引起较大反响,成为该年度举办的北京大学现状和成果展览会的一项内容。法律系的一些教师和同学也颇欣赏和支持其中的主要论点和论述,有些高年级同学、研究生以及副教授在会后找我交换看法,从此成为相知甚深的好朋友。

田：您此后一直在日本，对于20世纪80年代的中国有什么样的记忆？

季：进入北大后有几件国家大事给我留下了很鲜明的印象。首先要举出的是1980年最高人民法院对"四人帮"等政治人物的刑事审判。不言而喻，这桩案件其实属于历史审判的范畴，象征意义大于法理意义。在一定意义上可以说，这次审判标志着中国开始从人治转向法治。

其次令我难忘的是1984年。这是英国作家乔治·奥威尔的反乌托邦著名小说预测过的年份。但是，中国的实际情况与预言的氛围大不一样。这一年7月底，中国第一次参加奥林匹克运动会，许海峰就在洛杉矶摘取了本届运动会的第一块金牌。记得法律系男同学在37楼的电视间里看到这一幕时，欢呼声几乎把屋顶掀掉。接着有人敲打脸盆，有人到楼下空地聚集喊口号"振兴中华"。我也行走在队伍中，热泪盈眶。

到1984年国庆节那天，中国政府招待日本青年3000人参加观礼，北大也选派不少学生参加天安门广场的联欢活动，教山口百惠、高仓健的同胞们几句"我好"、"你也不坏"之类的玩笑中文。10月5日，当关于"一衣带水"的轻歌曼舞还在萦绕北京，我则与100多名各个专业的同期留学生一同在首都机场搭上教育部包的专机，飞往在"一衣带水"彼岸的日本。

最刻骨铭心的还是1989年那段历史记忆。才华横溢的海子3月26日在山海关卧轨自杀，留下《春天，十个海子》的绝唱，也似乎留下了个关于"夏天，千百个海子"的谶语。我有时会想，他为什么要选择在山海关了断尘缘？记得在大学三年级时，他非常热衷于研读《山海经》，仿佛志在继续进行胡适没有完成的考证作业似的。记得海子在接到北大法理专业研究生落榜通知后，曾跟我在未名湖畔漫步谈心，略有沮丧和彷徨，但丝毫没有绝望。5年多之后，究竟是什么因素导致他以那么惨烈的方式告别人世？

在1989年，作为诗人的海子死了，随之诚信纯真的理想主义精神死了，这就是我对20世纪80年代的个人记忆的句点。

"80年代最弱也最需要的是现代法治"

田：那个时候，西方文化对中国法制进步有什么样的影响？

季：在20世纪80年代有一个响亮的口号"民主与法制"。它的结晶绝不仅仅是一份同名杂志。那时的法制发展主要有两大动力。一股是反思"文革"、平反冤假错案、强调人格权、否定家长制和一言堂、废除干部终身制、思考制度改革、提倡依法办事，等等，都是出于吸取历史教训的需要。另一股动力是吸引外资、发展经济的需要。邓小平的著名公式"不管白猫黑猫，抓住老鼠就是好猫"反映了社会的共识，为引进外国法律制度也创造了初步的前提条件。

以经济特区和涉外经济法规为据点，现代的经营管理组织和游戏规则逐步在中国立足、扎根、渗透以及发展。由于传统文化的影响力很大，体制上的壁垒也很森严，所以中国一直没有公开移植国外的规范体系，也没有拘泥于某个特定的模式，更谈不上全盘西化。中国对国外制度的引进一直限于部分的参考、比较、借鉴，属于混合性继受的范畴，始终注意保持自己的特色和主体性选择的自由。这样属性表现在立法和司法过程中，就是法律试行、政策指向。

实际上，在整个80年代，制度变迁存在三个维度，即以市场竞争为动力的法律现代化和个人权利意识的觉醒，加上社会主义计划体制的惯性和国家主导型改革的官僚主义趋势，再加上传统文化和网络化社会秩序的影响。在上述三个维度中，最弱的是现代法治的因素，最需要的也是现代法治的因素。因此，从法学家的角度来看，最有必要强调的也是现代法治的因素。80年代的新启蒙运动就是在这样的背景下兴起的。

不过，站在更广泛的视野里，你可以看到当时的中国正以前所未有的开放姿态沐浴海外来风。从弗洛伊德的精神分析心理学到萨特的存在主义，还有卢卡契和葛兰西的新马克思主义学说，都吸引过我和其他朋友的注意。在关注西学的背景下，80年代北大法律系的课程中，沈宗灵先生的西方法学理论和龚祥瑞先生的西方宪法和行政法对学生最有吸引力。

田：1982年颁布了新的宪法，您认为在80年代，宪法在人民生活中的地位是怎样的？

季：一部好的宪法，既需要获得民意的充分支持，也需要高瞻远瞩的制度设计。一部有实效的宪法，必须长出牙齿来，能够预防和及时纠正任何违宪行为。但是，80年代的宪法无论在制度设计上、还是在监督实施上都受到时代的限制,仍有改进的余地。

进入21世纪后,中国社会结构发生了很大的变化。价值观和利益格局已经呈现出明显的多元性。市场经济已经占主导地位。权力结构与竞争机制之间的隔阂日益扩大。中国有句老话:"法与时转则宜",中国需要对此进行深入思考和讨论,中国的法学界和立法机关应做好未雨绸缪的准备。

"'一国两制'对中国宪法发展影响深远"

田:当时的中国对宪法的学术研究呈现成怎样的局面?

季:80年代的基调是不争论、向前看。所以,更多的是采取妥协的方式来化解矛盾和冲突。当时宪法学界的主流想法是回到1954年宪法体制,关于这一点,张友渔先生表述得很清楚。

尽管如此,在现行宪法体制发展中还是有些很重要的变化。例如全国人大常委会的功能强化、选举制度的改革、地方分权、村民自治,等等。另外,80年代初的一些改革和尝试,也为我们留下了极其可贵的历史遗产和精神财富。记得王叔文先生发表的关于宪法的最高规范效力的论文也曾产生较大反响。很多大学生还喜欢阅读李步云先生和郭道晖先生关于法治和人权方面的文章。

田:中国的社会变革对中国的宪法以及宪法研究有怎样的影响?

季:应该承认,20世纪80年代邓小平提出的"一国两制"的设想对中国宪法秩序的影响非常深远。两种体制并存的态势必将促进国内的制度竞争、正当性竞争,在一定程度上可以为改革以及宪法变迁提供动力。

另外,1988年宪法修正案承认土地使用权转让的合法性也是极其重要的举措。这不仅可以为营业自由提供基本条件,改善财政状况,为资本积累提供炼金术,还可以使征用和补偿的问题提上立法议程。而征用和补偿涉及所有权保障的根本,可以成为撬动所有制改革的主要支点和杠杆。

"'主义之争'要强调公正程序和论争规则"

田:20世纪80年代后期有一场被喻为新启蒙运动的大讨论,您认为这种讨论的形成和20世纪80年代文化热有什么样的关系?

季：20世纪80年代的文化热起初基本上是20世纪文学革命的重演。通过东西方比较推动对传统的反思和批判,进而为价值体系和制度的根本性改革造势。因此,当时的文化热与新启蒙运动是一枚铜板的两面。在启蒙运动遭到挫折后,文化热就转向了。变得像20世纪30年代的新生活运动,通过国学复兴和本土化来加强社会的整合和自我认同。

田：您自己倡导政治共识,是否您不认可这种"主义"的讨论?

季：我不否认主义之争的意义。但我认为,如果缺乏细致的推敲以及制度化作业跟进,主义之争不是流于意气用事,就是陷入玄谈游戏。所以,我特别强调公正程序和论争规则,只有在这样的前提下,围绕"主义"的争论才有可能真正形成政治共识。

田：您怎样评价20世纪80年代在中国法制发展史上的地位?

季：80年代是立法者的时代。在短短的十几年里,中国法制发展的成就是很可观的,不仅立法规模很大、速度很快,而且质量也在不断提高。有很多法律已经达到世界先进水平,值得自豪。

但是,中国现行法律体系内在矛盾也很多,需要通过修改和解释加以整合。更重要的是执行。这些问题之所以广泛存在,当然与现行体制中的病灶有关。当然,也不是说体制一变,所有问题就可以统统迎刃而解了。

从司法以及法律执行方面,我觉得比各种叠床架屋的审判监督举措更有效的是完善判例制度,所有判决都公布汇编,让法律人以及学者站在独立的立场上进行详尽的评释。这样一来,违法审判以及制裁畸轻畸重的问题就很容易暴露出来,也容易利用再审制度进行纠正。因此,我觉得中国需要加强判例研究,并尽早创办一份学者主持的有权威性的判例评议杂志。

还应该使判例研究与大学的法学研究和教育密切结合起来,把判例评释作为培养部门法专业研究生的基本内容,让他们的学术生涯从很有深度的判例评释起步。这里也就涉及另一项举措,即改革法学教育制度。

以上这些举措都是在既有体制下切实可行的建设性作业。假如要真正治本,当然无法回避体制本身的改革。这个问题太大,三言两语说不清楚。不过,如果上述举措能够落实,体制改革的条件就会更加成熟。

2007年2月11日

大 变 局 下 的 中 国 法 治

十 字 路 口

以最小化社会代价推动政治改革[*]

我认为,中国的政治改革已经到达从量变到质变飞跃的临界点。有一个法案和三篇政论文章可作为判断的指标。

"一个法案"是指 2007 年 3 月全国人大通过的《物权法》。这是承经济改革之先、启政治改革之后的一个非常重要的法案。《物权法》通过后,通过逐步落实财产权平等保护的原则,可以促进市场竞争机制的健全化;通过加强私有财产权的保障而限制政府的权力,可以在人民普遍成为有产阶级和履行纳税义务的前提下重新考虑公共品和行政服务的问题;国家的基本架构会有重要的变化。

"三篇政论文章"是指关于民主政治的三种不同主张及其互动关系。

《炎黄春秋》(2007 年 2 月号)刊登了两篇文章:谢韬的《民主社会主义模式与中国的前途》与周瑞金的《任仲夷的"政改"思想值得重视》,引起了一些波澜。

谢韬的文章可谓新中国成立 50 年来公开发表的最大胆的政治评论,涉及国家意识形态和执政党的组织原则。更有意思的是发表这样言论的

---

[*] 原载《领导者》杂志第 23 期(2008 年)。

杂志不仅没有被查封,有关内容还在人民网、新华网等官方媒体上公开讨论。当然,目前主要是批判,还没有看到赞同、拥护的意见。但通过批判促进讨论也很好,是正常的。政治应该容许理性讨论,让不同的意见进行自由竞争,只有这样才能作出正确的决断,才能搞好政治。似乎有关部门目前仍然对这样的理性讨论持静观态度。

后一篇文章的作者周瑞金,是1992年署名"皇甫平",写推动经济改革的著名系列文章的主要执笔人。他在这篇推动政治改革的文章中,特别强调了邓小平理论中关于政改的那一部分。大家都知道,在1986—1987年期间,中共曾经缜密探讨过政治改革的问题。但由于之后的众所周知的原因,这个过程中断了将近20年。现在,这个空白正在被填补。

除了这两篇党内非主流派的政论,还有一个现象非常有意义。这就是党内主流派的表态定调,其标志是温家宝总理在2007年2月26日由新华社播发的署名文章,题为《关于社会主义初级阶段的历史任务和我国对外政策的几个问题》。文章指出,中国仍然处于社会主义初级阶段。这个提法是1987年提出来的,现在重新提起,很耐人寻味。值得注意的是,文章强调要通过政治体制的改革——特别是民主与法治——解决经济畸形发展、分配不公、腐败蔓延、政府信用度和执行力下降等问题。这篇文章,既是党内主流派对非主流派基于理想的民主化诉求的理性回应,也强调了中国现阶段民主化的特色和范围,试图说服激进化倾向,并试图使这种中国独自选择的民主化道路得到国际社会的理解和承认。

党内主流派与非主流派,在意识形态和组织体制的现状认识与发展方向展望上,存在这样或那样的差异。但在中国共产党领导和推动民主化这一点上,并没有对立之处。因此,可以把各种观点联系起来进行比较和综合考察。

谢韬先生的文章重新评价了社会民主党的贡献,提出通过阶级和解和体制和解实现均富的路线诠释,要求把党的意识形态从阶级斗争转向阶级合作,转向社会协调,重新认识社会民主党。这并不是一个新鲜的问题,20年前国内就有人开始研究,不过公开提出还是第一次。实际上,中国共产党已经发生了很大的变化,如承认私有制、放弃阶级斗争、试图代表国民整体利益等等。但社会民主党与共产党的列宁主义组织模式之间还存在本质的不同。最主要的判断标准在于是否承认外部监督以及相应的议会政治。新华网2007年曾转载关于陆定一的回忆文章①,也提到"要解决腐败问题,必须借助外力"即党外监督的重要性。党内非主流派的文章,还明确提出重新认识三权分立、言论自由的主张。

至于党内主流派的立场,例如温家宝总理的文章所表述的那样,已经开始把生产力发展与分配正义相提并论。也就是说,不仅要继续把馅饼做大,而且还要重视把馅饼分好。温总理还在推动世界多极化,走中国独自的政治改革之路的前提下承认价值的普遍性标准。

在这样的背景下,也是在2007年,国家行政学院刘熙瑞教授在《人民论坛》杂志发表文章,声称"中国民主模式已经确立"。新华网也转载了他的观点。按照我的理解,这既意味着对迄今为止的渐进式政治改革路线的坚持,也暗示有可能已经作出关于政治改革的决断。一个问题不论多么艰难和歧义丛生,只有作出决断,才会有现实的存在,才能对现实进行改进。

但是,在过去很长一段时间里,为什么中国政治改革的决断始终作不出来?为什么政治改革长期停滞不前?一个很重要的原因就是既得利益的障碍。财产申报制难以出台,有些大案要案无法追查下去,就是很典型的实例。另外还有一个重要的原因,就是思想禁区群众免费搭车的心理。

除此之外,专家在评估社会风险上存在的意见分歧,也是妨碍政治改革决断的一个主要原因。例如信息公开,在原理上是完全正确的。但是,如果信息公开的范围和速度大幅度超出解决问题的能力,问题摆在光天化日之下却解决不了,就可能引起政治危机。这种担心也是可以理解的。另外,贫富悬殊导致个人诉求之间的差距非常大,又缺乏把各种选择加以组织化的机制,这时不扩大普通选举的范围,弱势群体就会感到求告无门;而选举制度改革的力度太大,很可能使政治决策被某些情绪或短期行为左右。这里存在着投票权悖论。这些因素都可能成为社会风险因素,妨碍决断。

由此可见,降低政治改革的代价和风险,尽量确保优化选择、正确选

---

① 《炎黄春秋》2007年4月号发表的、由陆定一长子陆德整理的《陆定一晚年的几个反思》。

择,是促进决断的重要条件。所以,为了推动中国进行政治改革的决断,我们应该换一个视角:从我们日常生活的需要来看政治的本质,来把握改革的方向。

关于什么是政治,政治学家可以给出很多定义。我们在这里先不谈理论,只从身边的事实出发。其实,我们每天都要与他人打交道,就共同关心的问题作出决定,这就是政治性活动。即对那些涉及众人的事情作出决定就是政治。一般说三人成众,但是最简单的两人互动也可以有政治。比如一对恋人约会,是到餐馆吃饭还是去看电影?是游公园还是逛马路?都需要共同决定。有的人是完全照女朋友说的做,有的人是男朋友的意见都不反对。这意味着一方决定,一方服从,究竟谁服从谁,要看力量对比关系。当然,这时的力量对比是指魅力,而不是暴力或其他实力。如果双方力量对比关系比较均衡,就会采取其他决定方式。例如摆出理由来互相说服,或者协商到意见完全一致,或者抓阄,有很多选项,可以从中择优采用。如果是三个人甚至更大群体的决定,就会更加复杂,可能按照先例办,也可能推举一个大家都信赖的聪明人作决定,也可能按照少数服从多数原则进行表决。所以亚里士多德说过:"人是政治性动物"。也就是说政治并没有什么神奇或可怕的,无非是对公共事务作出适当的决定而已。

因此,我们首先可从如何处理好身边的事情开始谈政治改革。民主化被有些人视为洪水猛兽,是中国政治话语里的诸多禁忌之一。其实所谓民主化,归根结底是要提高政府反应和实现各种利益诉求的统治能力。健全的民主政治,会提高国家的统治能力,所以俞可平教授强调民主是好东西。另外,我们在社会的日常生活中碰到的很多问题,都是与国家政治制度相联系的。如漫游费该不该收、"过劳模"怎么救济,还有征地、环保等问题,都与政治决策以及权力制约机制有着千丝万缕的联系。从这些事情上看政治改革,民主化就比较容易找到共识,能找到切入点。

此外,透明财政和集体谈判是从身边事情开始推动民主发展的双轮。基层政府的财政,涉及每个人的切身利益,如何对资源进行再分配的决定很重要,这就是极其关键的政治问题,是不能回避的。围绕分配公平,当然会出现谈判现象。在谈判当中,人的社会地位不同,交涉能力也不一样,很难对等,也就很难实现公平。政府已经公开承认存在强势群体和弱势群体,那么如何增强弱者在谈判中的地位和交涉力呢?这就是不容回避的政治问题,民主化也就有其必然性。弱者如果有了投票权,就可以在一定程度上制衡强者,免得他们以强凌弱、仗势欺人。所以民主选举有利于弱者。弱者如果还有团结权,那么投票权的行使就不会分散,就更有目的性。弱者组织起来很重要,这个命题毛泽东早在搞湖南农民运动时就已提出。比如同性恋者是少数派,在欧美各国他们已经组织了自己的团体。性工作者是弱势群体,在国外有些地方也成立了自己的组织。进城农民、下岗职工当然也属于弱势群体,应该容许我们的农民工人兄弟们也组织起来自治和自救,进行集体谈判。这个问题处在民生与民主的结合点,很有探讨的必要。

至于国家政治,涉及社会结构、规范、制度等方面。中国传统的政治秩序,是以家族为模式来设计的。国与家在原理上是一致的,在结构上是对应的,所以政治生活称为"国家"。现在的情形发生了很大变化。20世纪的社会革命打破了旧的家族格局和父权家长制统治方式。20世纪70年代以后的计划生育政策造成了彻底的核家庭①以及"80后"独生子女时代。再按家族模式重建政治秩序几乎是不可能的了。在某种意义上,今天对国家统治最有借鉴意义的是公司治理的模式。

众所周知,面对市场的激烈竞争,出于生存、营利以及发展的需要,公司的行为方式和制度安排必须不断合理化。作为组织系统,公司的治理原理对国家的统治也有启示。国家要强盛,也必须使行为方式和制度安排不断合理化。在这个意义上,国家之间的竞争就是制度竞争,一个国家如果管理得像优良企业那样高效,那么它的政治制度必然具有相当的优势。所以,不仅要关注企业经营,还要关注国家经营(在日本被称为"经营之神"的企业家松下幸之助,曾提出过"国家经营"的说法)。对照企业治理的制度设计来检查国家制度设计的缺陷,应该是简便易行的,也应该是行之有效的。

判断一个企业经营的好坏,首先要看收入和支出,然后再考虑改进收

---

① 只包括父母和子女的家庭。

支状况的制度安排。从这个角度来看中国政府的现状,有两个数字值得关注。一个是现在中国的财政收入的95%来自税金。这是很大的变化,意味着中国不再靠国有企业或政府直接经营的收益来维持公共服务。中国政府已经越来越依赖于纳税人。在这样的条件下谈国家经营,不得不思考这样的问题:既然政府收入的95%来自纳税人,那么它的行政服务在数量和质量上能不能让95%的纳税人满意?另一个数字是中国在过去25年期间政府开支增加了20多倍。财政开支增加了,城市变得更漂亮了,公共设施改善了,这都很好。但是收入与开支是否达成平衡了?也许有人还会提出这样的问题:政府是不是向社会汲取过度?这么大笔的开支,钱都是怎么花的,究竟用到哪里去了,是否达到了预期的目的?这些问题的解答就会引出国家经营的主张,也会导致政治改革。所以,民主化并不是谁心血来潮的表现,也不是谁吃饱了撑的拍脑袋异想天开。民主化是中国社会结构变迁的必然趋势,是现实的需要。

从公司经营看国家经营,参照公司法再来探讨国家治理的规范,会发现很多共同点,可以找到很多可以借鉴的地方。例如从财权与事权的配置上重构中央和地方之间的关系,从会计和审计的角度理解技术性的"预算议会"的作用,把股东代位诉讼与个人提起违宪审查的请求联系起来,等等。

最后需要强调,2005年修改的《公司法》有一点变化是国际社会瞩目的,这就是公司经营中党组织定位的问题。其实国家经营中党组织究竟应该怎样定位,也是值得进一步探讨的重要问题。这些年来我们已经看到党组织定位的一些变化。例如"三个代表"学说的提出,允许私营企业家入党,还要求党代表各阶层大多数人民的利益。在一定意义上可以说,中国共产党正在逐步从"先锋型政党"转变成全民政党。当然,它还是集中化程度很高的"组织型政党",并不是议会政党。这样的组织结构能否适应已经多元化了的社会格局,已经成为无法回避的问题了。于是才有"党内民主"之说。"党内民主"可以使党的科层制发生某些变化,例如党员代表常任制、党内分权制衡等改革举措,使党的组织结构更有弹性,进而可以对"组织型政党"的定位进行调整。

从政党制度变迁的角度来看政治改革,中国是不是要干脆来个西方式的两党制或者多党制？在政治理念上,两党制或多党制这样的政党政治的确更适应社会多元化的格局,更有利于合理选择和民主决策。但是,在目前中国的现实中,这样的主张还是显得有些偏颇急躁,会造成欲速则不达的后果。一党长期执政的政治格局也有优势,这就是可以深谋远虑,不必顾忌社会短期行为的压力。尤其是在对既有的社会构造进行改造的历史阶段,政府的合理化举措往往伴随着新制度出生的阵痛,未必总是能得到多数人的理解和支持。这时,如果存在两党制或者多党制,竞争对手很容易提出讨好选民的口号,很容易把眼前的利益变成政治对立的焦点,很容易进行不负责任的攻击。为了避免落选,执政党不得不迎合世俗倾向,牺牲长期合理性。但在一党制下,推动改革的领袖集团更有力量克服保守势力的抵抗。尽管一党制在社会转型的过渡时期有它的道理,但还是不得不指出,如果权力过分集中、不受制约、根本感觉不到正当性竞争的压力,那么执政党就难以反映社会不同诉求,举措就会僵硬,腐败现象就会蔓延,深谋远虑的决策在执行阶段也很容易被扭曲。

换句话说,即使认为在一定历史阶段一党制是必要的、有某种优势,还是要认真考虑如何限制过度集中化、防止权力被滥用的问题。要精心设计良好的制度框架,让长期执政的政党感受到外部监督的压力,其权力行使应该受到各种必要的限制。与两党制或者多党制不同,但又能避免一党执政流弊的制度框架应该怎样设计？在一党制下能否模拟两党或多党的弹性机制,实现稳定的民主政治？在这里,日本的经验值得借鉴。

日本政治学上有一个很有意思的概念,即"一个半政党制"。这个说法是一个叫冈义达的评论家在1958年提出的,能充分反映战后日本政治的"五五年体制"的本质特征。日本政治"五五年体制"的说法出自著名的政治学者升味准之辅,指自1955年保守合同①起,自民党执政长达38年,与最大在野党社会党共同主导政局。日本社会党与其他政党加起来议席数只有自民党议席数的一半,不具备夺取政权的实力,只相当于半个政党。所以自民党一党长期执政。但那相当于"半个政党"的在野党派,虽然没有能力夺取政权,但却有足够的能量通过选举运动和民意支持率

---

① 1955年11月15日,自由党和民主党合并组成自由民主党,简称自民党,时称保守合同。

变化对自民党施加正当性压力。这样的经验对考虑今后中国政党制度的改革很有启迪。

另外,日本自民党内部模拟多党制的作用,实现组织结构弹性,通过派阀政治保持多样化与整合化的平衡的经验,也可供参考。日本自民党内一直存在8个派阀,但其8个派阀并非几十年一成不变的,而是不断分化组合,很有些纵横捭阖的气度,形成生动活泼的派阀政治。在派阀政治中,政策主张是多样化的,接近多党制的政策竞争机制。但因为同属一党,所以不同的意见比较容易沟通协调。但是,真正要模拟多党制的活动,光有派阀政治是不够的,还需要外部压力,否则就容易出现暗箱操作、密室交易、结构性腐败不断蔓延的局面。在这里,自民党以外的那"半个政党"以及选举投票就起作用了。除了"半个政党"的外部竞争外,还有一个因素也至关重要,这就是独立自主的公务员制度。也就是说,不受政治讨价还价左右的行政官僚制度,加上具有一定竞争力的"半个政党"的在野势力,划出了一党长期执政的权力疆界,为政治腐败构筑了两道防火墙。只有在这样的前提条件下,自民党的派阀政治才能在相当程度上模拟多党制的机制。

但是,自民党执政时期过长,那"半个政党"的在野势力就越来越没有干劲了,越来越失去制衡的力量。与此同时,行政官僚也逐步产生对执政党的政策依赖感,与有力政治家的关系也日益密切。这样的状况形成后,"一个半政党"加派阀政治的格局就逐步变质,结构性腐败开始蔓延,民众失望之余开始对政党政治产生厌恶,于是无党无派的选民群体陡然增大,他们的易变性投票行动对政局开始产生深远影响。以前无党派群体的涨落与自民党的支持率之间没有明显的相关。但从1991年起,上层的渎职丑闻导致自民党支持率下降的幅度与无党派群体的增长幅度有着非常明显的对应关系,此起彼伏的变化越来越剧烈。最后在1993年引发政治大地震,自民党第一次在大选中惨败,政权易手,党派大洗牌。后来自民党通过联合政府的方式重新执政,到小泉内阁时期特别注意争取无党派群体,使自民党的支持率有明显回升,并以民意为杠杆调动各个派阀的力量、推行结构的根本性改革。

中国能否借鉴日本"一个半政党制"和党内派阀政治的经验?有没

有比这更好的选项？能不能找到适合国情的政治制度最佳组合，或者最佳设计方案？这是现在应该认真考虑的问题。为此，需要回到最初的设问——怎样才能减少政治改革的代价？怎样才能以社会的最小代价获取民主化的最大成果？

无论制度设计如何，在政治改革中要减少社会代价，首先必须防止出现权力真空，防止各种政治机关的角色错位引起混乱。这个从日本的经验看，自民党长期执政后，虽然良好的公务员制度是其能模拟多党制的关键。前面已经提到，一党执政时间过长，就会出现行政官僚逐步受制于政客的问题。这种现象不仅在日本出现了，欧美也有类似问题，比如在法国、意大利就是一党长期执政，也存在这样那样的勾结流弊。这种情形会影响到政治改革。在1993年日本自民党突然下台后，出现了政府机构不知道如何实施行政举措、新的执政党议员不知如何运用官僚组织之类的混乱局面。一般而言，政治改革后党政关系会突然发生很大变化，两者之间协调会变得很困难。为此，必须未雨绸缪。现在中国加强学习型政府的建设，通过党政分离让行政部门独立自主地直接面对社会诉求，就是很好的应对之策。另外，政治改革中很容易出现的权力真空，在相当程度上还要靠司法权来填补。这注定了尽早建构成熟的法律人共同体的重要性。

其次，在政治改革的制度创新方面，还有一个如何选择适当模式的问题，需要研究宪政发展史，透彻地理解不同制度设计的原理。众所周知，英国是现代宪政之母。从英国宪政发展史来看制度变迁和不同的设计方案，可以看到四个基本阶段和类型：绝对君主制，然后是限制君主制，接着出现了二元议会内阁制，最后发展到现行一元议会内阁制。欧美其他主要国家的制度设计，在很大程度上是上述发展过程中某个阶段或者某个类型的翻版或改良品种。比如说，美国的总统制模式实际上就是限制君主制的变种。法国第五共和制则是很典型的二元议会内阁制。德国虽然也属于一元议会内阁制，但没有英国那样的虚君，只有象征性总统。可见，各国虽然各有特色，但又有共性，不同模式之间是可以理解和沟通的，也是可以比较的。尤其是从法律的角度来看政治制度的设计，更要注意普遍适用的可能性，以降低交易成本。

在这里,比较适合当前中国的选项有两个:一个是从传统的强人政治出发,选择类似美式总统制那样的制度设计,使国家元首实权化;一个是从社会稳定以及协调的需要出发,选择类似德意志联邦共和制那样的一元议会内阁制,使国家元首象征化。当然,也可能还有其他组合或者新的制度设计方案,这里仅限于提出问题。

在讨论减少政治改革的社会代价时,不能不指出正是中国20多年来经济改革的基本特征——渐进式改革,这样的渐进做法使中国避免了混乱,经济得以快速发展,在相当程度上实现了最小代价、最大收获。因此,中国政治改革也应该采取循序渐进的路线。尽管如此,还是不得不指出,政治改革在渐进中也有需要当机立断之处,渐进举措也不一定都能减少代价,在有些场合可能反倒增加制度成本。例如中国现在流行一个说法,叫"潜规则"。当渐进改革始终在回避对政治理念和法律意识形态的表白时,国家实际上是在某种程度上默许某种非法化的状态。结果是非正式的规则压倒了正式的规则,政治活动失去所谓"法律确信",变成无原则的、无止境的利益博弈。这个问题现在很突出,会造成社会很大的代价。

渐进改革减少制度成本的一种方式是利益驱动。但是,如果利益驱动的非合理性不能克服,民主化也缺乏缜密的制度设计,就很可能导致某种昂贵而腐败的民主政治形态。以大学扩招和教育产业化的浪潮中的法学教育改革为例,本来现阶段中国推行法治是很需要法律人才的,但在毫无计划的发展之后,全国的法学教育规模突然增加到将近600所法律院系,在校法学专业本科生和研究生达到30万人,连名牌大学的毕业生都不容易找到专业对口的工作。于是通过考研延缓就业压力,于是造成高等学位贬值,于是加大就业的社会成本——让高中生就可以做好的工作由大学毕业生去做,让本科生就可以做好的工作由硕士或博士去做。在这样的情况下,如果工资待遇不高,个人家庭得不偿失,青年就有失落感甚至绝望轻生;如果实行差别待遇,就会提高社会的整体成本,用人机构得不偿失,企事业单位就只好减少雇员,进而促成恶性循环。这样的后果提醒我们,需要从国家经营的角度进行周密的制度设计。

鉴于上述各种情形,有计划有步骤地推动政治改革的决断是必要的,不能再继续拖延。其实任何大的改革举措,从引进到稳定和协调地发挥作用,一般需要经历20多年时间。假如2008年达成共识,奥运开完后不加大实施力度,那么到20多年甚至更晚一些的时候,中国仍然不能完成政治体制的转型,不能使国家权力的结构与市场经济完全相吻合。中国两极分化很严重,弱势群体的利益诉求不能得到充分的表达和代表,他们有没有耐心再等几十年?没有制度化的谈判机会和救济,有些个人很可能铤而走险,形成破坏性力量。到了那样的场合,维持现状的制度成本显然远远高于政治改革的制度成本。但是,从目前情形看,对律师维权活动限制太多,等于堵塞了在体制内寻求解决方案的渠道。另外,连半官半民的非政府组织都严加限制,等于不给政治改革预备缓冲的气垫和接替的托盘,使政府始终无法从某些领域中抽身并重新定位,结果只留下要么旧态依然,要么全面崩盘这样二者取其一的简单选项。所谓政治改革的决断,至少应该从这样的依法活动过程中开始进行。

综合前述,有三个要点:

首先,中国到了需要对政治改革进行决断的时候。因为在《物权法》通过之后,体制内的改宪活动就走到尽头。所以,以后法律人的共同诉求应该从"护宪"转变成"改宪",以便明确国家经营的目标和事业范围。罗伯特·达尔在《论民主》中指出,当推行民主政治的条件既有利又有弊时,一部精心设计的宪法就非常重要;如果宪法设计得好,民主化就可能成功;如果设计不好,即使推行政治改革了,仍然可能失败。中国在目前谈民主,条件的确有利也有弊,在这样的场合,提出改宪的要求,精心设计一部好的宪法,就是政治改革软着陆的必要保证。所以我们要理直气壮地提出改宪的主张,这是第一层意思。

第二点,关于改宪的基本宗旨。我认为要以财政预算案的审议为突破口,真正实现对行政服务和分配过程的民主监督。如国家行政学院的刘熙瑞教授指出,对于中国民主模式的选择而言,关键是如何寻求一种机制把精英主义与平民主义结合起来,也就是把自由与平等结合起来。依我之见,在中国的现实条件下,维持党政官僚的高效管理就是精英主义,加强财务透明化和预算审议就是平民主义,也就是应该把"行政支配"与"议会监控"结合起来,只有这样才能防止一党制下的腐败和权力滥用,才能真正实现社会和谐。

第三点,如何形成政治改革的共识。要进行政治改革,没有广泛的共识不行。关于民主化的决断,在平民中比较容易达成共识,因为这对他们有利。但在官僚集团里、在权力精英阶层里达成共识就不那么容易了。政治改革要取得成功,更需要说服官僚们,否则再好的方案也只能停留在嘴边纸上。我认为,目前反腐败的严刑峻法就是构成说服官僚集团同意改革的很有利的契机。报刊上发表的那些贪官忏悔录中,贪官在为自己开脱的时候都强调客观原因,急于证明腐败"不是我自己一个人的问题,而是政治制度上的问题"。既然这样,那我们就通过改革政治制度来治病救人好了。与死活的问题比较起来,民主化的问题就显得容易达成共识了。从反腐败的角度来谈政治改革,最根本的一条就是面对内部监督机制失灵,必须加强外部监督的举措,并使之制度化。至于什么是有效的外部监督,答案也就不难得出。

总而言之,我认为在 21 世纪,全球都会关注中国向何处去的问题。中国是继续维持现有的硬性框架,让自由竞争的激流在其中转来转去、形成一片又一片湍急的漩涡,还是建立某种多样化的弹性结构,使翻腾的洪水能够得到因势利导、分流以及趋于和缓?也就是说,中国能否推动政治改革、建构民主法治的新秩序、实现体制转型软着陆,将是 21 世纪的一个全球性课题。

2007 年 5 月 17 日

大变局下中国法治的顶层设计*

世界变得越来越复杂。在 2008 年 9 月发端于美国的全球金融危机爆发之后,社会的不确定性进一步增强了。

推行法治的两难与范式创新

不确定性与法律效力的软化

中国法律秩序的存在方式也正面临前所未有的两难困境。一方面,不得不通过规范的刚性约束力来缩减外部环境的复杂性;另一方面,流动的局势要求临机应变的决断,使得规范的约束力不得不相对化。

前现代、现代以及后现代的制度纠结

在这样的背景下,为政者还需要同时解决三个不同历史阶段的制度问题:完成现代民族国家体制的建构(现代性)、参与全球治理(后现代性)以及妥善处理地方层面的共同体关系和文化差异(前现代性)。

这等于把欧洲 500 年的进程浓缩到 50 年里重演,把三种不同的秩序类型镶嵌到一个体系里重组。为此需要法律范式(paradigm)的创新。从

---

* 原载《财经》杂志 2012 年第 5 期。

这个角度来看,2012年以后的制度变迁绝不能等闲视之。

现行法律体系的内在紧张关系

尽管中国特色社会主义法律体系已经宣告形成,但这是一个多元的、充满张力的结构。"中国特色"意味着本土特殊性,与法律体系内在的普遍性指向和参与全球治理的时代使命之间其实存在着巨大张力。

"社会主义"包含着非市场、非个人自由的契机,与作为现代法律体系之基础的"人格"概念也是颇有抵牾之处的。或许正是出于这个原因,旷日持久的民法典编纂一直难以竣工。何况"法律体系"必须具有一定的闭合性,否则就无法保证形式理性和规范效力,而强调"情・理・法"的差异化和自组织机制的中国特色以及大民主与强权力相结合的社会主义因素则具有极强的开放性。这样的紧张关系,从围绕三个诉讼法修改的激烈争论中可以略见端倪。

三大法系和三种契机的交错

显然,现存法律体系包含着反法化(anti-legalization)、非法化(de-legalization)以及法化(legalization)这三种性质迥异的契机。如果把香港、澳门以及台湾地区也纳入视野,就是世界三大法系并存的格局。如何对相异的构成因素进行整合因而显得非常严峻。

从"零判决"到"无责任"的陷阱

整合问题与司法的应对举措

熨平制度皱褶、消除规范抵牾的整合作业,需要继续加强立法功能,但更重要的是把着力点转移到执法和司法特别是研磨解释技术上来,在处理个案的过程中不断弥合条文和事实之间的裂缝、填补权利空白,在一个刚性的基本法律框架中不断应用专业技能进行微调并创造具体的政策和法理。然而令人遗憾的是,中国司法系统的现状却在进一步加大开放性和弹性,使得法律体系固有的自我完结、自我准据的特征几乎消失殆尽,结果是越来越加重"权大于法"的痼疾。

以同情的态度来分析这种特殊现象背后的逻辑,可以发现所谓"大调解"方式的导入是为了以法律的弹性化来应对社会的不确定性。特别是在转型期社会的各种矛盾激化之际,新的问题层出不穷,合法性与非法性的界限也暧昧不清,根据既定的规范进行黑白分明的判断变得比较困难,调解和妥协是有助于化解审判尴尬的。

另外,具有特定政治含义和行政色彩的"能动司法"口号的提出,也是为了应对回避诉讼、在体制外寻求救济的倾向,其动机或可理解,但是过犹不及。面对现实,我们还是有必要追问一下,那些随兴所至、侵蚀立法权和行政权的司法举措究竟能否达到预期目标,会不会带来更大的流弊?

法院人民满意度的悖论

近些年来流行一种说法,是以人民满意度作为司法评价的标准。这就等于告诉社会:法律可以根据群众的态度在适用中进行调整,因而法院是有裁量权的。这样的能动司法政策势必促进围绕法院裁量权进行讨价还价的交涉,加强法院与群众的互动。而在这类的互动中,法院采取"大调解"方式,侧重当事人通过和解自主解纷。这就等于一方面提供健讼的诱因,另一方面又只是沿用息讼的传统手法,其实很有些自相矛盾。本来,法院以其工作性质是很难让所有人满意的,甚至可以说大多数案件的审判都很容易导致一半人(败诉方)的不满。如果把法院的工作方针定为让大家都满意,等于给自己的脖子套上了绳索。

这些因素导致一个悖论性的情况:法院被推到处理社会矛盾的第一线,处在关注的中心地位,但正是在这样的众目睽睽之下,法院的威信在不断下降,逐步被边缘化。在这个过程中,会出现一种言论的权力,左右着法律体系与审判实践之间的关系,甚至形成"舆论即法律"的事态,使社会越来越不确定。

从"大调解"看各人负责与无人负责

让我们回到问题的原点:不确定性的增大。这意味着卡尔·施密特(Carl Schmitt)所说的"例外"(exception)频繁发生,异常事态在相当程度上取代了"日常"(routine)。在这样的状况中,创造性混沌的意义得以呈现,严格守法原则受到严峻挑战。但是,国家之所以为国家,是必须在不确定的状况中提供确定性的。从无序到有序,从无政府到有政府,关键在于不确定性的缩减和确定化程度的提高。即使从相对主义观点来看,也需要某种"以不变应万变"的刚性机制,以防止社会的分崩离析。如果这种刚性机制不在法律之中,那就只有到行政性权力中寻找。

而在不确定性增大之际,除了程序之外,必须更进一步强调责任。主要是指法律上的责任。但在实践中,哪怕是非制度化的个人责任,哪怕是传统的承包责任也聊胜于无。而"大调解"和"能动司法"的最大流弊恰恰是导致责任和"问责"无从谈起,甚至还会以表面上各人负责的民主政治的名义,诱发某种最终无人负责的事态。因为"能动司法"把本来被认为是国家秩序最后防线的审判机关推到了第一线,而司法的政治化又使得具体案件的审理失去了客观的标准和防火墙,办案法官不得不直接面对政策性后果和风险责任。于是,法官往往倾向于逃避责任,否则法官就容易遭到来自不同方面的指责。有些地方法院提出的所谓"零判决"口号,其实质就是"零责任"。

在这里,法官已经开始自我否定了。一切取决于当事人的讨价还价和妥协,没有判决,还需要法官吗?或者也可以说,调解之类的非正式解纷方式,在特殊的语境里、在很大程度上已经蜕变成了某些法官滥用裁量、推卸责任的手段。这就很容易使国家秩序陷入混沌乃至整体性危机。

司法民主化诱发"众愚政治"

法律适用的弹性构成司法腐败的温床

中国式"能动司法"和"大调解"造成的结果首先是不断放大法律的弹性,使行政性权力摆脱法律羁绊。与此相伴而生的是法官裁量权也越来越大。为了限制自由裁量的恣意性以及随之而来的司法腐败,必须追加当事人同意以及舆论监督等要件。因而司法的程序性和专业性不得不淡化,审判独立原则也不得不相对化。最后,是具体的两者合意关系而不是普遍的正义成为法律决定正当化的基础,客观的、中立的司法概念也就溶解于无形。这就是所谓司法民主化的基本逻辑关系。

由于司法判断是一种基于调停、和解的共同决定,所以审判人员的责任是难以确定的。调解结案率越高,问责的范围就越小。可想而知,司法腐败的余地也就越大。

在追究法官错判责任的压力之下,越来越多的法官难免倾向于逃避责任负荷。而"大调解"提供了最方便的通道。当事人当然是希望借助这种方式参与司法决定过程,以减少腐败、确保公正的,殊不知结果却适得其反,基于互惠性的妥协,为对法律上下其手的不正行为提供了大量机会。既然当事人的承认、和解、满意度甚至私下交易都成为影响规范与事实之间关系的参数,司法推理中的概念计算也就变得无法验证和再现了。

在法外行事的弹性条件下,无论如何强调问责,实际上都无法要求审判者履行说明义务。因为合法与违法的界限已经变得非常暧昧不清了,剩下的只是不受法律约束的刚性权力的彰显。

按照现代法治国家的制度设计,立法权的行使以目的为本位,具有政策指向,容许政治妥协;行政权的行使强调等级、效率、能动性以及灵机应变;而司法权的行使则以严格遵守法律为前提条件,为制度的妥当运作划出刚性底线。

在具体问题的决定上,审判机关只对法律负责,并且享有终局性判断的权力。这既是规范整合化的需要,也可以确保个案处理过程及其结果可以还原、验证、再现,从而使问责成为有的放矢。法官不能以法无明文规定或者缺乏专业知识为由拒绝受理案件和进行判断,这样的判断必须阐明根据和理由,在上诉审定之后具有最终极的效力——这就使得决策无法推卸责任,使得责任所在也一目了然。在上述状况设定之下,其实是很难产生司法腐败的,也无需叠床架屋的监督。

司法迎合群众的危险性

如果审判机关不是这样定位,司法被群众政治化了,个案处理都是非正式的法外行事,甚至以当事人的满意度和群众感觉作为决定的依据,那么无论在形式上如何强调责任,无论罚则的规定如何严酷,都将演化出一个谁都不负责任的局面,也很难依法追究任何人的责任。基于同样的理由,无论如何防止司法腐败,都将事倍功半甚至徒劳无功。

如果把司法权也投入迎合群众的疑似民主主义的坩埚里去搅拌,那么理性和自律精神就会加速融化,对物质的欲望、追逐眼前利益的短期行为、民粹主义以及情绪化舆论就会急遽膨胀,过不了多久,得到的将只有所谓"众愚政治"的苦果。就像"面包与马戏"政策、温泉宫里的奢靡社交以及角斗场里的嗜血狂欢导致罗马帝国走向衰亡那样的"众愚政治",就像优厚的年金、过量的公务员以及对偷税漏税行为网开一面的姑息导致当今希腊陷入严重财政危机那样的"众愚政治"。

法治的基本维度：应然和调整

问题状况的分析

中国出现"能动司法"和"大调解"现象的主要缘由，在我看来，还有法律两种基本维度的纠结所造成的误解。一般而言，法律作为行为规范，主要解决两大类型的问题：其一，应然；其二，调整。这两者本来就应该也完全有可能分开来考虑，但在中国社会却总是纠缠在一起，无法进行概念计算，变成一笔糊涂账。尤其是法律的调整功能长期遭到忽视，使制度改革无法跳出意识形态的纠缠。

概念内容的说明

应然是指应该做正确事情的义务，涉及价值判断、道德以及正当性根据。应然与一个社会的文化传统以及意识形态密切相关，也就是与萨维尼（Friedrich K. v. Savigny）所说的"民族精神"相关。在一个重视实质性道德规范和文化认同的国度中，在强调国家核心价值的语境里，应然是政治上的优先议题，是法律上的重点领域。例如针对财产所有关系和家庭成员关系的规范，总会涉及社会正义观和道德秩序。《民法通则》里关于公序良俗或者公平责任的一般条款也是如此。

刑事方面的"严打"运动，实际上反映了对惩罚犯罪和预防冤枉这两种目标在价值判断上的优劣顺序，受到法律意识形态的支配。不言而喻，应然具有对抗事实、唯我独尊的性质。如果过分强调某一种价值观或美德，这种独善性就会不断膨胀，压缩自由以及合理选择的空间。

与此不同，调整是指技术层面的有序化处理，侧重确定性和效率，与价值判断没有什么直接的、必然的联系。例如交通规则，在中国和美国是车辆右行，在日本和英国是车辆左行，都是可以的，并没有对错之分。只要明确了究竟是右行还是左行，并且严格执行规则，就可以很好地调整车辆的流向，避免混乱和撞车事故。各种法律程序虽然包含应然的内容，但其实主要是解决调整问题的。程序上的调整功能，就是让不同的诉求、主张以及价值判断在对等的条件下竞争，使其中最有说服力、最能得到多数支持或者专家认可的选项成为法律决定的结果。强调法律程序的重要意义就是把复杂的应然问题在一定程度上转化为调整问题进行处理,尽量在技术化、理性化的条件下,化解进行适当的价值判断的困难。

从调整的视角重新认识审判权

把被转换错了的问题再转换回来

但在社会现实中,我们看到的情况总是相反。人们似乎特别喜欢上纲上线,把调整问题转化为应然问题,把专业技术问题转化为价值判断问题,把简单问题转化为复杂问题。结果是大幅度增加了社会的不确定性,好像成心制造"浑水摸鱼"的机会似的。但同时又乐此不疲地采取监督措施、开展群众运动、平反冤假错案,好像真的下定决心要澄清浑水以维护社会确定性似的。

这样做或许自有这样做的道理。然而不得不指出:在混淆应然和调整之后,法律的调整功能势必因应然之争而大幅度减弱;一旦连单纯的调整问题都不能有效解决,那么秩序本身也就呈现分崩离析之势了。在这样的情况下,越强调应然,就越显得滑稽。彭宇案发生之后围绕法律与道德之间关系的舆论鼎沸和一波三折,难道不就是这样吗?这个案件本来在调整层面就应该,也完全有可能妥善解决的,结果硬是给拉扯到应然层面去了,变成了一团挥之不去的司法疑云,变成了一截越描越黑的历史笑柄。

凸显调整功能,使法律的效力刚性化

在应然层面,道德话语的卷入会使司法推理复杂化,进而导致规范的弹性化。但在调整层面,法律必须刚性才能达到制度设计的目的。从这样的视角来看中国的法律意识和有法不依问题,除了必须克服权力结构上的弊端之外,关键在于如何适当区分应然和调整,充分发挥法律在调整方面的功能,让法律在应该刚性的地方硬起来。从本质上说,把审判权从目的、道德、阶级意志、国家意识形态等价值判断的连锁中解放出来,让法官只服从法律而不必过多地顾忌其他因素,就是要集中精力解决调整问题。

当议会多数派任意立法时,通过司法机关进行合宪性审查,确保宪法秩序的确定性和法律体系的整合性,就是在政治势力之间发挥法律的调整功能。当行政部门滥用权力侵犯公民个人权益时,通过行政诉讼制度对力量对比关系进行矫正,也是在国家与个人间发挥法律的调整功能。在这类场合,规范如果不刚性,审判权如果不独立,无可回避的调整问题就无法解决,秩序也就会失去屏障。其结果,应然也是无从落实的。

对应然的误解导致两种民意对峙

所谓"司法民主化"命题的最大特征是把审判权与调整问题切割开来,让法院直接面对应然问题。民主的核心问题是由谁决定、由谁做主,取向是多数派说了算。因此,司法民主化意味着审判主体不限于职业法官,还包括一般公民,并且让个人权利的认定服从多数派的意志。在审判主体多元化的延长线上,围绕不同价值的议论势必活泼化。在这里,法官或多或少要带上主张的党派性,很难保持中立和客观,从而也不具备解决调整问题的优势。

司法的核心问题是严格遵守法律的正当性,取向是把法律理解为一般民意的表达。因此,司法民主化意味着用特殊的、局部的民意(一时一地的舆论)来检验和修正反映普遍的、整体的民意(国家法律)。在这里,法官不得不跳出现行法律的框架来创造能让当事人以及地域共同体满意的规范,不得不把政治性妥协的契机和偶然性嵌入司法过程,其结果,法律势必出现各种地方版本、个案版本,乃至碎片化。于是我们可以看到两种民意——立法上的民意与司法上的民意——的对峙格局,可以看到审判人员甚至有可能以民意或者当地舆论的名义无视现行法律体系、突破审级制度。

立法应然与司法调整以及作为媒介的律师

目的与条件的区分

可想而知,这样的"司法民主化",实际上既扭曲了司法,也败坏了民主,还误解了具有某些民主色彩的"司法参与命题"。在现代民主法治国家,民主政治应该侧重应然问题,按卢曼(Niklas Luhmann)所谓"目的之程序编码"进行制度设计,通过立法表达人民的意志。与此相比较而言,司法应该更侧重调整问题,按所谓"条件之程序编码"进行制度设计,通过审判独立原则和职业法官的技术性操作把个人诉求与人民意志通过制度和媒介衔接起来。司法参与应该是以程序公正和法律解释共同体等制度条件为前提的,而不是对制度的否定。真正的司法民主性在于通过具体案件的审理发现和累积新的共识,通过判例把个别当事人、少数派以及弱势群体的合理诉求以法言法语转写到法律体系之中,采取与代议机关不同的解释性旋回的方式逐渐推动制度改革。

通过律师把当事人的诉求转写成规范

在这种制度性的司法民主化过程中,律师可以扮演重要的角色。罗马共和时代的雄辩家西塞罗(Cicero)曾经说过,"律师的职责是在即使未必与真实相符的场合,也要证明处理案件的法律妥当性"。

20世纪的思想巨匠韦伯(Max Weber)也指出:"律师与当事人直接联系,并具有依赖于不稳定的社会评价的私人开业者的属性,因此倾向于扮演代表无权无势者、维护法定平等性的角色。"因此,律师适合对公民个人的诉求进行法律加工和辩护,也可以对规则的严谨性进行严格的检验。

毋庸讳言,现阶段中国律师当中也存在这样或那样的问题,某些过度的逐利行径以及暗盘交易在不同程度上贬损了其形象,需要矫正。尽管如此,我们还是有必要去维护律师特有的身份定位和以"对客户的忠诚"或者"党派性"为特征的职业伦理,而绝不能故意采取抹黑律师的手段达到政治目的。因为这个壁垒一旦坍塌,侵权现象就将在社会中四处横行,最终将危及国家根基。因为如果没有律师作为懂行的推手,"司法民主化"云云就是自欺欺人之谈,或者会使审判权掉入"众愚政治"的陷阱而不能自拔。

应然与调整的互动关系

从解决调整问题的角度来考虑司法的功能,审判独立原则不外乎一种协调各种不同权力关系的法律尺度,是防止立法机关和行政机关失控的制度刹车,是秩序正当性和社会公正的可视化堡垒。即使从解决应然问题的角度来把握司法,也需要坚持审判独立原则,否则就很容易使规范融化在琐碎的事实之中。法官正是借助那种独立的、因而可以中立的特殊地位来确保应然不至于被事实上的力量对比关系所左右,并且在进行技术化调整的过程中实现应然。

对法官而言,尽量去意识形态化就是他的意识形态,尽量价值中立就是他的价值判断。至于与党派性相关的价值判断,应该主要放到行政部门或者律师事务所层面去处理。至于与民主政治相关的应然问题,应该主要放到人民代表大会层面去处理。当然,立法机关也要发挥解决调整问题的功能,特别是在决定税种和税率以及涉及再分配的财政预算案方面。但立法机关更注重的是把应然变成实证规范,以条文等的方式明确表达出来,并且通过对应然事项作出判断或决定而对社会关系进行调整。

金融危机下的民主航海图与法治之锚

不确定性与政府信用

在构想未来的法律秩序之际,绝不可忘记一点,即:天下正在巨变。我们面对的是世界结构大转换的激荡。

类似柏林墙坍塌的政治多米诺骨牌现象,从2011年初的突尼斯开始,渐次席卷北非和中东地区。但更大的冲击波来自发达国家。

美元放水、欧洲国债危机、日本贸易逆差在2012年初引起了更广泛的信用不安,相伴而来的是全球货币体系的重心迅速东移和南下。自从1971年废除金本位制之后,货币经济是靠政府信用作担保的。但是,随着外汇市场金融衍生品以及期货交易的规模过度扩张,政府和央行对市场的干预和诱导越来越无效。连国债也充满风险、让人退避三舍,而提高国债利率又会增加财政赤字、加剧金融危机的攀升。因此,发达国家的政府信用已经岌岌可危。另外,代议民主制和选民构成使得各国通过增税方式削减财政赤字的对策难以推行,不得不像凯恩斯(John M. Keynes)指出的那样,借助通货膨胀的方式变相征税。而通货膨胀会导致货币贬值,也意味着外国货币相对升值,成为调整贸易均衡关系的另类手段。

法治应该优先于民主,尤其在现阶段

这样的大趋势给中国带来了空前的压力,也提示着惨痛的教训,同时还构成重大的战略机遇。在上述背景下展望2012年之后的中国发展,可以认识到,关键在于建立和维持牢固的政府信用。在一国经济形势较好、但贫富差距太大的情况下,投资环境的改善和"分蛋糕"问题更加凸显出来,因而政府信用尤其有赖于高效而公正的秩序,即有赖于法治和民主。

但是,在地方政府债务占 GDP 的 30%、人民币实质性升值幅度绝不能超过 30% 这样狭窄的选择空间里,一窝蜂式的群众政治以及"大调解"很可能扭曲民主化进程,增加社会的不确定性,甚至带来系统瓦解和行为失控的后果。为此,政治体制改革的顶层设计方案必须首先解决能够删繁就简的调整问题,必须把法治,特别是一视同仁的司法正义放在优先顺位上,必须描绘出从法治过渡到安定民主制的具体路线图。

立法权、行政权与审判权之间的关系

不言而喻,我们所追求的社会主义法治国家,并非仅仅用法律规则来强制社会,还需要特别注意强制的正当性。在现代社会,强制的正当性主要来自民意。人民的承认就是法律秩序的正当性基础。但这种民意不能等同于一时一地的舆论,更不等于群众对审判的感受,而是少数服从多数的程序性游戏规则,是兼顾个人自由和公共事务决定的制度安排。

在这里特别需要强调的是,法治应该也完全可以反过来成为民主的基础。因为法治可以提供基本的政治信任,还可以避免多数派专制的弊端,从而使民主成为一种安定的、成熟的社会生活方式。所以,民主与法治是互为表里、互相依存的。

具体到国家权力之间关系上,如果说人民代表大会和政府部门是为多数派而存在的,那么就应该承认审判机关是为少数派、为个人、为弱者而存在的。因为多数派的诉求可以通过立法程序得到保障,也可以通过行政机关出于公共利益的考虑得到保障,但是少数派尤其是普通公民个人的声音与多数派不同的时候,即使有理由,即使正确,也很难反映到制度之中。只有在法院,任何个人的声音都会被认真倾听,甚至可以通过判决反映到制度的框架里去。尤其是在相对比较集权的政治结构里,审判独立可以为权力划出有限性的清晰边界,同时也为权力提供正当性的制度支撑。

另外,如果判决是在考虑了特殊情况和当事人合理诉求之后作出来的,有可能会对法律是一个补救,对行政机关的举措是一个补救。在这个意义上,也只有在这个意义上,审判机关是可以对立法、行政机关进行限制和某种纠正的,是可以成为少数人、个人推动社会进步和制度变迁的杠杆。所以,立法民主化与审判独立化也是互为表里、互相依存的。

让民主政治在双轨上渐进

从法治的角度来理解民主政治,最重要的构成要素有二:(1)税制法定。无论是税种,还是税率,都不能由行政机关决定,必须通过民主程序以人民代表大会通过的法律形式明文规定。(2)财政公开。预算审议是民主政治运作的关键,是实现分配正义的杠杆,绝不能流于形式。因此,在财政收入达到十万亿元的巨大规模、社会保障成为主要民生议题的当下中国,民主化应该从预算透明化起步。

通过"预算议会"调整事实上的力量对比关系,通过独立审判实现形式上、机会上的平等,只有这样才有可能增强政府信用,在日益增大的全球不确定性的大海中投下中国的维稳之锚。

2012 年 3 月 20 日

现代法治的精神*

现代法治的本质在于防止国家权力侵害个人权利

主持人："法治国家"、"市民社会"等概念不仅在中国，而且在全世界范围内也引起了广泛的讨论。以 2009 年开始中国提前介入全球治理的新时代为背景，从中国与世界对话的角度来看，结合具体的国家制度，还有超越国界的市民互动关系，究竟应该如何理解"法治"、"法治国家"这些概念？

江平：我觉得我们现在所讲的法治国家概念是从西方传播而来的，因为我们儒家社会中没有现在所讲的法治国家，所谓的法家里面体现出的思想也不是我们现在所讲的法治国家的思想。如何理解法治国家概念，是应该跟市民社会紧密联系的，因为市民社会在某种意义上可以说是法治国家的基础或者是灵魂。正是在这样的一个市民社会里，才能产生出法治精神。

我理解的法治国家应当包含三个要素：第一个是社会自治的思想，也

---

* 本文是和江平教授的对谈录，原载《交大法学》第一卷(2010)，上海交通大学出版社 2011 年版。对谈主持人朱芒教授乃《交大法学》执行主编。录音整理：王军、王艳丽；记录审阅：朱芒。

即国家要尽量减少干预或者尽量减少不必要的干预。第二个要素就是民营经济。如果我们现在还是国家垄断、国有企业垄断,也就谈不上市民社会了。市民社会必须要有足够强大的民营经济作为依托,也就叫做经济的多元化,不能只有一种所有制经济,而必须是多元的。第三个要素,我觉得也是一个法治国家所必须要求的,那就是要有一个比较强大的中产阶级,也即贫富不要太悬殊,社会整体比较公正。

中国从现在的情况来看,这三个前提条件都不存在,或者说不很充分。首先,国家干预在当下一段时间内又加强了,特别是在金融危机之后更加明显,包括对于山西一些民营企业的干预,在这样的情况下国家杠杆的作用就非常明显。其次,在现在看来,民营经济似乎也是呈现倒退的趋势,因为许多地方民营经济的发展受到了明显的挫折。虽然国家政策没有改变,但是实际上的做法使人感觉到,民营企业家自身也感觉到,现在的经济环境是越来越差;至于有一个强大的或者比较有力量的中产阶级,我觉得在中国是远远没有实现的,因为我们的社会两极分化还相当严重,富者越来越富,贫者越来越贫,这个趋势还没有得到真正的遏制。所以,总的来说,市民社会和法治国家之间应该有极其密切的关系。市民社会是法治国家的经济基础,法治国家是上层建筑。当经济基础没有充分变化的时候,上层建筑的一些目标和要求就很难完全实现。

季卫东:江老师对现代法治国家的概念的表述非常到位。因为在一个市民社会比较成熟的地方,政府不仅要求一般民众守法,而且自己也率先严格遵循法律和执行法律。也就是说,国家权力本身也要受到法律的限制,不容许"法自上而犯之",这才是现代法治秩序的真谛。当然,所有市民也都必须具备守法精神。在一定意义上,法的支配意味着法律君临全国——工农商学兵,东西南北中,所有行为都以法律为准绳。

除此之外,现代法治国家还特别注重不同利益集团之间关系的协调,尽量达到多数派与少数派、强势群体与弱势群体的均衡,在制度上都是地位平等的、他们的表达和利益诉求作为权利得到保障。(江平教授插话:包括中产阶级参与政治!)对,对,这里很重要的是市民参与政治,参与公共事务的决定,参与立法,按照少数服从多数的原则来达成具有强制力的共识。其前提是以社会契约来缔结法律共同体的思想。用卢梭的话来说,在承认的基础上实现"对国家的自发服从"。另一方面,少数或者个人的异议也应得到尊重,可以通过司法渠道寻求救济。为了保证这一点,需要确立司法独立的原则,需要提高执行和运用法律的透明度,需要通过各种方式实现公平。

法治可以有不同的制度设计:有的更强调成文规则,因而是立法本位的,与民主政治生活密切相连;有的更强调审判机构,因而是司法本位的,与个人自由保障的理念密切相连;有的更强调治理效率,因而是行政本位的,与再分配和社会福利的倾向密切相连。但无论如何,基于保障个人自由的理念,基于市民社会自治的需要,运用国家权力的行为都必须受到法律规则的束缚,这是任何一种制度设计的共同的前提。

关于法治国家的构想与不同类型的科层制

主持人: 刚才江老师提到,中国社会尤其是儒家文化的语境并没有法治国家的传统。但在源远流长的中华法律思想和制度中,法家等提出的法治思想也是不容忽视的。那么,法家式的法治思想与现代法治国家的观念之间存在什么样的相同之处以及不同?

江平: 我觉得我们所讲的法家的思想,有两个重要的基础。一是法家学说是作为管理社会的模式或者形态出现的,采取的是官方立场。对于法治的理解,究竟是站在国家层面还是站在社会层面,其内容、其结论势必有所区别。统治阶级与被统治阶级、官员与市民,他们之间对法治的理解肯定是很不一样的。法家的法治思想都是从统治者的角度来谈问题,不管权术势也好,严刑峻法也好,都是如此。二是法家学说采取了极端实证主义的法律观,只谈赏罚,不谈更高尚的价值追求,不注重制度的反思理性。这样的偏颇在今天依然存在。我们一直只采用"法制"的说法,就反映了极端实证主义法学观的影响。为什么忌讳"法治"这个表述?现在我们提出法治的口号,其中已经包含了一种理念上的变化。因为"法治"的概念必然包含人权的思想、民主的思想、自由的思想等内容。这是过去所没有的,也是法家式法治思想所没有的。法律制度可以有好坏的区别,也就是说有善法和恶法的区别,要排除恶法就要树立一个更高层次的价值规范。当我们使用"法治国家"这个词的时候,我觉得我们指的是一种理念,是要建立一个好的法律体系、一个文明的法治国家。但法家的思想却没有这样的法治理念,只是在专制社会中追求一种更有效的治国工具而已。

季卫东: 这里涉及 rule by law 与 rule of law 之间的差异。法家学说仅仅从统治者的工具的角度来理解法律的本质。但现代法治国家的观念则把法律看成基于市民社会的共识的一种妥当的结构,于是有宪政的制度安排。与此同时,法律也被认为是市民之间形成和维护那种有序化自由或者公平关系的度量衡,以明确的权利为基本尺度。法律还被认为是不同利益集团之间进行博弈和妥协的前提条件,或者在陌生人社会中确立信赖的基础,因而它必须首尾一贯,具有客观性和中立性。那么这两种不同的法治观之间,是否存在对话、沟通乃至转化的契机呢?也就是说,在法家式的法治思想里,能不能找到某些与现代法治思想灵犀相通的对接点。我想到的是科层制,是官僚国家的法制化倾向。

在西欧和日本,现代法治国家的建构是在从封建制到科层制或者说官僚机构的变化过程中实现的。在这里,国家很容易被理解为权力的独占者以及"公民"集体行使权力进行政治决策和执行决策的机构。这是一种中立的、形式化的国家观。在马克斯·韦伯的理论框架里,形式合理化的行政程序就是法治国家运作的基本形态。当然,英美的思想状况和制度演变的路径有所不同。例如戴维·休谟更强调历史传承在国家正统性中的意义,埃德蒙·伯克甚至提倡善治的"世袭原理"。在制度层面,遵循先例机制起了主导作用,审判权成为法治国家运作的轴心。但是,从把握中国的角度来看,欧洲大陆的科层制与法治国家之间的关系特别值得注意。

马克斯·韦伯主要从科层制的视角来考察法治国家。他认为,官僚机构的运作离不开法律规则,所以官僚国家的法制化具有必然性。但是,在实质上和形式上,法律体系是合理的还是不合理的,影响到官僚国家的效率和正当性,也影响到产业市场经济的发展。在某种意义上也可以说,韦伯是把形式合理性作为评价法治国家的基本标准的。在他看来,中国虽然早就存在官僚机构,但受到父权家长制的影响,始终停留在实质性的、非理性的阶段,未能发展出一套形式合理化的法律和审判制度,也就无所谓现代法治国家的基础可言。但毕竟法制的现代化是从打破封建制的身份枷锁、建立具有阶层流动性的官僚机构开始的,中国特殊的问题状况仍然是非常值得琢磨的。关于法治国家与科层制的关系,请问江老师有什么高见?

"英国问题"、"中国问题"以及职业法律家群体

江平: 你说的官僚机构,应该是个很重要的问题。马克思的国家与法的理论,曾经对这个问题作过深入的分析。我记得我在苏联学习的时候,当时提到"打碎国家机器"的问题,一个重要的理由就是大陆法国家存在强大的旧的国家机器,所以革命必须把旧的国家机器打碎才能建立新的国家。恩格斯曾经有一个论断,是把英美国家排除在外的。他认为在英美国家没有形成一个强大的官僚体系,因此可以作为例外,不打碎既有的国家机器。但是后来恩格斯的谈话又有所变化了,说英美也不例外了。这说明他在考虑不同国家的社会变迁时,注意到了不同的资本主义国家并不是采取同样的模式这一情况。

季卫东: 江老师刚才提到的这个"英国问题"是一个非常好的视角。从"英国问题"入手,我们可以看到韦伯关于形式合理性的命题是有局限性的,对法治国家的结构、功能以及涵意也会有新的认识。

除了"英国问题"之外,其实还存在一个"中国问题"。从生产关系来看,中国具备产生资本主义体制的温床,但结果却并非如此,为什么?这是韦伯之问。从社会结构上来看,中国具备树立法治国家的客观条件,但结果却并非如此,为什么?这是罗伯特·昂格尔之问。这就是具有世界性历史意义的中国问题。在我看来,"中国问题"的最有趣之处是经验的自反性。例如中国的官僚机构看起来很强权,其实却很脆弱;看起来是等级森严的,其实却网络纵横;看起来以强制为特征,其实却建立在具体的交换或契约关系之上,而合意与强制的界线又是流动的、变异的,似乎一切总是处在自相矛盾之中。

回到科层制上来说,中国的确存在一个以皇帝为顶点的官僚机构,但在皇权至上的逻辑支配下,这个官僚机构并不是按照法律规则来运作的,也不断被任意打碎和重构。正如法国哲学家于连所指出的那样,中国治

理重视"势",强调"无形"的技艺。法家式的法治思想,充满了权术势的诡道和辩证法。所谓"无形"的势,就是不给你一个定型的东西,不给你一套明确的规则,一切委诸临机应变的裁量权。与按部就班、循名责实的行政逻辑不同,"无形"具有很强的政治性,结果取决于博弈、妥协以及政策性判断。"无形"也意味着规则和标准是可变的,因此不可能有一以贯之的法律应用,规范本身也往往呈现出多元的动态。在这样的状况下,靠什么来一锤定音,靠什么来维护秩序的统一性?回答只能是至高无上、天威难测的皇权。用卡尔·施密特的术语来表达,就是主权者的决断。通过"无形"这种不断政治化的过程,皇权可以排除科层制的阻碍,一竿子插到基层,以直接贯彻自己的意志,同时也可以避免官僚机构的僵化。但是,这样一来国家不可能是中立的、形式化的,规则的制定和实施势必充满了主观任意性。

韦伯虽然意识到官僚机构加强实质性判断的趋势,但依然希望用有形的、形式理性的规则来制约政府,防止裁量权被滥用。为此,他特别强调法治秩序担纲者,即职业法律家集团、特别是律师的作用。这表明,在西欧国家,不管官僚机构是否强大,在它之外还存在另外一种载体,确保法律制度的有效运转。这就是律师以及整个职业法律家集团,他们构成一个统一的法律解释共同体;他们具有相对于官僚机构的独立性,但又通过解释共同体来确保法律应用的统一性、连贯性。在这个意义上,所谓"英国问题"也就在一定程度上化解了,因为职业法律家集团的思维方式和解释共同体的论证性对话还是可以具有形式理性的。但"中国问题"却化解不了。

当今中国社会结构和价值观的多元化及其影响

主持人:刚才两位教授都谈到了法治理念以及体现这一理念的制度,还有制度运作中的"人"的因素以及不同模式。由此我们回到中国问题上来看。中国在1999年通过的宪法修正案,明文规定了"建设社会主义法治国家"的方针,这一变化具有重大的意义。那么,究竟应该如何看待把法治国家纳入正式话语体系的改宪内容,应该如何评价其影响?

江平:我觉得,依法治国的入宪意味着法治已经由一种制度升华为一种理念。当然,实际情况如何那是另一个话题了。从学者的角度来看,我认为这是一个很重要的变化。或者更简单地说,这是将法治从阶级斗争的工具转换成一种国家理念了。马克思关于国家与法的理论有一个很重要的特点,即认为法律是阶级斗争的工具。后来列宁走得更远,认为法律是专政的工具。一句话,法律就是工具,就是统治阶级取得和掌握政权的工具而已。其实我国古代的法家也是支持这一法律工具论的。而在西方国家,法治其实包含很深刻的理念,代表着公平正义。虽然过去我们曾经批判西方提倡的公平正义理念是抽象的、不现实的,但现在我国法学的很多观点,包括对法律的本质、法律的目的等的认识,也都开始抛弃阶级斗争的因素,逐步走向公平正义的理念。我觉得,这次改宪是法学发展的必然结果。"法治国家"这四个字写入宪法,意味着要用法律来约束政府,体现了公平正义的理念。

季卫东: 从某种意义上来讲,在意识形态上、价值观念上发生了变化。实际上,这个变化是从 1996 年开始,到 1999 年宪法修正案就突显出来了。我想补充一下相关的社会背景。大概在 20 世纪 90 年代中期以后,中国社会开始发生一些实质性的变化,更加多元化了。因为市场化的改革导致社会分化成不同的利益群体,包括朱镕基在政府工作报告中提到的强势群体、弱势群体。也就是说这个社会开始具备多元结构了,存在不同的利益诉求和不同的价值取向,这是一个很深刻的变化。江老师刚才分析得非常好,他指出过去我们是讲阶级斗争的、强调铁板一块的阶级统治,这是国家意识形态。但是当一个社会又重新分化出不同的利益群体的时候,如何协调这些利益群体之间的关系以达到公正和谐,就变成一个很重要的问题。所以在这样的背景下就要改变国家意识形态,由过去的阶级斗争口号转向和谐社会口号,由过去的阶级统治转向强调国家的社会性超越于不同利益群体之上的客观公正的地位。这个转向表现在法律制度上就是强调法治、强调国家的中立化、强调大家共同追寻某种带有普遍意义的基本规则。当然,实际上做得怎么样是另一层面的问题,这可能需要一个比较长期的过程,但在理念上的确已经开始变化了,而且政府在 1999 年之后也采取了一系列实施举措,比如加入国际人权公约、强调法治政府,等等,这表明理念在制度层面也已经产生了一定的影响。

市场化背景下的国家与社会互动以及作为媒介的 NGO

主持人：从江老师刚才的阐述和季老师的补充，可以看到在 1999 年修宪过程中加入的"建设社会主义法治国家"条款，有其特定的社会背景，与 1992 年之后改革开放的政策变化以及引起的社会变化应该是相关的。那么这个变化在当时到底是什么，怎么会进而促进了理念上的变化？江老师您从民法学者的角度来看，当时是发生了什么导致了宪法的条文会发生这样的变化？

江平：我觉得我们宪法的变化也好，其他法律的变化也好，在今天的社会发展中不能够完全看做是自上而下的，也不能看做是完全自下而上的，这两种观点都是片面的。如果我们认为完全是自上而下的，没有群众的呼声，那是不可能的。如果光有群众的呼声，上面的决策不发生变动，那么中国也不可能有宪法或者法律的变化。所以，这两方面都必须纳入考虑范围，但存在一个何者为主的问题。在当前中国的形势下，我觉得还是自上而下为主。试想，民间是不能讨论修宪的，民间的观点都是被排斥在外的。我们这些搞法律研究的人都不能讨论宪法，这真是奇怪的现象，但事实就是这样，只能通过党代会的决议来讨论修改宪法。在这种情况下，自上而下还是最主要的。当然，也有些特例显现出自下而上的重要性。比如说广州的孙志刚案件，三个博士生向中央呼吁进行违宪审查。怎么能够把收容审查之类的行政规定作为合宪的制度来实行呢？所以我觉得，民间呼吁的力量是不可忽视的，尤其是现在，舆论包括网络舆论的力量、律师的作用、学者的呼吁都是很重要的。这次修改了原有的《城市房屋拆迁管理条例》，就与北大的几位法学教授强烈呼吁有关，由此引起了人们的高度重视和强烈共鸣。

季卫东：我觉得，自下而上的变化从 20 世纪 90 年代中期以后就可以看出来了。随着经济改革的深入，社会结构和权力结构开始变化，政府逐步减弱它对企业的控制，撤离市场，这是一个大的趋势。那么在政府撤离之后，公共服务以及与之相应的权力真空由谁来填补呢？这是一个很现实的、无从回避的问题。在这个意义上说，一些民间组织的活跃、第三领域或者社会公共空间的扩张，本来是自然而然的趋势。

但在这个问题上,我们还存在一些认识误区,结果把很正常的现象也扭曲成了异常事态。可以看到,在有些时候,在有些地方,连与政府有着亲和关系的非政府组织也遭到打压,连对中国渐进式社会转型很有助益的新生事物(例如民间智库、研究所、期刊)也受到限制。政治改革的软着陆需要预先准备缓冲装置,需要提供各种功能替代物,如果不进行这样的准备,甚至把这类缓冲装置、替代物都见一个砸一个,那么当局就将缺乏回旋余地,社会矛盾只有采取极端化的方式来处理,改革和发展就会演变成硬着陆的结局。

另外,审判机关也提供了一个自下而上影响法律与社会发展的渠道。如果说立法机关和行政机关是为多数派而存在的,那么审判机关则是为少数派、个人以及弱者而存在的。个人或少数派通过独立审判的机制有可能把自己的诉求反映到国家规范里去,从而对整体或多数派主导的立法以及行政举措进行制衡、修改以及补充。在这个意义上,司法程序构成自下而上的变革的杠杆,司法改革对于中国社会的转型具有非常重要的意义。还有最近公布的《侵权责任法》,为个人动员法律、实施法律创造了必要的条件,会促进诉讼活动,会通过个人提出侵权之诉的方式落实法律规定,进而限制滥用权力的行为。

自上而下的变化也具有重要的意义。其实在大多数情况下,真正意义上的变革往往是在内外压力之下由上层启动的,或者下层运动因上层的介入而成功。由此可见,上层接受法治国家这样的改革性概念不仅是必要的,也是可能的,我们应该作出这样的判断。从政治强人退出历史舞台到逐步强调集体领导的趋势,意味着按照规则进行博弈的潮流已经难以阻挡。这样的背景,使自上而下的改革更有条件进行。剩下的问题是如何把自上而下的变化与自下而上的变化结合起来,让两者互动。我觉得刚才江老师说得非常好,这不是某一方的片面要求,而是一个双方或多方互动的过程,如何激活这种互动过程是社会转型成功的关键。

"社会主义法治国家"的重心应该在"社会"

主持人: 再回到宪法的条文来看,宪法中所用的表述是"社会主义法治国家"。在一般的讨论和论说中,我们也是这样使用这种表述的。那么,"社会主义法治国家"和一般意义上所称的"法治国家"是完全相同的,还是存在一些不同的内容?

江平:我们在一些表述上,比如"法治国家"、"市场经济"之前都冠以"社会主义"的限定,我觉得这是领导人在定性的时候的一个很重要的步骤。关于这个问题,我先从经济学界来说,前些年有四位经济学家获得了一个很高的经济学奖,是由香港方面提供的。我也参加了评奖。其中一个获得者是刘国光,一个获得者是吴敬琏,但他们二人的观点又有很大的差别。在这个颁奖会上,二人的发言很有意思:刘国光强调的是社会主义,指出我们所讲的商品经济是社会主义的商品经济;吴敬琏的发言则只谈商品经济。这就是我们学界中经常出现的问题:左派强调社会主义,另一派强调单纯的概念。

今天我们讨论法治也面临同样的问题。一些比较左的学者讲我们要的是社会主义的法治国家,跟西方国家有本质区别。而对于我们来讲,重点在于寻求法治国家的共性,没有共性何谈法治国家呢?!现在领导人所讲的社会主义特征,首先从浅层次来看就是重视国家的作用。比如市场经济离开了国家的干预就成了自由资本主义了,偏离了正常的发展轨道了,国家的干预和调整是保证社会主义方向的最重要的途径。在法治国家问题上也是如此,也是强调国家在法治国家中的强大的控制力,不至于改变了方向。其次,从更深层次来看,那就是党的领导了。我觉得这也是中国法治建设的关键所在。当然,党的领导作用并不是指党连个别的案件和问题都要管,不是指在具体工作领域中的党政不分的情形。像这样的一些问题都是使得我们的意识形态产生混乱的原因所在。

季卫东:从江老师刚才的分析可以看出,目前我国流行的社会主义概念强调的就是国家至上,在这个意义上来说就是一种国家主义,很容易让人联想起国家社会主义,这是一种非常错误的认识,至少会引起很大的误解。那么真正的社会主义是什么?我觉得这个问题是可以讨论的,顾名思义可以认为,真正的社会主义要强调的是社会而不是国家。这正是马克思和恩格斯所理解的社会主义。他们当年是在人的解放以及国家消亡的视野里提倡社会主义之路的。所以马克思主义特别重视人的解放、人道主义、人权,以社会的自治为理想目标。所以,我觉得我们可以探讨一下如何在思想上拨乱反正,如何回到人性社会的初衷。"社会主义"就是要强调"社会"嘛,要不怎么以社会为主？江老师开头提到的社会公平、不同利益集团之间关系的协调,实现分配的公正,就是要从社会的角度来考虑问题。因而国家主要发挥一个社会调节器的作用,应该采取中立的、公正的立场。在这个意义上,社会主义的要求与现代法治国家的要求是完全一致的。这是我们应该考虑的一个重点。

那为什么会出现打着社会主义的旗号,却做着国家主义的事情的状况呢？因为斯大林的苏维埃社会主义模式的影响,因为某种教条化的意识形态的影响。但在20世纪90年代之后,我们可以看到一种趋势在慢慢变强,这就是"去意识形态化"和"去官僚化"。可以说"去意识形态化"正是建设法治国家的前提条件,"去官僚化"正是发展市场经济的前提条件。在意识形态消退的地方,公正的法律程序就成为社会共识的基础。反过来说,在法律程序健全的地方,意识形态的作用就会相对化。所以在建设法治国家方面,过分强调政治意识形态就会导致事与愿违的结局。要知道,法治国家毕竟是以规范的普遍性、客观性、中立性、技术性、形式性等为特征,只有推行阶级统治的地方才会特别注重政治意识形态的同一性。当然,如果转而从社会的角度来正确把握社会主义的涵意,那么"社会主义法治国家"的设想其实就很接近德国著名法学家赫曼·黑勒所设想的那种"社会法治国家"概念了。我觉得"社会主义法治国家"与"社会法治国家"之间是可以找到一些结合点的,当然需要解释性旋转。

现代法治必须通过维护个人权利而维护社会稳定

主持人："社会主义法治国家"虽然是宪法上的用语,但实际上可以从很多侧面来进行展开研究,关键是今后思路如何定位。换句话说,社会如何发展是不是可以通过对这个用语的解释来推动。接下来希望请教的问题是,目前,当法治国家这个概念已经不再陌生的情况下,领导层面或者国家层面的理解与民间对它的理解之间可能会有一些差异。江老师,您的感受呢,比如在参与民法立法的过程中,接触到的不同人在用这个概念的时候会有一些差异吗？

江平：这两方面肯定是有差异的！国家层面所谓的法治,其立脚点更多在于稳定,保持社会的稳定,因为大家都遵守法制,在统一规则下进行活动,社会就趋于安定。所以我觉得领导的层面是这样理解的,而且实际上也是这么理解的,比如"稳定压倒一切"的提法就能证明。包括我国的改革尤其是司法改革过程中,都在强调稳定,只要不出乱子,只要社会上保持原有的秩序,就可以了。这是很重要的,但是从社会层面来理解法治,从民法角度、私法角度来看,我觉得更多的是保护私权。因为在我们过去的社会里,从来不讲究权利,计划经济下是以义务为本位的。市场经济开放后,人们开始有了一些权利的意识了,这种意识有了就会膨胀。那么在这个时候,与自身相关的两种权利就显得尤为重要了。一种是物质上的权利,或者说生活是否有所改善、房子是否买得起的问题;另一种是精神上的权利,或者叫做更广泛意义上的人权。人们就会考虑,我这些权利究竟有多少啊?这个问题的答案是很清楚的。我记得讨论《香港基本法》之时,宁波组的一名代表在阅读后立马提出问题:香港人拥有的权利我们是没有的,这就会产生受限制的感觉。在东欧国家,人们就普遍感受到生活的匮乏和权利的匮乏,在这种情况下,人必然就会产生相应的要求,希望法治是完善的,希望获得更多的自由,当前我们这两个问题仍然存在,比如给老百姓在经营上的自由,还有出版、言论、结社等自由。我觉得这点是不容忽视的。

季卫东:刚才江老师谈到在国家层面法治被认为是维护稳定的,但在个人层面法治被理解为权利诉求,很到位。这两个方面统合起来,就是耶林的那个著名命题:"法律的目的是和平,但目的的手段则是斗争",即"为了权利的斗争"。法治要维护稳定,这并没有错。问题是怎么理解稳定,怎么理解维护稳定的适当手段。我觉得现在对稳定的理解有偏差,强调到压倒一切的程度,这就很容易走火入魔,容不得个人有一点权利主张,连上访都被当成不稳定因素,这样压制的结果,反而会造成类似高压锅爆炸那样的更大不稳定。法治应该通过认定和保障个人权利的方式来维持稳定,定分则止争嘛。权利义务关系理顺了,有话能说,有冤能伸,做事公平,做人尊严,人人都可以安居乐业,社会也就自然而然地稳定了、和谐了。简单地说,国家要求公民守法,公民要求国家自己也守法,这就是对法治的不同理解,这样两个方面合起来,才成为现代法治的完整内涵。

强人时代的终结：从保障私权到重建新的公共性

主持人：刚才我们谈到了有关社会主义法治的一些非常关键的问题，但法治的概念并不是现在才提出来的，比如在20世纪70年代"文革"结束后也曾经有过"法治"与"人治"的大讨论。当时的讨论是有历史背景的，那时讨论的法治理念，与我们现在所提倡的法治有什么不同的地方吗？

江平：20世纪70年代末期我们所提出来的"法治"是相对于"人治"而言的，而人治就是指"文革"期间对毛泽东的个人崇拜导致权力滥用等现象。经过十年浩劫，人们感觉无法再继续忍受这些现象，这也是当年邓小平提出思想解放和改革的原因。70年代末关于"法治"的这场大讨论，其背景就是对于"法治"与"人治"的区分，其结果导致了制度完善，建立了领导人退休制、任期制等一系列民主制度，改变了我国权力过分集中在个人身上的状况。随着改革的深入，从计划经济转变到市场经济，法治的核心问题不再是个人专断，而转向以私权保障为首要任务，这也就进入了"法治"与"人治"的第二个阶段。

季卫东：20世纪70年代末的法治概念与支配方式的转变是结合在一起的。借用韦伯的用语，中国的支配从以超凡魅力领袖的绝对权威为基础，转向寡头政治，接着转向集体领导，再转向日常化的规则之治。促成这种转变的主要原因是许许多多的干部（包括公检法部门的干部）在"文革"期间人格和人权受到严重侵犯，痛定思痛导致了制度反思。因此，当年的法治概念也是与关于人的异化、人道主义以及人格权保障等结合在一起的。这就造成了非常广泛的共识，也形成了政法界干部与自由派知识分子的蜜月期。虽然出发点和目标不一样，但大家都赞同法治。这样的政法干部与知识分子的联盟一直持续到20世纪90年代末。

在1999年改宪之后，市场化改革软着陆成功，法治概念就越来越与私权保障结合在一起，也涉及新的公共性重建问题。私人权利应该保障到什么程度，政治体制改革应该朝什么方向推进，人们的看法并不一致。这时政法派与自由派的共识开始破裂。首先表现在对司法改革的态度变化上，强调审判独立还是强调审判监督，走专业化路线还是走群众化路线,注重程序公正还是实质性调解,意见纷纭,不一而足。还有围绕物权法制定,也出现了完全不同的声音。在关于法治的共识破裂之后,下一步将会怎么演化,能不能形成新的共识,究竟是政法派压倒自由派,还是自由派的理念最后取得胜利,或者走第三条道路,我们现在还看不出来。目前法治建设正处在历史的十字路口。但无论如何,我觉得这个围绕法治的共识的破裂以及新的二元格局开始呈现,是非常值得关注的事态。

中国思想界的交锋:市场经济的好坏与法制的好坏之辨

主持人:刚才两位教授归纳了在"文革"结束后20世纪70年代后期至80年代中期的一些状况,尤其是其中关于"人治"和"法治"的讨论的原因所在。在90年代末以后,中国进入全面市场化的发展阶段,私法不断发展,私权不断伸张。在这样的背景下,中国法学界出现了"市场经济就是法治经济"的主张。关于"法治经济"的概念需要进行一些探讨,市场经济到底对国家制度建设提出了什么样的具体要求?

江平:市场经济离不开法治,不光法学家有这个观点,经济学家也有这个观点。吴敬琏教授就特别强调在市场经济中法治的作用。他说市场经济有好的也有坏的,坏的就是"权贵市场经济"。那么问题就来了,如何理解"权贵"呢?无非是国家权力或者说权力资本介入了市场经济。

我在讲市场经济的时候,强调了两方面的内容:市场秩序和市场自由。这是市场经济的两个不可或缺的要素。市场要有自由,同时也要有秩序。换句话说,市场经济只有自由而没有秩序,那就会变成混乱的经济;反过来说,如果只有秩序而没有自由,那就变成国家控制的经济了。所以我想如何把这两方面的内容结合好是很重要的。

西方国家的市场经济,很明显是由绝对的自由逐步走向了有秩序。从凯恩斯主义发展到现在,你说哪个国家没有国家控制而完全自由,肯定没有的!所以当初我看了洛克菲勒家族的回忆录,其中小洛克菲勒回忆中就写道,到现在美国仍然有很多人骂他的祖父是吸血鬼、杀人魔王,但不要忘记那时候根本没有市场秩序的法律。就如我们现在出现了金融危机,对于市场的管制就很有必要。

另一方面,看我们的市场经济是不是法治经济,首先要看自由。中国经济的自由确实比以前大多了,民营企业的自由也大了,但还是有很多不当的限制,还是不充分的自由,仍然有不足之处。其次要从秩序的角度来看,那就更差了。如何看我们市场的秩序,前段时间我听了发改委主任的报告,提到中国市场制度的排名在世界排到120多位,这说明假药啊之类的行为还是很严重的。所以,市场自由不够,市场秩序也不够。

那么市场经济的法治应该怎么来体现呢?这一点我是同意吴敬琏教授的说法的,就是在配备资源的方面应该充分发展自由,国家不要来控制资源,国家不要在这方面来与民争利。我们现在是越来越朝向了倾向于保护国有企业的方向,而且通过各种各样的手段来保护国有企业,限制民营企业。这是一个短视的问题,短期内看到国有企业的好处,而实际上是非常可怕的,因为在浪费了资源的情况下并没有实现效率的提高。在市场秩序方面,老百姓是管不了的,民营企业家也管不到,而应当是由国家机器来保障的,但是现在看起来做得还是很不够,虽然在这方面已经加大了力度,有所进步了。国家更多的应当是保障秩序方面发挥作用,而现在恰恰是通过自身权力在资源控制方面上做文章,这是一个很大的问题。

季卫东:吴敬琏先生提出了一个"好的市场经济"与"坏的市场经济"的问题,江平先生则提出了一个"好的法制"与"坏的法制"的概念。这两位当代中国的良心代言人找到了一个共识,即当前中国市场经济需要法治秩序,而中国的法治秩序需要限制公权、保障私权。我完全赞同他们二位的观点。

我想补充说明的是,这两组概念之间的关系和组合方式有待我们进一步探讨。从市场经济的角度来考虑法治,很容易接受哈耶克关于自生秩序的主张或者布坎南关于宪政经济学的主张,很容易寄希望于自由的讨价还价本身,希望一套制度能从单纯的交涉和交易中产生。这样的设想究竟对不对,是不是有些空想成分,还可以进一步讨论。需要特别注意的是,近代的社会契约论是以普遍意志为潜台词的,不等于具体契约关系。但中国强调合意的制度构想,例如乡规民约,往往跳不出具体契约关系的窠臼。另外,还要注意经济交换与社会交换的本质性区别,社会交换未必都是可以进行合理计算的,更未必是当时结算的,使得合意的内涵和外延都会有千差万别的变化。

我们在谈市场化的时候,往往会突出中国社会的身份性和计划性。但不得不指出,在中国文化的深层结构里,存在着根深蒂固的,甚至过度的市场化契机。从"天下以市道交"、"作为营利机构的国家"等历史命题,到日常生活中的"潜规则",可以发现某种无所不在的市场性,在个人行为层面,表现为互惠性。这种互惠精神把一切都变成是可以交换的,连原则、法律也都是可以交换的,例如"私了"或者"暗盘交易"。因此,从秩序原理的角度来看,我们更应该担心的与其说是缺乏市场性,毋宁说是缺乏具备适当的非市场性基础的那种市场性,在这样的温床上,很容易孕育"坏的市场经济"。这里所说的非市场性基础,正是法制。我们讨论法治以及法治经济,就是要整顿市场的非市场性基础。

另外,在讨论市场经济与法律秩序之间关系时,还有一个重要的主题,这就是营业自由和交易安全是以行为结果的可预测性为前提的,正是法治主义的制度安排,尤其是具有形式理性的规范体系和客观公正的审判制度为市场提供了可以计算和预测的条件。这里我们当然是在日常行为、日常生活的背景下考虑法律可预测性的。但中国的问题是往往把非常事态作为制度设计的出发点。尤其是现在处于转型期的中国,不断碰到例外和危机。何况现代化导致社会风险性增大,也会增加例外和危机的发生频率,改变人们的观念。在考虑"好的法制"与"坏的法制"时,对日常与例外、可预测性与临机应变的能力等不同状况的梳理和重新认识也应该被提出来探讨。

这是一个"后改革时代",还是"深化改革时代"?

主持人:两位教授对我国法治在 20 世纪 70 年代以来的发展状况作了归纳,并指出其中的问题。在 2009 年纪念改革开放三十周年的各种活动中,有许多话题涉及法治,是对改革开放以来的制度变迁进行了回顾。如何评估这三十年的成败得失以及发展趋势?

江平:过去我也不断说过这句话,中国的法治建设总体上是"进两步退一步"。首先,进和退的时机是不同的,往往取决于领导人的法治观念、素质等,因为毕竟我们的权力很集中,又有官本位的风气,这就使得法治建设完全取决主管政法的领导的认识。其次,总的趋向是进两步退一步,所以我对中国法治的前景是乐观的,即在曲折中前进。可能有人注意到,我最近在80寿辰的纪念活动上即兴说过一段话:中国法治面临大倒退,具体的例证不少,大家也都耳熟能详,就不列举了。不管怎么说,这些都是我的一些担忧。

中国是不是面临着法治的倒退甚至是大倒退,对这个问题仁者见仁智者见智,非常难说。但是,至少现在可以看到的下述三种现象令人担忧:一是过分强调国家干预,尤其是世界金融危机经过国家干预后平息下来的现状,让很多国家的领导人盲目相信国家干预的效果。我觉得这是一个十分危险的问题。二是司法部门越来越强调政治化、意识形态化,很过度,我觉得这是倒退。三是人权保障不足。比如李庄案以及打黑运动对律师业以及辩护权冲击很大。我觉得应该重视这个问题。

季卫东:我倒认为法治发展的方向其实已经不可逆转了。当然迂回曲折还是有的,今后也免不了。但是总的趋势无人能够阻拦。

有些地方出现倒退现象,主要有两个原因,一是缺乏自信,二是缺乏手段。所谓缺乏自信,是对转型期社会矛盾的激化神经过敏,把维护稳定的方针强调过了头。所谓缺乏手段,是社会治理方法过于简单陈旧。加州大学伯克利分校法社会学研究中心的菲利浦·塞尔兹尼克教授曾经说过,造成社会压抑性的一个很重要的原因是控制手段的匮乏。这是一种同情的理解。但需要警惕的是,这些倒退现象很可能导致压抑增大和手段减少之间的恶性循环,所以不能听之任之。

除此之外,政治投机主义也会对制度条件造成很大的伤害。中国的法治建设发展到今天非常不容易,但是现在却有一种明显的政治投机主义倾向,比如严打运动、走火入魔的李庄事件处理、庸俗化的能动司法主张、否定审判专业性和独立原则的论调,等等,会干扰历史的进程,会在运动式操作中引起事与愿违的结果。对这样的倾向我也感到很忧虑。

主持人:我们注意到,在中国制度建设的过程中,以及在意识形态层面上,首先是由国家提出法治口号,继而在包括宪法在内的成文法中明文写入相关用语,再在此基础上起草和发布认为能够体现法治精神的文件,例如国务院发布《全面推进依法行政实施纲要》。这样的实施方式,有一种国家自我限权的感觉。那么,这种方式对今后的制度建设会有怎样的影响,其是否能被中国社会接受?

江平:我现在比较担心的是中国改革会不会止步这个问题。为什么提到这个问题呢,我们从国家层面来看是这样,从地方层面来看很多城市也有消极的反应,比如深圳几乎是停滞不前了,应该说这是一个很大的问题。我认为现在经济体制改革停滞不前,政治体制改革则避而不谈,这样下去很危险。中国改革的突破口只能是政治体制改革。因为经济体制改革已经无法进行下去了,再深入下去就会涉及政治体制改革的问题了。所以,政治体制改革是当前改革最主要的突破口,之所以被拒绝或者延缓,就是一个理由,即稳定的要求。我觉得这个问题不解决,等于说中国体制改革不能进行。我不怕它慢,我担心的是它停滞不前。现在我们有的人说,中国的政治体制改革也在进行,但我总体觉得,这是一句空话。

季卫东:有人说现在中国进入了"后改革时代",但是实际上改革的任务并没有完成。经济结构的转型也好,政治体制的重构也好,还包括司法改革,我觉得还有大量的工作有待今后推进,各种制度改革应该继续向更深层次推进。当然,像中国这样大规模的复杂系统的转型的确是很艰难的,不能太急于求成,需要有个渐进的过程,有些制度的确立和有效运转需要耐心等待基本条件的完备。但渐进的重点还是在于进,而不能裹足不前,更不能倒退。倒退是没有出路的。认识到这一点,我们就不可以优柔寡断了。即使在渐进式改革中也有需要决断的时候。问题是现在谁也不愿承担决断的责任,毕竟改革是伴随着风险的。然而如果所有人都采取短期行为方式,得过且过,把棘手的问题往后推延,推到最后,本来有可能解决的问题也变得不能解决了,盖然的风险就会演化成现实的危机。微观的理性造成了宏观的非理性,这就是在中国反复出现过的改革悲剧。

正在展开的围绕土地产权与个人诉权的制度博弈

主持人:正如两位所说,牵扯到改革尤其是政治体制改革,会有很多的问题。但是,从这几年来看,法律制度建设方面也不断有所发展,比如最近《侵权责任法》的出台,还有三年前公布的《物权法》。从整个法治国家的框架来看,这些基本法律的颁布到底具有什么样的意义?对这个社会今后的发展能起到什么样的作用?

江平:我觉得《物权法》对社会发展的最主要的作用就是大大地扩大了人们对私人财产权的愿望,从而也就激发了人们的权利诉求,从财产权利到其他自由的权利,都要求国家提供制度化保障。这些应该说是"大觉醒"。虽然《物权法》规定了各种不同类型的财产权,包括国家所有财产的有关权利,但是人们心目中最关注的还是对私人财产的保护。这里面还有一个隐藏在背后的目标,可能是更长远的目标,那就是土地私有化问题。严格说来,《物权法》的核心问题在于土地。而土地的核心问题在于私有、私用还是其他。在物权法草案讨论的过程中,虽然没有人明确地去捅破这层窗户纸来说亮话,提出"宅基地私有"、"土地私有"或者"土地部分私有"的问题,但在法律文本的背后,这个问题已经反映出来了。特别是宅基地能不能私有和买卖的讨论,迟早要提上议事日程。

季卫东:在我看来,《物权法》主要有三点意义。首先是产权明晰化的意义。我国市场化是从承认交易自由、营业自由开始的,主要就是承认和不断扩大契约自由的空间。但在产权不明晰的情况下,很难有真正的契约自由。所有权主体究竟是谁,处分权的范围有多大,这些问题如果含糊不清,契约就难以成立,违约行为也难以防止和制裁。所以契约自由需要产权明晰作为配套条件。但是产权明晰化涉及所有制,阻力很大。这就是为什么围绕物权法制定会爆发一场激烈的宪法争论。尽管有这样或那样的反对意见,《物权法》终于制定出来了,它使市场经济体制具有一个比较明确的产权基础。

其次是形成国内产业资本市场的意义。在中国的渐进式经济改革中,利益驱动导致了短期行为,在体制转型没有完成之前,靠政策支持而积累起来的资本始终缺乏安全感。所以投资倾向于回收较快、报酬较高的领域,大量的盈利不是转移到海外就是倾注到畸形消费之中,具有长期合理性的国内产业资本市场始终难以形成。这是一个非常严重的问题。只要上述状态没有实质性改变,经济结构的转型就无法实现。《物权法》的出台使"有恒产者有恒心"的机制能运作起来,能促进比较长期的、技术创新型的投资。

还有一点意义就是江老师提到的引发地政变化,促进围绕土地权益的社会博弈。土地涉及经济体制和政治体制的根本。目前在法理上问题最大的是集体所有制土地的权益。由于地方政府的主要财源来自土地征收和转让,呈现出土地财政的特色,这就使得土地问题变得非常敏感。《物权法》关于征收和补偿的规定已经推倒了地政改革的第一张骨牌,随后的多米诺效应势必导致税收和财政制度的重新调整。反过来也可以推论,如果不改变财税制度,征收和补偿的条款就可能在相当程度上流于一纸空文,《物权法》也就很难实施下去。所以,《物权法》很可能"成也土地,败也土地"。

主持人: 最近全国人大公布了《侵权责任法》,它是否将强化"为权利而斗争"的理念和行为?

江平: 总的来说,《侵权责任法》有"为权利而斗争"的精神在。但我觉得《侵权责任法》在保护私权方面倒没有《物权法》当初所面临的矛盾那么突出。而《侵权责任法》在内容上与原来的法律制度没有太大的变化,或者说基本上还是原来《民法通则》涉及和一些单行法里面涉及的有关侵权的一些规定的具体化,并没有很多的创新。

季卫东: 在我国现代化的过程中,有一个比较大的变化趋势,这就是意识形态从纠纷模型转向共识模型。比如过去强调阶级斗争,这就是纠纷模型,现在则强调共识。社会契约论展示了一种关于国家与法律理论的共识模式。和谐社会论的宗旨是协调不同利益集团之间的关系,总体上说是在向共识模式转。

但在具体制度安排上,变化的方向却应该相反,从共识模式转向纠纷模式。也就是说过去重视调解,限制公民主张自己的权利,要求纠纷当事人互让、妥协。但随着现代化的进展,权利意识增强了,通过诉讼方式维护权利的倾向更明显了,这就是转向纠纷模式。用耶林的话来说,也就是"为权利而斗争"。个人为了维护自己的权利就会提出诉求、提起诉讼,这样针对侵权行为寻求司法救济的活动反过来也会促进法律制度的动员和有效运作。这就是《侵权责任法》有可能形成的机制。

问题是在中国,制度设计会不会采取纠纷模式,《侵权责任法》会不会促进维护权利的诉讼行为?从理论上说,《侵权责任法》的公布有可能导致民事诉讼的增加,但哪些类型的案件增加、增加到什么程度,与社会文化背景以及国家政策很有关系。例如,要针对侵权行为有效地动员司法力量,必须加强律师的作用。但目前中国有些地方政府的做法刚好是相反的,是在打压律师、限制律师的作用。不得不指出公布《侵权责任法》与抑制律师作用是相互矛盾的。如果律师的作用受到限制,《侵权责任法》就很容易变成一具空文,没有太大的实际意义。

我们见证着从地缘共同体到法律共同体的制度变迁

主持人:的确,正如两位教授所说,应该将《侵权责任法》放在国家与社会互动的情境里去考察和评价。在这里,有必要分析一下我们所处的社会。改革开放已经30多年了,中华人民共和国成立到现在有60多年的历史,应该承认,在改革开放之前,社会基本上被国家吸收掉了——社会已经"国家化"了。在一定意义上可以说,改革开放过程本身实际上就是社会与国家逐渐分离的过程,社会在不断发展和成熟。改革开放期间的法治建设对社会的这一变动到底起到了什么样的作用?

江平:我觉得,60年也好,30年也好,从研究私权的角度看,总的一条线索是个人权利从被压抑到崛起的历史过程。因为我们知道在前30年并没有太多的个人权利可言,一切都是在国家的控制、监督和管理之下。诸如生活、婚姻等很多事情都是由国家限制得很死的。近30年来,个人权利从压抑中解放出来了。我觉得这也是符合马克思主义某些观点的,因为马克思主义讲的第一个解放就是解放生产力。列宁也讲过一句话:社会主义之所以能够战胜资本主义,就在于它的劳动生产率的提高,也就是工作积极性和成效的提高。因此,马克思讲的第二个解放就是将人从剥削和压抑中解放出来,就是解放人本身。

季卫东:江老师是中华人民共和国整个60年发展历史的见证人,也是后30年改革开放的参与者、推动者。江老师刚才从民法的角度、从私权伸张的角度来把握法治建设在社会变革中的作用。我是研究法社会学的,因此更侧重从社会结构的角度来看问题。我觉得法治对社会的影响主要在于重新塑造一种新的结构、新的公共性。

众所周知,中国传统社会属于一种分节社会,呈现马克思所说的村落秩序与国家秩序的二元格局,各个村落之间则自成体系,像老子描述的那样"鸡犬之声相闻,老死不相往来"。把这样的分节社会统合在一起的,是基于儒家意识形态的共识,是科举官僚机构,是特殊的人际关系网络。借用杜克海姆的分类和术语,这样的社会结构以机械性团结为特征。现代化导致分工和相互依赖,会形成和加强有机性团结,随之而来的是要确立系统信赖和普遍的规则体系。打破分节状态、打破特殊的人际关系网络以及地域性共同体的作业是由强化的国家权力来实施的。正是国家按照普遍性原理对社会结构进行改编、重组,结果是要建立一个法律共同体,以市民社会为基础。

在这个意义上也可以说,普遍性确立的过程在中国首先表现为国家权力的伸张,把个人从氏族共同体中解放出来,这就是前30年的特征;接着再通过法治反过来限制这个肥大的国家权力,这就是后30年的使命。国家权力的伸张势必压抑私权,所以改革开放的30年就要进行反思和矫正,把个人再次从单位体制中解放出来,承认和保护私权,重新确立新的市民社会的公共性。这个再解放过程也就是社会重构,目前还在继续进行。我更关心的是,法律制度将在多大程度上把私人从旧结构的重压下解放出来以及采取什么方式重新建立一个"市民社会的公共领域"——这是尤根·哈贝马斯提出来的重要命题。在我看来,私权的本质是自由,而市民社会的公共领域的本质是民主,把这两个方面结合起来就是改革开放时期法治建设的基本课题。

国家与社会的非对抗式关系以及自治机制

主持人:江老师所说的私权崛起、季老师所说的社会重构,从制度建设的角度来考察,就是很多私人利益不断在法律上得到确立和保障,从社会发展的角度来考察,这些私人利益的相互调整应该反映到国家决策过程中去,并且以民意及其法律表现形式来制约国家权力。现在的问题是,正在逐步发育和壮大的中国公民社会是否拥有了足以制约国家权力的能量?市民社会与法治国家之间的关系今后将向什么方向发展?

江平:我觉得社会发展必然朝着社会越来越从国家的职能中分离出来的方向。现在我们主要强调法律制度的两个作用,一个是国家调节的作用,另一个是私权保障的作用。其实,许多的社会问题是应该靠自治机制来解决的,也就是说要把原来由国家承担的职责的相当一部分让社会自身来承担,实现社会的自立和自治。我记得当初海南设省的时候曾经提出过"大社会、小政府"的口号。所谓"大社会、小政府",也就是要给社会更多的自治权限。但由于后来海南政府没有相应的部门,实际运行也就出现了问题。所以我说,社会职能很重要。

我理解社会本身的职能就是维护社会自身成员的生存、延续、自由等权利,在相当程度上让社会自我组织、自我治理。即使在没有国家的时代也存在着社会以及相应的秩序。国家是怎么产生的？它是社会冲突到了不可调和的阶段的产物,并不是任何时候都有国家的。所以可见,国家的职能并不等同于社会的职能,没有国家的时候也存在着社会的职能。

那么社会的职能有哪些呢？一个是为了使人能够生存的职能,比如衣食住行、生产—销售—分配等。从这个意义上来讲,社会自治和企业自治是分不开的,社会自治和市场自治也是分不开的。第二个是使人类能够延续的职能,比如婚姻之类。这些在没有国家的时候也是可以进行的。所以这些都属于社会自治的范畴。从这个角度来分析现实,我们会发现当前中国社会的自治功能太弱。那么社会自治功能靠谁来实行呢？回答是介于政府与个人之间的社会团体。比如NGO在社会自治方面的作用已经越来越大了,西方国家的环境保护主要依靠"绿党"以及其他环境保护团体来进行。这是一个很重要的启示。如果我们能将社会的力量、资源有效组织起来,那么在奥运会的统筹、安保等方面完全可以由社会力量自己来做,也无需制定如此多的强制规则。所以,发挥社会自治的作用在当前中国特别重要。

但是随之而来的问题是如此多的组织谁来批准啊？会不会出现反政府的活动啊？这类担心太多,就会带来严格的限制,结果社会职能就没有办法实现。政府限制社会团体的发展,也就会削弱社会自治的力量。

季卫东:我觉得刚才江老师谈到了一条非常重要的思路,这就是国家与社会和谐相处的问题。在西方的政治学和法律学理论中,有一个预设前提,这就是国家与社会相对抗的图式。但是,随着社会自治、NGO参与公共服务的提供等现象的呈现和发展,人们发现国家和社会实际上是可以相互协调的,存在着很大的合作空间。在中国,由于政策导向上的问题,这种合作反而一直受到压抑和排斥,结果就会演变成一个本来它并不希望出现的两元对抗的格局。在这样的格局下,要么社会处于无政府状态,很多问题没有人管,要么政府把一切都管起来,弄得吃力不讨好。在这两者的中间就没有缓冲地带,没有公共领域,没有 NGO 以及各种各样的民间团体来提供必要的社会服务。其实,民间团体的作用越大,社会就越健全,国家也就可以在相当程度上无为而治。有很多公共物品的供应其实是可以委诸民间的社会团体来进行的。

主持人:根据江老师的讲解,公民社会的发育成长、团体自治等是法治国家的重要基础。接着这个话题还想向江老师请教一个具体问题,这十几年来在城市开发和拆迁的过程中,不断发生一些引人瞩目的案件,其中存在着公权力的介入和随之而来的私权利的抵抗。从这些案件中可以看到近年来的某些奇妙变化。比如 2007 年发生在重庆的"最牛钉子户"案,已经不是原来那种公权完全制服私权的结局。同类案件近几年经常可以看到,舆论也会改变政府决策。请问从这种变化中能不能得出国家与社会的力量对比关系正在发生变化的结论?如果这个结论能成立的话,那么今后还会怎样演变?

江平:拆迁问题上的这一变化,在某种意义上说不是因为国家作用减弱了,相反,是因为它的作用增强了。不知道我的理解是否正确。因为原来国务院的《城市房屋拆迁管理条例》规定,由社会组织或者企业作为拆迁人,按照这一规定,建筑商拿到"拆迁许可证"后就可以进行拆迁了,老百姓有意见的话可以告到政府,政府作为中间人、裁决人,来裁定拆迁的合理与不合理。现在我们立法的最大改变就是,不是让开发商拿到了"拆迁许可证"就可以去拆迁,拆迁涉及的主体关系不再是住户与开发商之间的关系,而是住户与国家之间的关系。因为土地征用的根据是公共利益需要,所以由国家作为主体来拆迁。当事人要求补偿,也应以国家作为求偿的对象。原来国务院法制办在征求意见时提出,国家在拆迁时可以是主体,但补偿却不能当作主体,因为这牵扯到经费问题。现在这个问题解决了。从这一点来说,是具有进步意义的,国家没有将责任推给社会,这对保障老百姓的权利是有利的。

法治、民主、自由权以及律师的功能

主持人： 我们一直在探讨法治的概念，还有一个相关的概念——民主。江老师，您能把这两个概念在一般意义上进行比较吗？还有，法治建设对于我国民主的发展又有哪些作用呢？

江平： 我的理解有两条：一是现阶段中国改革所面临的最重要的任务是政治体制改革，因为没有政治体制改革，经济体制改革也无法推进下去了。而政治体制改革的核心当然与民主息息相关。或者可以说，民主就是法治的载体，在专制社会是谈不上法治概念了，也可以说民主就是法治的灵魂所在。明确了这一条就可以说明法治与民主自由的关系了。我常常说，一个国家的宪政也好法治也好，最核心最核心的就是民主和自由。民主就是讲政治体制问题，领导人是老百姓选出来的，也是可以罢免的，要对选民负责；自由就是公民的权利，公民享有哪些人权，我觉得核心就是这两个问题。

季卫东： 江老师刚才的阐述已经非常简明扼要地把本质问题点出来了。我们所追求的法治国家，显然不仅仅是指用法律规则来强制社会，还需要特别注意强制的正当性。法律约束力怎样才有正当性呢？在现代社会，显然就是反映民意，人民的承认就是正当性基础。但这种民意不能等同于一时一地的舆论。另外还要注意的是，法治也可以反过来成为民主的基础。因为法治可以提供基本的政治信任，还可以避免多数派专制的弊端，从而使民主成为一种安定的、成熟的民主。所以，民主与法治是互为表里、互相依存的，这一点非常重要。

具体来看国家权力之间的关系，如果说人民代表大会和政府部门是为多数派而存在的，那么就应该承认审判机关是为少数派、为个人、为弱者而存在的。因为多数派的诉求可以通过立法程序得到保障，也可以通过行政机关出于公共利益的考虑得到保障，但是少数派尤其是普通公民个人的声音如果与多数派不同的时候，即使有理由，即使正确，也很难反映到制度之中。只有在法院，任何个人的声音都会被认真倾听，甚至可以通过判决反映到制度的框架里去。如果判决是在考虑了特殊情况和当事人合理诉求之后作出来的，有可能会对法律是一个补救，对行政机关举措是一个校正。在这个意义上,也只有在这个意义上,审判机关是可以对立法、行政机关进行限制和某种纠正的,是可以成为少数人、个人推动社会进步和制度变迁的杠杆。所以,立法民主化与审判独立化也是互为表里、互相依存的。

主持人:接下来集中地提几个与法治国家建设、市民社会发育相关的现实问题,向江老师请教。一个问题是,从中国律师制度的现状以及今后发展方向来看,律师对法治国家的建设、市民社会的发育到底会有什么样的影响?

江平:我过去曾经说过,律师制度是一个国家法治的"橱窗"或者国家民主的"橱窗"。现在我们看到的是,在中国针对律师的"紧箍咒"太多了,到处设置律师的"禁区",特别是在律师的政治权利等方面。李庄案件也反映出了对于律师从业的很多限制。其实,很多人都认为,《律师法》中规定的律师权利并没有得到相应的保障,特别是笼统设置伪证罪等之类的限制性条款,这些都很不利于律师制度的发展,或者使律师只能从事民事案件的代理工作而无法进行刑事案件的辩护,因为动辄就涉及"你为谁辩护"、"你保护的是什么人"这类立场问题。我觉得这类问题应当把它看做法治国家的障碍。对律师不能容忍、像从1957年起取消律师制度、动不动对律师采取强制之类的现象,说明我们国家离民主法治的目标还很远。

社会主义法治国家的经济基础与评价指标

主持人:还有一个特别想请教的问题是,中国当下的企业制度尤其是国有企业的定位以及国企与政府部门之间紧密联系的结构,在其他法治发达的国家是难以见到的。您看这对于我国法治国家的建设会有什么样的影响呢?

江平:国有企业本身可能反映了其自身存有的一个矛盾性。从所有制的观点来看,它是国家的,但是它所扮演的角色恰恰与社会职能有关,比如说公共交通、电力等问题。应该说,当它行使社会职能的时候,它的存在是合理的,但应当仅限于社会公共利益的范围之内。而在西方国家,这些公共利益的领域往往是不赚钱甚至赔本的,但要求我国的国企来承担这些损失,是不现实的。现在有些石油、化工等领域的国企往往是超出公共利益的范围,石油、化工本身是不属于公共利益方面的,只是对公共利益有影响而已,这里面的利润是巨大的。所以严格说来,国有企业也应当适用《反垄断法》。不久前我就讲到过这个问题,德国也好日本也好,都讲到了这个问题,属于国家控制的这些行业也应当适用《反垄断法》,都不能有垄断的行为。

归结起来就是,国有企业和民营企业应当同等对待,这样才是合适的。除了关乎国计民生的基干行业以外,其他的企业无论性质如何都应当处于平等的地位,在这样的条件下的企业竞争才是正当的竞争。

主持人: 鉴于时间关系,我问最后一个问题。现在有很多指标可以衡量一个国家的发展程度,比如 GDP 指标。国内一些机构也在讨论如何建立指标体系来衡量一个国家的法治水平,您觉得这做得到吗?反过来讲,如果做不到的话,那我们在观察一个国家的法治建设水平的时候,是不是也至少存在着几个主要的衡量标准啊?

江平: 我觉得确定 GDP 指标相对简单一些,确定法治的指数或者标准就很难。说它难,并不等于不可能建立,只是确实难得多。以我们国家为例,浙江大学做了一个关于杭州市余杭区法治指数的研究,我参加了两三年。我说过我赞成这样的做法,尽量把法治的指数用十大项目、具体的标准来评估,最后拿出一个标准作为一个地区的法治指数,这个是学习新加坡或者香港的做法。所以,这样的尝试是有意义的。但有些指标我就反对了,比如拿追究贪污犯罪的人数来确定廉政的标准就真的说不过去了。还有犯罪率是根据公安局报的数目来确定的,存在着统计口径的问题。所以,我始终认为可以找出一个相对公正的法治指数,但是与政府所希望的内容可能又差了很多。

2010 年 4 月 16 日

价值和制度的普遍性*
——从日本的经验切入

我们从世界大多数国度的历史来看,它们的价值体系本来都与工具理性、形式理性以及个人主义没有关联。在这个意义上,现代资本主义体制和产业文明的产生其实是偶然的、特殊的。也就是说,自发生成的现代性,是特殊西欧的现象——马克斯·韦伯曾经提到过这个观点,并且把资本主义精神与新教伦理密切联系在一起来考察。但是,这样特殊现象的绩效和原理在被广泛承认后得以普及,就成为世界性现象,就成为一般性文明。由此可见,普遍性与特殊性之间的界限本来是相对的、流动的,不能绝对化。

另一方面,从意识形态的角度来看,或者从系统理性的角度来看,普遍性又是与决定论的思维方式密切联系在一起的。普遍性有时会被看成绝对真理。普遍性有时会被归结为最终寻找一个唯一正确答案的活动。但是,如果换一个视角来看,普遍性也有可能是复数的,正确的答案并非

---

* 本文是2010年1月底在上海世界观察研究院主办的"近代日本普遍性的建立与破灭"研讨会上发言的记录稿。原载《大观》第4辑,法律出版社2010年版,第41—55页。

是唯一的答案。不言而喻,多元现代性的观点、加强不同文明之间对话和协调的主张,就反映了存在着复数的普遍性的判断。如果我们接受这样的判断,那么就不得不面对如何理解和诠释中国文明的普遍性、如何协调中国文明与西欧现代文明之间普遍性的关系等问题。

我觉得这类问题非常复杂,也非常重要。两种普遍性之间的较量,构成中国现代化的一大难题。日裔美国学者福山虽然在20世纪90年代初提出著名的"历史终结论",欢呼过个人自由主义价值观的世界性胜利,但他很快就认识到,个人自由主义固然具有普遍性,但父权家长主义其实也具有普遍性。他后来指出,作为普遍原理的家长主义秩序观已经构成了对自由主义秩序观的严峻挑战。因为在这里,我们看到的不是普遍性与特殊性的对峙,而是两种普遍性之间的对峙。上述对峙必然导致多元现代性的认识,无法采取一个模式来指引社会实践,这是我们不得不注意的问题。

在这样的背景或者分析框架下来考虑普遍性问题,就会看到它的相对化侧面,就会更重视结构的功能以及功能等价的可操作性技术。在这里,日本提供很好的范例。日本先后面对中国文明以及西欧现代文明这样两种不同的普遍性的挑战,都能化险为夷,在我看来主要是因为日本善于把价值问题转换为技术问题来处理,尽管技术绝不可能替代价值。

日本人善于学习,也善于把不同性质的因素组合在一个复合化的框架里来把握。对于外来的挑战,日本采取了一种颇为工具主义的、甚至有点机会主义的应对态度,即:如果有自信战胜它,就可以与它为敌;如果没有自信战胜它,那就应该以它为友——站在挑战者的阵营里去,化解威胁,学习对方的长处,最终立于不败之地。正是基于这样的特征,日本很快就像福泽谕吉说的那样"脱亚入欧",成为列强的一员,在亚洲确立了自己的优势。然而中国人往往缺乏这样的应对态度,甚至鄙视这样的行为方式。因为中国本身就是文明的发源地,是普遍性价值的倡导者,所以特别重视涵意处理问题,往往倾向于把很多技术问题也反过来转化为价值问题来处理,使得改革变得极其棘手。

可以说,日本对西欧现代文明的普遍性是采取了一种工具主义的态度,并通过技术操作把这样的普遍性相对化,进而与固有普遍性结合在一起了。当然日本的客观条件毕竟与中国的不同,所以接受西欧现代文明的出发点也不同。尽管古代日本曾经接受过中国的文人官僚科层制,但在中世纪又退回到了武士统治的封建时代。所以,日本的前现代社会状况与欧洲存在着相当的类似性,因而现代化过程也有相当的类似性,例如确立类似绝对王政那样的天皇集权体制,废藩置县,确立科层制,伦理观转换,等等。

正是在这样背景之下,日本进行了一系列的制度改革,以 1868 年开始的明治维新和 1889 年制定的《宪法》为标志。变化后形成的社会结构,概括成简单的公式,就是把自由主义、民族主义等现代文明的普遍性元素与天皇的绝对主义政治权力结合在一起。可以说,1889 年日本《宪法》,其实就是这两个互相矛盾的因素的混合物。在这样一种权力非常集中的、普遍性指向的体制下,日本在 19 世纪 90 年代编纂了民法典,确立了司法独立原则,导入了代议民主制,一步一步实现了国家与法律秩序的现代化。在一定意义上也不妨说,在变革过程中,自由主义、民族主义等现代文明的普遍性元素构成了天皇绝对权力的正当性基础,反过来,天皇绝对权力又成为日本在维护整合的同时迅速崛起的操作装置,成为西欧现代文明在日本推行的驱动力量。

把普遍性的现代价值与非常集中的国家权力结合在一起,这是一种适应帝国形成需要的架构,对日本后来的国力迅速增长以及在亚洲的势力扩张具有重要的意义。或许受到这样的历史经验的影响,有些日本人认为中国目前的政治状况也可以发挥积极的功能。对这种观点当然存在不同的看法,对错是非这里暂且存而不论。但是,普遍性的现代价值与集中化的国家权力之间毕竟存在紧张和冲突,在这个意义上,日本发展模式是以矛盾的制度化为基础的,并且通过各种方式和方法来协调矛盾,保持不同因素之间的平衡。

随着天皇权力的扩张以及民众权利意识的提高,到 20 世纪前期,情况发生了变化,平衡被打破了。明治天皇的权力越来越绝对化,势必与自由主义、民族主义的普遍性现代价值发生冲突。在 1912 年到 1926 年之间,面对民众的不满和抵抗,大正天皇开始让步,推动民主化,强调现代性的普世价值,出现了一个所谓大正民主时期。同时又制定《治安法》,以压制提出各种诉求的群众运动,但在处理上还是柔性的。到昭和天皇在1926年即位后,应对的举措开始强硬化。第一次适用《治安法》的不是大正天皇,而是昭和天皇。1926年之后的十年间,日本开始转向。一方面是因为社会动荡不安,另一方面是因为经济危机,日本转而强调集权,并且越来越集权化,而忽视了普世价值。集中的权力不断制造出腐败,进一步诱发不满,而出于维护稳定的需要,也就进一步推动了权力的集中化。这种恶性循环最后导致年轻军官干预政治,酿成惨烈的"2·26事件"。随后日本走上了军国主义道路,后面这一段历史大家都很清楚,不必细说。

在这里做一个非常简单化的、公式化的总结吧。可以说日本在现代化过程中首先是通过形成一个集中的强大权力来保证这个国家的整合性和执行力,再通过普遍性的现代价值这个因素的植入,使国家秩序具有正当性,适应整个世界局势的变化,然后创造出一个非常具有竞争力的制度载体。虽然这样的国家未必就是一个真正意义上的现代国家,但它具有拟似现代性。

从这个视角来考察中国的社会变迁,进行比较分析,可以说我们的现代化过程是相当被动的。尤其是一开始,我们就是出现了一个权力真空,使得社会整合出现危机。辛亥革命之后,本来是有可能在袁世凯和革命党人之间达成某种历史性妥协,实现光荣革命的。如果这种妥协得以安定化、制度化,就有可能形成类似日本那样的格局,把一个集中化的国家权力与一个普遍性的现代价值结合起来,把效率与公正结合起来。但是,最后没有形成,导致军阀混战的局面,完全走上了另外一条路。也就是说,从空间维度上看把两种对立因素整合在一个制度框架里的努力在中国失败了。然后国民党就转而关注时间维度。所谓军政、训政以及宪政的发展阶段论,就是把空间问题转换成时间问题了。首先以暴力手段确立集中的权力,把正当化作业留待未来去解决。在以时间换空间的过程中,出现了有学者所说的国民政府十年辉煌。但是,这个黄金十年让日本感到了威胁,于是发动侵略战争打断了上述过程。

以上我对战前日本的普遍性确立以及破灭的历史经验和教训进行了非常简洁的概括,并与中国的情况进行了对比。中国曾经建立了亚洲第一个共和国,是非常强调普遍性价值的,但却没有很好地实现整合的目标。最后是通过强有力的政党组织,即国民党,形成一个高度集权的架构,但却扭曲了现代的普遍性。在很多场合往往只剩下一个集中的权力,但却没有普遍性的价值作为正当根据。

日本是从1926年开始转而进一步强调集权的,并且越来越集权化,最后践踏了现代的普遍性价值。因此,在第二次世界大战日本战败之后,在美军占领当局的主导下,日本被动地重新强调普遍性这一面,而集权的那一面则被打破了。例如美军占领当局曾经决定解散财阀,甚至准备废除天皇制。后来只是因为冷战的需要,美方才改变方针。但无论如何,在第二次世界大战结束后,美国要做的就是把日本原有的高度集中的权力结构给打碎了,与此同时,把受到抑制的普遍性这一部分恢复起来,进一步强化,推动战后民主化改革,尤其是按照美国的模式来重新组合思想与制度。

例如在战后制定的日本国宪法中有放弃战争条款,即第9条,就是要通过这个和平宪法紧箍咒来限制政府的权力。正因为这个道理,在日本战后宪法的起草过程中,可以看到美国占领当局与日本政府之间围绕宪法起草所展开的非常复杂的博弈。战后日本宪法的起草者中包括那些在战前或者战争中反对军国主义的宪法学者,包括以天皇机关说而得罪军国主义势力的东京大学法学院美浓部达吉教授。但是,他们还是希望日本自主,按照人民主权的原理,由日本人自己来改宪或者制宪,并能接续1889年宪法的传统。从美国占领当局的有关人员的回复意见可以看到,这些主张被拒绝了。

美国要主导战后宪法的设计,完全改造日本原有的权力结构。其中非常重要的一个举措,就是导入违宪审查制。这涉及三权的分立与制衡机制。立法权、行政权的定位和作用各国有所不同,但无论如何需要通过司法独立来制约这些权力,防止它们被滥用。尤其是立法权,在现代社会大幅度扩张,以致被人认为除了不能让男人生孩子之外无所不能。其实在生物科学和技术非常发达的现在,让男人生孩子也是可能的。因此,要防止立法权任意突破根本规范,就必须导入司法性质的违宪审查制度。美国坚持按照自己的模式推行违宪审查,就是要确保战后宪法不会被立法机关任意修改,维持战后权力结构的稳定性和连续性。

按照美国模式导入违宪审查制,就是要容许地方法院起到宪法卫士的作用,在具体案件的审判中以宪法为标准来审视立法权和行政权,防止日本政府和议员打破战后政治格局,重新塑造社会结构。这个意图我们可以看得非常清楚。后来,一方面由于地方法院不具备充分的政策判断能力,另一方面也由于最高法院事务总局的人事控制权增大,例如通过考勤和续聘制度排挤左翼法官,结果对违宪的司法审查开始发生变化。地方法院逐步退出,只有最高法院才对立法权和行政权的合宪性进行判断。即使最高法院也奉行司法消极主义。但无论如何,在日本战后的发展过程中,现代文明的普遍性是通过和平宪法这样一种方式再次得以确立并试图加强保障的。

在上述大背景之下,我们再来看一下日本其他方面的发展。值得注意的是,日本一直没有主张自己的价值特殊性。这是战后日本的最大特点。尽管实际上它的很多做法是具有特殊性的,但在很长时期内,这种特殊性被认为是固有的,也是短暂的,应该在现代化进程中逐步被克服。例如在 20 世纪 50 年代到 70 年代,现代化运动蓬勃发展的这段时期,法学家川岛武宜教授提出了一个著名的法律现代化公式。根据他的说法,随着社会的发展,群众的权利意识日益高涨,因而诉讼也必然会增加。人们通过司法程序来维护自己的权利,这就自然而然构成对国家权力的限制。他认为,诉讼维权与现代化程度成正比,这种倾向会越来越明显。这是一种单线进化论的思路。

但是,国外的很多观察者以及日本人自己都会注意到,日本政治生活的实际状况与它的正式话语以及制度设计并不是完全一致的,依然有不少特殊性。在很长一段时期里,人们用普遍性与特殊性这一对概念来把握相关现象,实际上还是采取了先进与落后的单线进化论的分析框架,是把特殊性作为要在现代化过程中克服的对象。然而随着日本经济实力的增强,在 20 世纪 80 年代之后这种状况开始发生变化,反过来日本特殊性的那一部分也逐步被认为具有普遍意义,出现了所谓日本模式的说法。这一点很像中国当今。

所谓"日本模式",就是把原来被认为是日本特殊性、落后性的一些东西,在新的条件下重新组合成一个普遍性。从20世纪80年代到90年代,日本模式的影响曾经波及世界,连美国也曾经吸收日本经济管理的一些做法。这种基于战后日本经济增长奇迹的日本模式,我们有必要进行一下简单的分析。从权力结构的角度来看,它主要表现为一个所谓"铁三角"的架构。也就是说,一是政府,或者官员;二是政党,指长期独掌政权的自民党,或者议员,特别是与各政府部门密切联系在一起的自民党议员;三是政商,或者大企业高级职员,三者形成一个牢固的同盟,互相合作,但又互相制约。

这种铁三角与我国在20世纪90年代后期浮出水面的精英联盟相映成趣,可以作为参照物。不同的是,在日本,党政企三者之间存在着某种像剪刀、锤子、布那样一物降一物的关系。例如政治家受财界的制约,但可以控制官僚。而官僚可以按照行政指导的原则对财界进行监督。企业接受自民党的单独执政格局,但通过贿赂或者通过捐款对政治家施加影响,从而左右自民党的政策,与此同时,企业又接受政府的指导,也就是说反过来受到自民党的限制。这三个部分之间是存在适当区隔的,而独立的司法则是确保这种区隔和互相制约有效存续的基本条件。通过这样的另类分权制衡机制,这个铁三角同盟不至于过度集权,不至于独裁,因而结构性腐败也就可以得到有效整治。从战前的天皇绝对主义,到战后的自民党主导下的铁三角关系,这个变化很有意思。不再是一个绝对化的一元结构,而是一个整合性很强的多元结构。

在这样多元格局中,自民党如何维持一党独大、长期执政的地位呢?很有意思的就是通过内部分化来模拟多党制。大家都知道,自民党的派阀政治非常引人瞩目。自民党是在20世纪50年代中期由两大保守政党合并而成的,内部一直存在不同派别的分化组合,主要有八大派阀。各派阀通过竞争和妥协产生党魁,也就是政府总理,也会在政策主张上有所不同,这就能在一定程度上模拟多党制的推陈出新机制,使决策过程更能反映不同利益群体的诉求、更有弹性、也更能应付社会局势的变化。

一般而言,假如某个政党希望在民意支持下长期执政,那它就势必要变成全民政党,尽量代表全体公民的利益。但是,在社会多元化之后,全民的共同利益很有限,在大多数情况下,不同利益群体会有不同的诉求。

例如在工人的利益与资本家的利益之间很难达成一致的认识,要由一个政党来全面代表不同集团的利益,这是非常困难的。所以多党制的主张和制度设计应运而生。但日本的经验表明,如果一个政党有办法模拟多党制,形成党内竞争的机制,让有些政治派别倾向于左翼,让另外一些派别代表右翼,还有些派别反映社会中间层的意见,那么在表达和决策方面有可能在相当程度上实现自由民主的理念。

派阀政治也会带来问题,例如机会主义倾向,例如腐败,例如无原则的妥协。要防止或者减轻这类弊害,司法独立至关重要。正是独立的司法权可以确保各种互动关系按照明确的、公平的规则来构建,可以防止一党长期执政造成的骄横跋扈,从而也就可以为上述政治格局提供最有力的正当性根据。在日本,司法独立的传统在明治维新时代就基本确立了,通过战后的民主化改革,得到更进一步的强化。因为在战前,司法独立是以议会主权为前提的,议会多数一旦发生变化,立法政策就会相应变化,司法也就要变化。导入司法性违宪审查制,就是要防止一时的力量对比关系不断干扰立法,破坏法律秩序的稳定性和连贯性,防止结构性动荡。总之,要用司法权来限制行政权和立法权,用司法审查制度来确保战后确立的宪法框架不至于发生变化。其实司法要真正独立,就必须使它能发挥制约作用。

虽然日本并没有,也不可能像美国那样推行司法积极主义,介入政治生活,虽然日本法院系统的司法消极主义态度一直招人诟病,也遭到很多进步法学者的尖锐批评,但是,司法性违宪审查的制度安排,有助于提高司法机关的权威性以及制约立法权和行政权的能力,因而能够真正保障司法独立性。正是通过战后法制改革,特别是导入司法审查制,形成了日本最高法院的无上权威,伸张了司法独立的精神。这样的独立司法,使得立法规定的权利在实施上有保障,立法难以反映的少数派乃至个人的声音也都能得到倾听和考虑,因而有助于加强法律秩序的正当性和实效性。在这个意义上,现代国家的普遍性价值有赖于司法独立,民主与自由的协调也有赖于司法独立。

还需要注意一点,20世纪之后世界变化很大,变化的速度也越来越快。欧洲在19世纪以前所具有的那种基于自然权和自然法的统一世界观已经动摇了。因此,普遍性价值的保证已经基本上不在信仰,而在制度。公正而合理的法治就是普遍性的表现形态。在这里,一个比较集中化的权力结构,它的正当性根据主要是通过司法独立来提供的。首先是制定大家普遍认同的法律,然后通过司法独立来划出权力的边界。尽管国家权力是集中的,但是司法机关却是独立的,可以用规则来制约国家权力,这正是现代法治的真谛。如果能让人民理解这一点,相信这一点,通过法治的普遍性就可以确立。我认为,这是战后日本的一条非常重要的经验,也是日本模式得以运行的关键。

当然,除了具有普遍性的司法独立之外,其他配套的制度设计也很重要,也构成日本模式的重要内容或者说技术诀窍。但这些构成部分却往往具有特殊性。例如在经济方面,在企业界,日本出现了阶级合作关系,与欧洲的情形很不一样,没有产生资本家与工人的激烈对抗。日本企业的终身雇佣制、年功序列制、罢工形骸化的"春斗"、互相妥协的和解方案等,使工人和资本家之间的矛盾不太容易激化,形成了某种基于长期合理性适当分配资源的格局。在某种意义上,可以说有一点像和谐社会,通过劳资合作、阶级合作的方式来形成一个比较和谐的社会。另外,在政治方面,在官僚体制中,日本也出现了一些非常有趣的现象。我认为日本公务员制度以及中央与地方关系处理方式的设计很巧妙。在政治学意义上,日本属于中央集权国家、单一制的范畴。但是实际上,它的政府之间财政关系却显然具有联邦制的特点。也就是说,把联邦制的因素和单一制的因素结合在一起了。现代公务员是独立于政党政治的,但日本的所谓"族议员"却使执政党议员与政府部门有了密切沟通与合作的渠道。这类做法很异类,在现代国家理论中被认为是异质的、特殊的因素。然而从日本模式论的角度来看,是具有普遍意义的成功经验。

在20世纪90年代后期,因为日本一直走不出经济泡沫破灭后的低迷,对日本模式的赞扬和期待也开始破灭。但我认为,无论是日本成功的经验,还是它失败的教训,对我们都有借鉴的价值。我在这里的梳理和分析当然是非常粗线条的,难免挂一漏万。透过这样点滴的现象考察,可以发现普遍性与特殊性的界线的确是流动的,两者之间的关系很复杂。另外,在经济高速增长阶段,即使在权力架构和制度上存在这样那样的问题,也不太容易凸显出来,或者说比较容易被遮掩和化解。另外,发展速度太快,很多需要协调的工作来不及做。因此,一旦经济速度放慢了,甚至停顿下来,缺陷就会暴露,问题就会爆发。如果权力结构具有较强的弹性,就不至于引起社会动荡。从这个角度来看,中国继续以一个刚性结构维持社会稳定的做法不能适应今后的新形势。因为中国不可能永远维持迄今为止的经济高速增长,不得不未雨绸缪,为经济增长速度放缓预先做好准备。所以我们应该考虑主动地尽早对权力结构进行多元化、弹性化的调整。

但权力结构的调整是一项复杂的作业,必须谋定而后动。日本在20世纪80年代末的经济泡沫破灭后,受到美国的施压,开始进行结构改革,也就是对那个有弹性的集权结构进行改革。在经济方面,就是要打破法人资本主义体制,推行彻底的市场化和个人自由化。什么叫法人资本主义?这是一个与美国式的个人资本主义相对立的模式。个人资本主义以资本家为中心,表现为股东主权的制度设计。法人资本主义以企业组织为中心,更多地考虑计划理性以及利益相关者的诉求,表现为银行主权的制度设计。在某种意义上也可以说,法人资本主义的最大特点就是把财富蓄积在企业里统筹兼顾,银行对企业的效率进行监控,同时也进行调整和救济,企业之间相互持有股份。这里特别需要重视的是企业相互持有股份的做法。无论是非得失如何评价,企业与企业之间通过互相持股方式,形成了60%—70%的股票不在市面上流动的事态。这种状况很像我们中国的股份制企业,存在国有股、集体股等等,大概也是60%—70%不在市面上流通。多数股票不在市面流动,企业就不容易受到股市行情左右,具有非常安定的基础。另外,从国际竞争的角度来看,其他国家的企业要进行并购也非常困难。

由此可见,日本的结构改革固然有利于解决一些制度上的问题,但也增大了在全球化市场中竞争的风险,至少企业被兼并的可能性增大了。实践也证明,这场结构改革从90年代初开始,从1996年起加大力度,一直在做,到了小泉执政时期才彻底化。前总理小泉大刀阔斧对日本的结构进行改革,当时大家认为这是日本走出金融危机的一条必由之路,也是避免日美经济摩擦的一个重要环节,还是日本经济再次飞跃的一块跳板。

但是，现在日本社会开始对小泉的破坏性结构改革进行反思，有人甚至认为小泉实际上打开外国资本可以长驱直入的大门，断送了日本逐鹿天下的前程。问题是小泉为什么能达到他的目标？他是怎样打碎日本那个弹性结构的？分析和解答这样的问题很有意思。

小泉之所以能做成结构改革，首先因为他争取到了城市无党派群众的支持。20世纪80年代以后，日本政治发生了一些很明显的变化。原来自民党的忠实支持者在农村，城市化使得这个基础逐渐薄弱。在城市里，由于生活压力，由于价值观变化，也由于对政治腐败的不满，存在着游离于自民党乃至政党政治之外一大群人，对政治本身不太关心，也不太投票。其规模不断增长，在20世纪90年代初达到了选民的40%左右。发展到这个程度，这部分人的政治意向就对于日本的政局开始起作用了。他们一旦热心投票，选举结果就会发生变化。他们的投票如果存在一定的方向性，就会影响政治的轨迹。因此，得无党派群体支持者，就可以得天下。小泉的成功，就在于他把工作目标瞄准这些人，并赢得他们的欢心和支持。

与此相关，小泉为了打破既存的有弹性的权力结构，为了避免他的举措因中层阻挠而无法实施，采取了直接诉求民众的治理手段。在日本，小泉时代的政治被认为是荧屏秀政治，具有很强的表演性，很感性化，很能打动一个普通市民的心。小泉喜欢通过频繁的记者会见传达自己的意思，通过很简洁的、通俗易懂的、但却能抓住社会焦点的标语口号，来吸引群众。他是直接面向群众的政治家。一个政治家如果想建立一个新的完全不同的价值体系或者结构的时候，他需要直接与民众互动，直接呼吁。在中国，"文化大革命"期间具有这样的特征。在日本，那就是小泉时代了。小泉时代在民众中造成了一种狂热。怎样造成的呢？通过自反性，通过矛盾的制度化。他是自民党的魁首，却自己说要打倒自民党。这个手法非常有意思。以自我否定的方式展示新面貌，可消除不满，可以吸收希望，做得好可以左右逢源。在中国，"文化大革命"期间的打倒党内"走资派"、鼓励造反、重新组成三结合的革命委员会，很相像。正是通过这样的自民党自我否定，日本战后的格局终于被打破了。

现在的状况就是日本处在漂流之中。不知道它会往哪个方向走。也许它会找到一个新的发展方向,按照一个全球认同的普遍性建立一个新的模式,也许它会找到把集中权力与普遍价值观结合起来的另一种方式。回过头来看日本战后发展的特征,可以说是在普遍性的外部压力下,把它的特殊性重新组合成一个能够正当化的权力结构。当经济绩效没有显示出来的时候,普遍性占压倒优势。当绩效一旦显示出来,日本的特殊性就开始扩张了,甚至被当成普遍性来重新诠释。与价值相关的普遍性,一方面要具有理性的力量,否则无法普及。另一方面又确实与一定的文化和涵意联系在一起,否则无法在社会中引起强烈共鸣。

现代西欧的普遍性固然扎根于特殊的传统文化,不能把它视为绝对真理。但是,现代西欧普遍性的最大成功之处是为多元的价值观提供了一个普遍性的制度安排,这就是既尊重个人自由、又通过民主程序妥当决定公共事务的宪政设计。我并不认为它的真正生命力只在于它的普遍性实体价值。实体价值的普遍性是不可能绝对化的。20世纪90年代关于自由主义悖论的讨论已经证明了这一点。自由主义原理在个人层面,在主权国家范围之内,可以普遍化。但一旦涉及集体的自由、国家之间关系上的自由主义原理,就会碰到麻烦,甚至引发不同文明之间的冲突。西欧的现代文明之所以被认为具有真正的普遍性,或者说具有相对更强的普遍性,是因为它不仅容纳了个人的不同价值观,而且能在公共事务上提供一个真正有说服力的普遍主义制度安排。正是因为这样的制度安排的普遍性,西欧的现代价值的普遍性才能够被复制,才容易进行转移。否则就要归结为一个信仰改宗的问题。至此我的观点就明显了。我想强调的是,最重要的问题在于寻找制度的普遍性,而不是寻找价值的普遍性。

这是我个人的观点,不一定正确。但话又说回来,制度怎么样才能具备普遍性,还是会牵扯到价值的普遍性问题。但无论如何,在制度安排上寻求普遍性是比较容易的,而在价值观上寻求普遍性非常困难,意味着一场灵魂革命,意味着启蒙主义,意味着强制,意味着洗脑,甚至可以导致宗教战争。从这个角度来看日本经验是很有启发意义的。我认为,在日本,现代普遍性的成立大致分为两个层次,在制度层次上进行很彻底的改革和创新,但在价值层面则保持着多元性、异质性。日本人的精神世界很像日本的插花艺术,多种价值观并存,互相搭配形成特殊的美感。我认为日本并没有彻底接受西方的普遍性价值。

至于说到中国的情况,那就更特殊、更复杂了。可以说,这一百多年来,中国面临的不仅仅是一个现代化任务,一个建立完整的主权国家的任务,还有一个重新恢复帝国体制的潜在任务。也就是说,在很多中国人的内心,有一种重新恢复过去曾经长期拥有的亚洲主导权的愿望或冲动。这样的双重任务交织在一起,使我们在确定发展目标上有点困难,在选择普遍性上也会出现一些矛盾。例如我们从主权国家的层面考虑问题,往往会强调特殊性以及这种特殊性的主权保障,会强调"地方知识",也会主张通过现代的普遍性来克服固有的特殊性。但是,当我们从超国家以及亚洲新秩序的层面考虑时,就会淡化特殊性,强调本土经验的普遍价值。这是一种价值观的内在紧张,或者说精神分裂状况。现在有必要把问题转换一下,在特殊性与普遍性之间寻找中间的制度安排。这个制度设计问题恰好是当局和民众都还不太重视的。或者说,中国尽管具有寻求普遍价值的强烈愿望,但却还缺乏一种如何把这种普遍性价值指向与相应的制度设计适当结合起来的技术诀窍。

这种技术诀窍,日本是拥有的。所以,在我看来,我们不能轻率地排斥日本的普遍性当中的工具成分,而应该从它的工具主义中再找出来某种制度的普遍性。普遍性在工具性里藏着呢。留意日本在处理普遍性与特殊性关系方面的技术诀窍,这对我们自己解决普遍性与特殊性的关系问题很重要。

2010 年 1 月 30 日

大变局下的中国法治

和 而 不 同

没有程序,就没有真正的法治可言

中国正处在社会转型的关键时刻。

随着利益分化和观念更新,原有的意识形态已经裂变,但新的社会共识却还没有确立。这种情形反映到人们的行为方式上,导致不同诉求的摩擦和冲突,导致各种领域的失范和无序。另外,全球化带来的相对性浑沌,也增大了对社会进行宏观调控的难度以及决策失误的风险,容易引起那些承受决策负面影响的群体的不满、抵触乃至反抗。为此,需要强调法治,以便采取统一的、普遍的、以国家强制力为担保的规范来维护或重构秩序。

但是,现代法治的本质性特征并不在于强制,而在于强制应具备足以服人的正当性。

不言而喻,只有共识才能真正使强制正当化并发挥实效。然而目前的现实告诉我们,在主流价值分崩离析的过程中,要达成共识非常难。在这样的背景下,各级政府不得不采取如履薄冰的谨慎态度,不得不千方百计"摆平"各方,不得不用人民币来贿买当事人,不得不重新乞灵于"马锡五审判方式",不得不以"大调解"的名义来和稀泥,从而分散问责的重压。当这一切都仍然不足以弥补共识裂变的缝隙时,就只能诉诸赤裸裸的暴力;其结果,势必进一步促使社会共识的瓦解。

由此可见，要走出这种转型期法治的陷阱，我们首先必须在没有共识的地方寻找出可以达成共识的途径，然后循此形成某种具有正当性的强制执行机制。这条途径就是程序。更准确地说，就是确保决策不偏不倚、合情合理的正当程序。通过对"怎样作出决定"的程序共识来实现对"共同承认这样作出的决定"的实体共识，并使这种作为决定之结果的共识具有强制执行的力量，不容许混淆黑白的妥协，不容许反复翻案的缠讼，不容许以暗盘交易取代普遍合意——这就是程序治国的基本思路。

去程序化的"大调解"当然也可以成为弥补共识裂缝的一种技艺。在急剧的社会变迁之际，各类非正式的解纷机制或多或少是有利于政治举措软着陆的。但是，片面强调那种无视程序的"大调解"，会反过来妨碍制度的变革和建设，使决定过程充满投机性、保守性以及个别的讨价还价，甚至变成形形色色潜规则的温床。

正当程序的宗旨是要在公开透明的话语空间里确立新的、真正具有公共性的、可以在同样条件下不断再现的共识以及相应的可以统一适用的规则体系。因而程序一方面可以限制行政官员以及司法者的裁量权，从而有效地保障个人权利，另一方面却容许选择的自由，并通过沟通和理由论证来收敛不同的意志，造成非常确定的效应。

从这个角度来观察和讨论当今中国的法治问题，湖南等地建立和完善行政程序的实践经验值得高度评价。理由正如温家宝总理不久前所指出的那样，"行政执法更要注重程序。只有将执法的每一个环节、实施步骤程序化，才能让执法人员有所遵循，才能避免执法的随意性。"也就是说，现代法治不仅要求老百姓守法，而且要求行政官员自身也要守法，甚至把限制政府权力作为最核心的价值标准，而正当程序就是限制政府权力的不二法门。所以，没有程序，就没有真正的法治可言，依法治国的设想也就会深陷在"钓鱼执法"、"司法腐败"、"拍卖判决"、"上访与截访"以及"暴力抗法"等千奇百怪的泥潭里而不能自拔。

对程序治国思路的质疑主要有两点：其一，在社会转型时期，所谓"日常"已经剧变，所谓"例外"层出不穷，正当程序的原理不能应急，主权者的政治决断成为必然。其二，正当程序的那个"正当"也是以价值共识为基础的，因此程序自身的正当化并不能通过程序来自我实现。显而易见，这些质疑并不能否定程序的重要性。恰恰相反，这类质疑的不断出现只是证实了共识的裂变以及价值多元化已经到了怎样严重的程度，同时也证实了执政正当化日益成为关注的焦点，更证实了要不要把正当程序作为中国法治建设的突破口这个问题的确是个值得反复探讨的真问题。

实际上，处理例外或者紧急事态固然需要当机立断，也需要临机应变，但并非可以把程序置之度外。社会转型时期的特殊性只是把以程序限制权力行使的重点从事先监控变成事后监控而已。例如，为申诉者提供救济和矫正的不同程序性条件、加强司法审查程序的功能、设置宪法提诉程序，等等。在这里，程序构成媒介，发挥着防止制度碎片化的整合功能。

另外，正当程序的设计固然以一定的价值评估为前提，但关于正当程序的承认却完全可以基于常识和公理作出。例如，公共事务的处理必须公开进行，不同意见应该享有同等的表达权，任何结论必须以充分的信息和论证为基础，少数服从多数，在公共事务之外的问题上尽量保护个人的思想自由。在这里，程序生产结构，这些程序性原则正是决策机制进一步科学化、民主化的基本内容。

总之，在社会转型的关键时刻，我们必须通过正当程序来协调不同利益集团、不同价值观之间的关系，凝聚基本共识，进而以井然有序、波澜不惊的方式推动政治改革，逐步达到建设民主法治国家的宏伟目标。

法制重构的新程序主义进路*
——怎么在价值冲突中实现共和

今天中国法学会和法制日报社提供了这样一个机会,跟各位进行交流,我感到非常荣幸和高兴。同时,也感谢俞可平教授、张维迎教授、王晨光教授在百忙之中,抽出时间来参加研讨会,发表评论意见。大家都知道,明年就要纪念辛亥革命100周年了。回顾这一段历史,思考如何重建共和,是我们面临的一项非常重要的任务,在这个意义上来说,今天我们讨论关于共和的制度条件和思想条件,适得其时。

怎样在价值观的对立和冲突中实现共和,是100年前就已经提出来的问题。现在这个问题之所以再次凸显出来,主要是因为在20世纪90年代中期之后,中国的社会结构发生了非常本质性的变化。变化是从20世纪80年代的改革开放开始的。记得当年张维迎教授及其他经济学家,曾经为推动这样的社会结构变化而奔走呼号,作出了重要的贡献。那么,在20世纪90年代中期之后究竟出现了什么样的变化呢?

---

* 本文根据作者在中国法学创新论坛(2010年11月20日,清华大学)做的讲演的录音和《法制日报》网上文字直播整理而成。

第一,社会开始出现了利益集团的分化。2002年中国政府报告中,前总理朱镕基曾经第一次使用"弱势群体"的表述。这就公开表明中国开始出现了强势群体与弱势群体这样一种阶层的分化。利益群体和阶层分化一旦出现,必然会有不同的利益诉求提出来,因而我们可以看到,中国人的价值取向也开始出现了多样化的趋势。也许大家都读过凌志军和马立诚两位资深记者出版的一本文集——《呼喊:当今中国的五种声音》。从一锤定音到五种声音,这是价值观多样化的非常形象的表述。他们所概括的五种声音包括主流的声音、教条主义的声音、民族主义的声音、封建主义的声音和民主的声音。关于民主的声音,俞可平教授的著名命题"民主是个好东西"就很有代表性。

也就是说,在20世纪90年代中期之后,中国的社会结构开始出现了多元化的趋势,中国人的价值取向也开始存在多元化的趋势。正是在这样的背景下,共和的问题被重新提出来,被赋予崭新的涵意。一元化的状态无所谓共和。只有在多元化的状态下,异质因素怎样共和的问题才有实际意义。中国原来的制度设计是以一元化的社会结构和精神结构为出发点的。既然社会结构和精神结构发生了本质变化,已经多元化了,那么制度设计也就应该重新加以审视和考虑,要在市场经济和公民社会的基础上重构法律体系。我们注意到,从20世纪90年代中期以后一直到21世纪初期,中国很多经济学家在市场化的延长线上开始关注法制问题。例如周其仁教授曾经与黄宗智教授一起深入研究过审判案件在经济社会史上的影响。钱颖一教授曾经提出"好的市场"与"坏的市场"的分类以及好的市场必须以法治为支撑的命题。张维迎教授曾经出版过关于法律秩序的专著。吴敬琏教授也一直非常重视市场经济与法治的关系,并且与法学界进行了深度对话。可以说,我们的中国法学创新讲坛也同样顺应了这样一种时代的变化。

第二,从世界格局来看,也是在20世纪90年代中期,发生了重大变化。在冷战结束之后,曾经有一位日裔美国学者,名叫福山,提出过一个很重要的命题,即"历史的终结",认为从此天下会出现价值观一统的局面。但是,这样的预言很快就被现实击碎了。在1992年亨廷顿就发表了非常著名的论文《文明的冲突》,指出冷战结束后政治体制和意识形态的冲突的重要性已经下降,但不同文化传统和文明之间的冲突却会升级。"9·11"连环恐怖事件、伊拉克、阿富汗等不同文明之间的战争似乎印证了亨廷顿的预言。正是在这样的背景下,出现了关于为价值而战和价值同盟的主张,也出现了帝国体制下的和平论。这样的价值冲突与全球化的前景以及中国的国家利益息息相关。我们知道,中国政府强调的是一种多元化的、多极化的世界格局,这意味着不同价值观的和平共处。从法律的角度来看,就是如何在价值观利益冲突中形成和维护一个新型国际秩序的问题。

总而言之,无论从国内政治,还是国际政治的角度来看,价值观的冲突都是一个既存的事实。问题是在这样的前提条件下,我们怎样才能实现共和?怎样才能实现不同利益诉求和不同价值主张的和平共处?一般而言,当不同价值观出现的时候,当冲突升级的时候,一种很自然的条件反射,就是人们首先会固守自己的价值观,会特别强调身份认同。例如在中国,无论是对地方性知识的强调,还是对核心价值的强调,都可以看到一种重新确认、重新强调实质性价值的趋向。这样强调实质性价值,当然有它的合理性,有它的历史必然性,但是不得不指出,它的结果却很可能是危险的。

如果我们仅仅在地方层面强调实质性价值,强调不同价值之间不可能达成共识的话,很可能就会出现一种割据的状态,其实这种状态早在1955年就由沃尔弗斯提出来过,叫做"新的中世纪"。在1977年,布尔再次提出,当全球化发展导致民族国家主权体制发生动摇的时候,结果很可能出现一种情况,就是回到新的中世纪。20世纪90年代中期,日本东京大学教授田中明彦再次提出这个命题,把后现代与中世纪联系起来。如果我们试图推动现代化,实现一个国内市场的整合,以及全球化市场,显然这个趋势不是我们所希望的。我们要指出的是,如果在地方性知识层面强调实质性价值,很可能导致我们国家的碎片化。

在过去很长一段历史时期内,不同的文化、不同的价值观之所以能够并存,是以主权国家为框架的。但是我们可以看到,全球化——无论是信息的全球化,还是经济的全球化——都使得这样一种主权国家的体制本身发生了动摇。在这样的情况下,如果在民族国家的层面上强调实质性价值、如果强调各自的实质性价值的话,很可能导致的恰恰是国家之间的冲突,也就是围绕价值的国家战争。另外,如果我们在一个普适主义层面上来考虑实质性价值,必然会导致非常强劲的趋同化,造成某种新的全能主义体制。所以在这个意义上我们可以看到,仅仅强调实质性价值,确实存在着理论上的困境和各种各样的现实。

但是,我们没有办法回避价值,我们必须处理不同的价值。处理价值问题主要有三种基本方式,其实米歇尔·桑德尔教授曾经做过分析,我们在这里做一些引申。

第一,功利主义的方式。功利主义的价值观大家都很熟悉,就是把人的快乐和不快乐作为道德的函数,把最大多数人的最大快乐作为正义的标准,这就是一种功利主义者的理想。可是人与人的快乐是不一样的,何况快乐也有感觉真假、品味高低的判断。比如一个10岁的小孩喜欢吃土豆片、喜欢玩电子游戏机,你把他整天反锁在屋里,让他吃土豆片和玩电子游戏机,他是不是真的很快乐?另外,大多数人的快乐是否就符合正义也是一个问题。在这里还存在一个非常重要的盲点或者弊端,就是少数人的权利、少数人的价值诉求怎么处理?桑德尔教授曾经专门指出,比如在古罗马基督教被认为是邪教,基督教徒被扔进角斗场与猛兽格斗,很多市民坐在观众席上发出欢呼。这是不是大多数人的快乐最大化?大家耳熟能详的波斯纳也可以被认为持功利主义的立场,他的有关财富最大化、把效益作为价值的统一尺度等一系列命题,与功利主义有着千丝万缕的联系。在改革开放的30年间,功利主义在某种意义上说是中国某种主流的价值取向。也就是说,先把馅饼做大,无论手段如何。

另外一种价值取向,就是自由至上论,它与功利主义价值取向完全不同。功利主义强调的是多数与个人的关系,显然少数或者个人是可以成为多数人利益的牺牲品的。但是对于自由至上论来说,某一个人与地球理应具有同样的重要性,他不能成为社会整体目标的牺牲品。

无论是功利主义还是自由至上论,都不能完全反映社会发展对价值观的需要。桑德尔教授特别强调的是另外一种主张,即注重公民个人的身份认同及其对共同体的责任。他试图通过这样的方式来克服过分强调个人自由的意识形态所带来的问题,从而使这个社会的公共性能够得到更有效的实现。但是,在这中间有一个问题是我们必须继续追问的,这就是一个道德共同体或者价值共同体的共识又怎样形成?即使我们可以对这个问题忽略不计,还有一个问题却是不可回避的,即:不同的道德共同体、不同的价值观之间的关系应该如何处理?在当今全球化的背景下,在民族国家这样的现代法制框架之内,在国内民主与国际民主之间纠缠着的这个问题是绝对无法回避的。

桑德尔教授在阐述自己主张的时候,有很多思想当然非常深刻,影响力非常大。我们可以看到,他在论稿中、讲演中曾经强调要回到美国建国时期的共和主义。他还强调亚里士多德的理论对他的共同体道德论的支撑。但是我们可以看到,当桑德尔教授讨论亚里士多德正义论的目的和名誉的时候,他特别强调的是公民对于共同体目的的责任,以及从名誉的角度出发提出来的公民对伦理的要求。桑德尔是从共同目的和责任伦理的视角来为自己的理论进行正当化论证的。但我们不得不指出,这种解读是有它的局限性的。因为我们从正义理论的发展谱系上来看,亚里士多德的正义概念,既包括部分的正义,也包括整体的正义。而从部分正义到整体正义,其间存在两种特别重要的正义观念:一是分配正义,也许用配分正义来讲述更适合一些,以免产生概念上的混淆。也就是说配分正义允许个人差异和能力差异,允许结果不平等。对于这种结果的不平等怎么办?需要通过调整,使它符合社会的正义。也就是说,根据平等的原则对配分正义的结果作出进一步的调整。在这个过程中,调整的标准是什么?中庸。从这个角度可以很清楚地看到,亚里士多德正义观强调的显然并不是道德上的正当性,而是具有不同属性的当事人之间的正确关系。从这个角度来看,我们是不能以共同体与个人截然对立的两分法来简单地理解亚里士多德的正义论的。

既然亚里士多德更强调的是人与人之间的关系,强调那种符合中庸原则的调节,那么我们就有理由认为,亚里士多德的正义论显然不能从桑德尔所理解的或者片面强调的目的和名誉的含义上来把握。桑德尔教授的最大论敌是罗尔斯教授。桑德尔的批判尤其是针对罗尔斯教授早年发表的一篇文章《伦理学决定程序纲要》。在这里,罗尔斯试图在程序的层面解决伦理学的问题。而桑德尔教授强调的实质性价值判断,是从道德的角度坚持道德这样一种视角。桑德尔教授是从哪个角度、怎样对罗尔斯理论进行批判的呢？桑德尔的批判是从契约论开始的,其理由是现实中的很多问题并不是根据契约关系来决定的。这样一种批判当然有其道理,我们知道罗尔斯教授确实是有意愿重新建构社会契约论的。但是,我们还要注意到,罗尔斯教授在分析社会契约时,并不强调作为结果、作为内容的契约关系本身,而是强调达成合意的条件和手段。也就是说,他更关注的是在什么样的状况下,人们才能排除对立关系,从而真正根据合意、共识来作出决定。在这个时候,他的着重点并不是契约本身,而是缔结契约的过程和条件。所以,仅仅从契约论的角度来驳斥罗尔斯的正义理论,显然不适当。

更重要的是,罗尔斯的理论在1993年曾经发生过一个重大变化,似乎确实在强调实质性价值的判断,似乎确实在往契约论方面又进一步迈进了。但是,仔细研究后可以看到,就是这样的变化过程,恰巧反证了片面强调道德所导致的问题。我们能够发现,当罗尔斯强调程序不能与实质性的价值标准切割开来的时候,他试图唤起对程序的非程序性基础的关注。反过来,当他强调契约的重要性时,他也没有把契约与程序切割开来,这意味着契约关系的非契约基础恰恰是程序。在这个意义上,我们绝不能把罗尔斯理论仅仅归结为一种片面的强调契约作用的观点。进一步推敲,假如我们认为不能片面强调契约,那么还应该强调什么呢？罗尔斯理论在后期的变化中恰巧证明了这一点。当他试图把道德的问题、伦理的问题放进来时,他最终不得不在契约之外加上程序,否则就真正掉入了契约论的陷阱。

大家不妨认真思考一下,伦理共识是怎么形成的、需要什么条件？如果像桑德尔教授主张的那样,道德共同体以道德共识为前提,这不就是契约论吗？这不正好是桑德尔自己想要批判的东西吗？看来不是罗尔斯,而是桑德尔本人在一不小心的时候滑入了契约论的陷阱。反过来再追问一下这种契约如何形成的条件,或者追问伦理共识形成所需要的语境,探讨如何确保对话达成共识的机制,归根结底那不就是程序吗？没有公正程序保障对话的平等性、合理性,共识如何达成？当然,这里的问题状况和理论关系是比较复杂的,我们就不进一步展开了。无论如何,桑德尔最关心的是正义论,特别是从道德的角度来解读正义。既然谈到了亚里士多德,也谈到了罗尔斯的正义理论,那我们就有必要把关于正义论的各种重要概念和思想脉络梳理一下,以便对复杂的问题进行必要的整理。

在西方,正义包括三个方面:守法性、得其应得、正统性。这中间有一个最核心的问题是对"得其应得"的理解。从权利的角度、从定分止争的角度一层层分析,我们可以看到在公平、平等这样一些关系到正义的本质的概念上,确实有两个维度,有两种契机:一是向道德方向发展,二是向中立化方向发展。正义当然属于价值层面,公正感也确实与不同的价值判断密切相连。但法学更关注的还是可以设计、可以操作、可以比较的制度条件。如果从制度的角度来考虑正义问题,如果从价值多元化的现实出发来考虑正义问题,我们终究还是要回到程序正义。只有在中立化的、客观的基础上,正义论的其他相关标准、相关内容才能得到比较妥当的表述和保障。

当这个社会变得更加多元化,各种不同的利益诉求和价值观都开始公开表达时,我们不应该、也不能够只强调某一种特定的价值。在多元化社会,我们要强调不同的价值观能够共存、能够按照一定的民主程序就公共事务作出决定的制度安排。否则的话,我们就要事先决定一种正确的特定价值,并要求人们就此达成共识。制度的改变是可以通过移植和重新设计来进行的,但价值观的改变却不得不采取洗脑或者灵魂深处爆发革命那样的方式。如果说某种体制必须与特定的宗教伦理结合在一起,那么要导入或者树立这种体制,就不得不强迫改宗,这有多大的可能性呢?

因此,体制转型的着眼点或者重心应该从价值观转到制度框架上来。我们要着重发现和建构一个可以转移的、可以进行技术处理、可以实现预期目标或功能的制度框架。只有在这样的制度框架确立之后,在某一种道德共同体中被排斥的特定价值才有可能进来,才有可能形成,才有可能在说服力的竞争中逐步壮大并对原本相异的社会产生影响。如果不是这样,如果我们从一开头就过于强调特定价值的意义,那会出现什么问题呢?结果很有可能造成另一种形态的压抑和专制,尽管可能还是以自由的名义。从特定价值入手来解决不同价值体系的转型问题,就不得不以强迫的手段推行自由、以专制的手段推行民主。如果我们试图跳出这种开明专制的窠臼，如果我们要追求真正意义上的共和，程序正义就具有关键性意义。

让我们举一个例子来说明。当今几乎牵动所有中国人眼球的是房地产价格能不能下来，以及相关的拆迁纠纷究竟怎样才能公平地处理，在这里我们不谈现实问题、经济和政治上的问题，且从价值处理的角度来探讨解决方案。首先假设采取功利主义的思维方式会怎样。大家到上海去会发现这座城市越变越漂亮。如果问一下城市要不要这样漂亮，相信大部分人都会说要。如果问一下你愿不愿意住在这样的城市里，相信很多人也都会说愿意。但肯定还会有些人，哪怕只是少数，会持反对意见。例如被拆迁户，对老胡同里的生活氛围非常眷恋的一群，态度就很不一样。在上海世博会期间有一句著名的口号"城市让生活更美好"，被一些农民工修改为"城市让谁的生活更美好"，也体现了另一种异议。从功利主义的角度来看，为了社会整体的发展和福祉，为了提高城市化的效率，少数拆迁户和农民工的牺牲是必要的或者是不得已的。但从人文关怀和人权保障的角度来看，牺牲少数、成全多数，牺牲个体、成全集体的做法是可以存疑的。功利主义思维方式易导致多数人的专制或者某种整体性价值判断的跋扈。

众所周知，在城市建设过程中，本来房屋征用和拆迁是以公共利益为理由的。但在很多情况下，拆迁实际上与商业利益密切结合在一起。这就会造成极大的不公平。正因为如此，会引起异常坚韧的、激烈的抵抗，在某些地方甚至频繁出现、反复出现野蛮拆迁、暴力拆迁的现象。针对上述流弊，怎样才能防止或者解决这些不公平的问题？我们可以看到法学家提出的对策主要是根据所有权的法理，试图贯彻"私有财产神圣不可侵犯"的原则。实际上，在1999年宪法修正案起草时，部分法学家就已经提出了这个主张。2004年宪法修正案讨论之际，有人再次提出这个命题。2007年《物权法》制定过程中仍然有人坚持这一点。在拆迁新条例的酝酿过程中，不少法学家依然从私有财产保障的角度理解征用和补偿的标准。无论如何，以所有权法理来保障个人自由的思维方式，确实具有非常重要的影响力。这是与功利主义完全不同的思维方式，试图赋予个体以抵制多数人专制的法律护身符。

另外,从拆迁的实例中我们还可以看到,关于共同体道德的价值取向——主要表现为基于承认的政治伦理——也被导入解决拆迁纠纷的活动之中。特别是新条例草案关于危房的改造要得到被拆迁户90%以上同意的条款,以及补偿标准生效要达到被拆迁户2/3多数通过的要件,意在把利益冲突转换成通过民主程序的承认问题来加以处理。其深层的逻辑关系其实是基于共同体道德。因为不少被拆迁户在抵制拆迁时往往会提出一条很重要的理由,这就是即使你给我比较充分的经济补偿,即使你让我在其他地方能获得同样面积的住宅,但是生活环境是不可复制的,尤其是长期形成的共同体关系和温情氛围一旦丧失就不可复得。

无论是个人自由权保障的价值处理方式,还是强调承认的政治伦理处理方式,都是要矫正片面强调功利、片面强调大多数人快乐的思维方式。但是,在城市化过程中,功利主义往往会占上风,它是围绕拆迁的各种流弊的一个最重要的思想根源。那么,强调个人财产权和自由的保障,或者强调基于共同体道德的承认原则等与功利主义完全不同的价值观是不是就能解决我们目前所面临的问题呢?其实并不是这样的。比如我们强调所有权法理的绝对性会出现什么样的问题呢?例如某一个"钉子户"提出过分的利益诉求并坚持不走,就会导致城市开发的整个进程被耽搁。为了解决这个"钉子户"问题,可能采取更高的、令他满意的补偿标准,这就是所谓"花钱买稳定"。但这样做的结果却会带来新的、更深刻的公平性问题和伦理问题。在这种情况下,老实人、严格守法的人所得到的补偿是较少的,而闹事者、抵制法律规范的人最后反倒获得较多的补偿。这公平吗?显然不公平,甚至还会诱发法律秩序的危机。又例如根据共同体道德所形成的承认政治,很可能导致难以作出决定的事态,导致乡愿的蔓延,其结果很可能会是既有状态无从改变、变革的契机受到共同体关系压抑而窒息。

再从制度和操作层面上来看这个问题,我们依然可以看到实质性价值判断的改变是难以解决拆迁纠纷的。根据所有权法理可以大幅度提高征用和补偿标准,但依然会有人提出更高的补偿标准并抵制拆迁,这样势必引起城市化的成本大规模攀升。因为拆迁变得更难了,现有建筑用地的价值将进一步上扬,会导致房地产价格不断飙升。为了防止城市化成本上升引起各种深刻的社会经济问题,政府当然要干预房地产市场。如果这种干预真能奏效,当所有条件不变时房地产价格发生了本质性变化,降下来了,那就势必诱发地方财政危机,因为地方政府财政收入大概有一半以上是来自房地产开发。即土地财政的格局一旦改变,地方政府就立刻面对钱从何处来的严峻问题,就会对现行税制提出挑战。由此可见,在税制改革问题没有很好解决之前,很难控制房地产价格。换个角度来看,房地产开发过程中需要使用大量的贷款,2008年世界金融危机之后中国政府用极其庞大的财政资金拉动经济,其中大部分流入房地产开发了。在中国背景下,贷款都是与政府行为联系在一起的,会存在大量寻租空间,会扭曲银行的商业判断。一旦房地产价格下滑,不动产业资金链断裂,银行坏账膨胀,很有可能在不经意间诱发金融危机,至少是造成对房地产和基础设施建设不可再投资、但又不得不继续投资的金融困境。当然,这一切都是可能性的探讨。

根据以上分析我们可以发现:在类似拆迁这种牵涉到复杂利益格局的问题的处理上,任何一种价值观,哪怕再好、再有道理,如果把这种价值观绝对化了,都会产生问题。在这样的场合,重要的是不同价值观之间的平衡以及在不同的价值取向中如何达成共识。从这个认识出发,我们可以推演出这样的命题:不同利益集团、不同价值观之间的博弈,它们的价值兑换、辩论以及妥协,还有不同主张之间在说服力上的竞争,就会成为公共事务决定的一种非常重要的方式。结果自然会导致对民主程序的要求。

在这个意义上的确可以说,民主是一个好东西,尤其与程序结合在一起的民主是一个好东西。民主决策当然伴随着实质性价值的判断,但民主决策程序本身是价值中立的、是不预设实质性价值前提的。任何一种实质性价值判断,只要通过程序得到多数人的支持,只要在程序性论证的过程中表现出足够的说服力,只要通过法律装备对等的程序安排能确保少数者、个人的价值观不被压服,那么这个决策就具有正当性,就能够得到遵守和产生实际效力。所以,程序可以成为我们解决复杂的现实问题的一种非常重要的方式。值得欣喜的是,在新拆迁条例中,一个很重要的变化,就是加强了程序公正的制度设计,最典型的表现是听证会模式的导入。

在一种公开透明、平等自由的空间中让不同的价值观进行表述和竞争,最后博弈出一个比较正当的决定,这是程序公正的意义之所在。在这个法律沟通过程中,权利是非常重要的。讲到权利,人们容易把它绝对化,也有些人可能把它视为洪水猛兽。其实权利很简单,无非是价值计算的尺度而已。就是说,法律规定有这样的权利,个人就可以据此提出主张;对方也可能有不同的主张,于是需要让不同主张各自进行论证;第三者可以对论证进行判断以及利益权衡,由此作出决定。

在这样的过程中,程序是权利的保障,而权利只是价值的一个计算尺度而已。我们正是通过权利来确定某一种价值判断的边界在哪里。这么说是不是完全排斥共同体道德的作用呢?当然不是。对于程序公正的理解存在两种模式:一是基于个人行为的模式,二是基于集体价值的模式。当我们强调程序的价值中立性,着眼点在个人行为。但如果把程序设计以及通过程序作出的决定的社会化也纳入视野,那就不能忽视集体价值。在这里,程序性决定也还是会受到社会的道德观念、实质性价值判断的影响。我们可以看到,关于程序公正,即使在法律上规定得再明确,但每一个程序参与者是否感到公平,其实是一个社会心理学的问题,与一定社会的文化传统有着密切联系。

在中国,程序公正的重要性越来越为人们所认识。但与此同时,我们还是可以感受到在中国人的思维方式中,存在着根深蒂固的对实质性价值的固守。在西方法治国家,为了追求权利的程序保障,哪怕知道这个人有犯罪嫌疑,只要不能充分证明,只要存在疑点,就必须把他放走。但在中国,人们对这一点往往难以理解和接受,甚至会冷嘲热讽。冷静地观察这种不同,我们会发现双方都在某种意义上存在着认识上的盲点。在这个意义上,程序公正原则最终贯彻到什么程度,还是与社会价值体系以及社会的文化心理结构有着非常密切的关系。尽管如此,我们还是可以断定,程序公正的制度安排肯定比一种不同的实质性价值体系更容易为人们所接受。

当我的价值观与你的价值观有着本质性不同时,人们往往会产生这样的冲动,非要说服对方改变他的价值观,以便使自己认同的价值观处于不败之地。但这比较难。例如与伊斯兰教信徒恋爱乃至结婚,必须信仰伊斯兰教。其他宗教信仰者或者无神论者为了爱情也许会接受改宗的要求,但其间的磨难是可想而知的,因为这是以一方的牺牲为代价,没有调和的余地。在很多情况下,实质性价值的固守只能导致冲突,或者一种价值观压倒另一种价值观。因此,不同价值观的共和很难在实质性价值的层面实现,而必定具有某种程序指向。程序强调价值中立、客观性,注重形式上的对等,这就为不同价值观的和平共处和共同发展提供了回旋空间和前提条件。

综上所述,我认为中国的社会体制转型不能从实质性价值体系的改变入手,而应该从具有现实操作性的程序设计入手。众所周知,中国的文化传统本来就是过分强调实质性价值的。但中国社会却又具有太大的规模、太显著的多样性,使得实质性价值的统一非常困难。中国是一个超大型社会系统,其规模可以与整个欧洲匹敌。中国经历过资本主义、社会主义、半殖民主义等所有政治体制的尝试,把世界上三大主要法系全部兼容并包在一起。在这样一个巨无霸的混合体中,在这样一个多层多样的环境中,你强调什么样的实质性价值能够达成共识?你靠什么把这样复杂的社会维系在一起?这是我们必须面对、必须认真考虑的问题。"和而不同"就是解决问题的一种方式、一种方案。但孔子的"和而不同"只是一种思维方式、一种态度,缺乏体系性的设计,缺乏制度性的保障。

我们为什么不能有一种制度安排,使不同价值观得以并存、使社会真正长治久安呢?这里的关键是要防止某种价值判断任意压倒另一种价值判断,要在多元化的前提条件下凝聚共识。因此,在考虑制度改革和制度创新之际,不应该强调某种实质性价值,而应该强调价值中立化的程序设计。有人追问我提出新程序主义究竟有什么新的特征。一般而言,过去对程序的理解往往偏重形式。然而在进入20世纪以来,人类社会的发展日益加速,日益复杂化、多元化、动态化,人类已经越来越难以按照形式、按照法学家所设想的概念计算来把握整个世界。这就是在20世纪初叶德国出现自由法学运动、美国出现法学现实主义运动的主要原因。把实质性判断的契机也嵌入程序,同时通过程序限制这种实质性判断的任意和专断,这就是新程序主义的基本特征。换言之,新就新在通过程序使法律体系加强了反思理性,却能防止裁量权的滥用。

一般而言,任何一种价值都有独善主义倾向,都希望能压倒其他不同的价值判断。当某种价值取向具有反思理性时,就有可能包容其他的价值取向。程序公正原则为这样的反思理性提供了最重要的保障。在当今中国从价值体系的一元社会过渡到多元社会、制度创新成为时代需求的转型期,程序公正原则尤其具有重要的意义。前面我已经举出在拆迁过程发生的现象作为实例,从中可以看到:任何特定的价值,不管多么正确,都很难有效地解决中国所面临的复杂问题,也很难成为社会共识的思想基础。改革开放30年已经取得了辉煌成就。大家对此并无异议。但是,对今后中国怎么发展,似乎尚未形成共识。有的人说,中国已经进入后改革时代。有的人认为,中国现实中的一切都要重新评估。在这样的情况下,对整个中国发展来说,最重要的课题就是如何重建共识。为什么我们今天要重新提出程序的意义,就是要首先形成程序性共识,就是要通过程序使社会就实质性价值达成新的共识。

如果说实质性价值共识的核心在于公平正义,那么切入点就应该是程序公正。我们注意到,从2004年开始,中国政府开始矫正在市场化过程中那种"被放任的自由"所引起的各种问题,开始强调公平正义、和谐以及民主。概括地说,就是建设一个正义社会。但正义的确是一个大词,是一个宏大叙事。可能有少数人会积极主张正义、实践正义。然而对大多数人而言,正义太抽象,离日常生活太远。但是,如果换个角度来看,我们不追问什么是正义,而追问什么是不正义,就可以改变空对空的价值争论,把正义论转化成日常生活中具有实际意义的课题。因为关于什么是不正义这样的问题,与每个人的切身体验相关,是比较容易作出判断的。不正义容易激起人们的义愤,可以让更多的人参与讨论、参与改革的实践。

那么什么是不正义呢?比如不正当竞争,就是一种不正义,大家都能感同身受。我猜想在座的很多人都有开车的经历。如果你看到有一个人开车闯红灯,你会觉得这个人素质怎么那么差,居然不遵守交通规则。但是,在这里你不会不觉得这人不正义。但是换个场景,如果你看到有人正在向出租车招手,这时红灯亮了,一辆出租车按照交通规则在斑马线前停下,另外一辆出租车却闯红灯过来把客人载走了。看到这一幕你可能觉得那辆闯红灯的司机做人不地道、不正义。在大家感觉上,这样的不正义好像还不是特别大的问题。在缴纳税金方面也存在类似情况,效应会有所放大。一个人想逃税,当然违法,但好像不太会激起正义感的强烈谴责。但是,如果工薪阶层承担大部分税负,而特别有钱的那些人却不缴税,这时候大家的反感就会很强烈,就会觉得社会太不正义。

综上所述,对于正义与不正义的判断,有一些基本的标准可以作为依据。首先是遵守规则还是违反规则。构成不正义行为的最明显的因素就是行为不守规则。如果遵守规则,哪怕结果有些不公正,一般没话可说,或者不满者会转而推动规则的修改。所以,在市场化背景下,竞争的自由度和公平性是以共同遵守规则为尺度来衡量的,建设正义社会的第一步应该是建设一个遵守规则,特别是遵守法律的社会。其次,不正当的行为与一定的经济利益联系在一起时,人们更倾向于从正义不正义的高度上认识问题。最后,也是最核心的一点,这就是当规则的适用不平等时,人们会特别觉得愤怒,觉得社会没有正义。所以,正义的核心价值在于平等,包括在制定规范层面的权利平等、在计算利益层面的效用平等,特别重要的是机会平等。这些平等价值往往通过制度设计体现出来,通过程序公正原则加以保障。

另外,我们在中国考虑公平正义的问题,还有一项比较复杂的作业,这就是要注意中国的规模依赖和路径依赖,要在一定历史语境中准确地进行定位。我们要看到,中国在这 30 余年间的发展极其迅速,是把欧洲两三百年的过程浓缩到二三十年里。这就注定了我们分析问题和解决问题的某些特殊性。在这样的情况下,我们与其他发达国家进行比较是不是还有共同标准,这容易引起争论。还有一点,就是中国发展迅速所带来的复杂性。在迅速的产业化、现代化过程中,中国成为世界工厂。但与此同时,中国还经历着全球化的洗礼,与整个世界站在同一起跑线上,突然冲进了后现代社会。也就是说,中国所面临的是前现代、现代、后现代同时并存的状况。这给我们的制度设计和价值选择确实带来了很多难题或者两难困境。我们需要有一个制度框架对现实中的复杂性进行简化处理,把社会统一起来,但这样的制度框架却又很难按照某一种实质性价值的标准进行一以贯之的设计,这就是我们所面临的最大挑战。今天,在这里,我把难题提出来了。但是,现在还没有一个明确的解答。所以我说程序是一个切入点、突破口,而实质性核心价值的探索并不能到此为止。希望我们能够在程序公正的基础上共同探讨实质性价值判断的问题。

谢谢大家!

2010 年 11 月 30 日

"程序共和国"宣言[*]

当今的社会结构正在急剧转型,政治生态也随之一变。诉求的多元化(不限于新左派与自由派之争)以及不同利益群体(不限于所谓强势群体与弱势群体之分)之间的张力不断增进,迫使国家管理的思路有所调整,以适当化解各种冲突,以有效防止执政危机。在这样的背景下,制度重构是继续固守既有的核心价值,还是接纳现代文明的普世价值——何去何从的抉择问题日益凸显出来,成为舆论关注的焦点。值得注意的是,此时此地,不管论者采取哪一种立场,实质性价值判断都成为对立双方的前提条件。

不言而喻,价值观是非常重要的。亨廷顿(Samuel P. Huntington)的文明冲突论,其依据就是价值观之间冲突的激化以及在世界地壳变动中的影响力。从20世纪90年代的人权外交,到21世纪的反恐统一战线,作为国际政治对策的"价值同盟"论,其目标也是解决价值观冲突的问题。

然而我们必须清醒地认识到,当国家利益的冲突与价值观的冲突叠

---

[*] 原载《中国改革》2010年第11期。

加在一起的时候,很容易诱发对某类特定国家说"不"的大合唱,也很容易造成中国关于多极化世界与和谐世界的构想落空。因此,如果在这样的语境还要特别强调实质性价值判断的独善性,外交的结局就是进退维谷。另一方面,在"地方性知识"的语境里,中国有些法学研究者不断主张实质性价值的不可比较和不可沟通。这样的主张如果真的成为主流思想,甚至左右制度设计,势必引起社会的割据和秩序的碎片化,与建构一个充分整合的现代市场和法治国家的目标是背道而驰的。

总之,无论从国际关系还是国内政治的角度来看,寄希望于某种实质价值一统天下,或者只是"躲进小楼成一统",最终只能导致失望。由此可见,我们必须面对价值观已经多元化并且还在不断多元化的现实,以此为前提重新审视既有的制度安排,使固执某种实质性价值的态度能够适当地相对化(不必放弃),增强反思的理性。

首先让我们重新认识当代宪政所提供的替代性方案。最著名的制度设计是公私两分法,即:在私人领域充分承认价值多元性,但在公共事务领域则通过民主程序作出决定,要求行为统一于法律。在这里,政府不追求特定的"善(good)",而应该尽量保持价值中立,以保障每个人的平等自由,以防止"勾结型国家"或者"阶级司法"的出现,维护社会的公平正义。也可以说,对价值优先劣后的判断标准是"正(right)"高于"善"。

但是,哈佛大学的桑德尔(Michael J. Sandel)教授对这样的制度设计抱有怀疑,认为作为法律拟制的抽象"人格",排除了性别、出身、种族、宗教等属性的差异,结果只能造成"失重的自我",无法承担公共的、道德的责任和促进社会团结;因此,不能把实质性价值判断与政治和法律区隔开来。实质性价值只能在一定的共同体中陶冶,所以必须重视社群关系和涵意的脉络。

这里需要特别指出,桑德尔教授所理解的共同体还是以自由和多元化为基础的,所以他拒绝被贴上"共同体主义者"的标签。可见他的思想与国家主义无缘,与权威主义也划清了界线,而更接近共和主义的状态。但是,他还没有充分说明在价值多元化的前提下,所期待的那种道德共同体究竟应该如何建构,也没有回答不同的道德共同体之间的互动关系究竟应该如何处理这样的关键问题。另外值得注意的是,这种主张是针对当今美国的问题状况,因此难免或多或少失去适用于其他地域的普遍性。

尽管如此,我们还是不能忽视桑德尔理论在美国风行的后果以及对其他国家发展进程的正反两方面的影响。关于亚里士多德的正义论,桑德尔特别强调的是"目的"以及值得人们赞扬和酬报的"美德"。这意味着从目的、手段以及最终结果的角度进行价值判断,没有充分注意过程的重要性,也没有提供对个人的、集体的、国家的目的之间的关系进行判断和调节的标准。实际上,亚里士多德更注重的并非"道德上的正当性",而是复数当事人之间的正确关系以及通过部分正义的配分和矫正而达到整体正义的协调过程,因而在他的理论里,一种"中立的正义原理"是呼之欲出的,与桑德尔的选择式解读所得出的结论并不一致。

另外,罗尔斯的正义论也并不能仅仅归结为契约主义,因而不能从契约局限性的角度简单地进行批判。的确,罗尔斯有重新建构社会契约论的旨趣,并且倾向于从个人就社会制度的基本规则进行互相承认的角度来理解正义,但着眼点却在于如何排除力量对比关系对缔约条件的影响,以及通过反复试错达成关于价值判断的合意。他提出的两条正义原理——平等的自由原理以及注重最不利者和机会平等的有限调整原理——强调的并不是合意本身,而是达成合意的条件和手段以及强制的正当性根据。显而易见,桑德尔只论结果,以契约的局限性为根据来置疑罗尔斯,难免以偏概全之讥。真要从契约局限性的视点来观察正义,那就更应该合乎逻辑地得出程序公正当然优先于道德共识的结论,否则正好落入契约局限性的陷阱,或者就很容易把现实存在的习惯和传统当成正义的标准。

桑德尔注意到,当美国总统约翰·肯尼迪在1960年9月12日讲演中把个人的宗教信念与对公共事务的责任加以区别时,他是要把当代宪政的公私两分法作为处理价值冲突的基本手段。但是,现任总统奥巴马则认为即使在一个多元社会,个人的价值观和信仰也应该在政治中发挥重要的作用,而那些主张不应该把个人的道德引进公共政策领域的人们是脱离现实的;美国的法律甚至可以被理解为基于犹太教和基督教传统的道德的法典化。在这两种迥异的宗教观中,桑德尔教授的立场更接近后者,就是要强调宗教在政治和法律中的作用,把道德价值的认同作为正义的基础。然而他没有解答在合众国里"一与多"的关系应该按照什么标准来处理、共同体之间的理解和尊重应该如何实现之类的不可回避的问题,这就很容易诱发价值的冲突或强迫。

面对价值多元化的现实,与其强调特定价值的意义,毋宁通过价值中立的程序性规则和沟通行为寻求罗尔斯所说的"重叠共识",化解宗教性的"诸神之争"。只有当公正程序具有相对于目的和手段的优势时,价值的独善性才不至于膨胀到不容许社会进行自由选择和更加合理化选择的地步,真正的共和国才能实现。就转型社会的法治而言,尤其需要在没有共识的地方寻找出可以达成共识的途径,然后循此形成某种具有正当性的强制执行机制。这条途径就是公正的程序,或者说程序民主,也就是通过法律程序的正当化去克服执政危机。

公正程序的设计固然也是以某种价值判断为前提的,但这类程序性共识却不必受限于特定的价值或目的,往往表现为人类的常识或公理,因而比较容易达成。在这个意义上,当今中国进行制度重构的参照物、评价标准或者设计方案应该是"程序共和国",而不是"道德共同体"。换言之,通过价值中立化的程序实现不同价值的和平共处,通过基于反思理性的沟通防止或适当解决相持不下的宗教性"诸神之争",这才是我们所应该接纳的普世价值,这也是建设真正意义上的"和谐社会"的制度性基础。

2010 年 11 月 1 日

决策的程序和语法
——《罗伯特议事规则》中文版序

2006年夏天在CES上海年会上与孙涤兄重逢时,曾听他谈到翻译亨利·M.罗伯特议事规则的计划和进展。读过孙文先生写于1917年的《民权初步》的人,都能领会这项作业的"为往圣继绝学"之深远意义。因此,我一直在翘首期待译著发行的消息。前不久接到他的电话,告知经过近两年的努力,书稿即将由上海人民出版社付梓,并嘱我作序。这当然是很荣幸的,并且义不容辞。

众所周知,早在90年前,孙文先生就提出了"集会者,实为民权发达之第一步"的命题,并且强调习练演试罗伯特议事规则之类集会方法论的重要性。令人遗憾的是,20世纪里接踵而来的战乱、权谋、强制、意气之争以及形形色色的暗盘交易,使得基于程序和论证规则的协商式民主政治的构思一直无从落实。尽管当代中国呈现出"文山会海"的景观,但"集会多有"似乎未必能直接导致"民权发达"。究其原因,最根本的一条正是讨论和决定的过程往往不符合甚至是在践踏那些公平合理的议事规则。

进入多元化、信息化以及全球化的时代之后,在有的场合,情况似乎还略见颓落。例如,即使属于同一组织或团体的人们也时常感到沟通困难,自上而下的传达和调节不再灵通,严格遵守先例或传统的那种整合方式还难免有些因循落伍之虞,等等。而另一方面,适当协调不同价值以预防冲突的社会需求日益迫切,为了应付各种崭新的挑战更必须集思广益。与此相应,怎样加强沟通、相互理解以及合作式的集体决定正在成为21世纪人类的根本性任务。

在这样的背景下,重温孙文先生的遗训是适时的。2007年,孙涤兄在推出编著《议事规则导引——公司治理的操作型基石》(与郑荣清合作)之后,又与袁天鹏合作,完整迻译《罗伯特议事规则(第10版)》这部宏著,其立意非常高远,当然不限于为90年前的命题续写新篇章,还试图把企业治理、组织治理、国家治理以及全球治理等不同层面的有序化原理,通过共和主义决策的会议技巧衔接成天衣无缝的整体。

罗伯特议事规则在本质上属于对社团和会议进行有效率的民主化运营的操作手册,可以为制度设计提供一套编码,可以为不同群体之间交换意见、达成和谐提供约定俗成的语法。对涉及各种私人利害关系的社会事务作出决定之际,尤其是在资源有限的条件下,不同的实体性价值冲突实所难免,有时还会表现得极其激烈,甚至残酷。即使出于善意或公心的目的以及具体诉求,相互之间也有抵牾之处,需要适当的权衡和调整。为了排难解纷、促进妥协、作出正确的决定,必须制定和施行公平合理的标准,通过中立的、客观的、有效率的技术性方式来统筹兼顾各个方面。在这个意义上,罗伯特议事规则是纯粹程序主义的。

通读《罗伯特议事规则(第10版)》,我认为值得反复咀嚼和认真实践的是贯穿全书的"三纲五常"。这里的所谓"三纲"指三大权利,即多数者的权利(多数者的意志可以约束少数者)、少数者的权利(尊重少数意见,只要有一名提议、一名附议即可成立动议)以及缺席者的权利(必须满足法定人数,提供事先告知)。需要注意的是,这些都属于群体性权利。在公共选择过程中,作为行动前提的个人权利以及受到行动影响的整体权利也不可忽视,应该纳入议事规则"三纲"的视野之中进行适当的考量。

所谓"五常"是五项基本原则,包括:(1)基于保障个人权利和平等自由的理念而确立的一人一票原则;(2)以进行真正的对话性论证和充分审议为目的而确立的一时一件的原则;(3)为节约会议成本、提高决策效率而确立的一事一议的原则——已经议决的事项不再重复讨论,除非有2/3以上的多数赞成再议;(4)多数票决定原则,即过半数可通过具有全体约束力的议案,重大事项应提高多数通过的量化标准(例如2/3或者3/4的绝大多数);(5)法定人数生效原则,出席者在没有达到法定人数的情况下作出的表决没有效力。

就会议运营而言,罗伯特议事规则提供了大量的标准、手段以及具体的机制设计案。不妨特别提起的是会议主席的权限和职能、对会议纪要的严格要求,以及促进讨论的组织方式这三个基本方面。针对现实中存在的话语空间非理性化的问题,动议因附议而成立、提议人首先发言、发言不得离开主题、尚未得到发言权者不得提议、在议事中的发言不受追究、发言不得进行人身攻击、发言权的行使受到适当节制等一系列技术性规则,也的确应该如孙文先生所说,作为"议事之学……童而习之"。

纵览今日世界,民主业已成为一种潮流。然而对民主的理解仍然存在微妙的差异。约瑟夫·A.熊彼得曾经下过一个经典性定义,即关于个人通过竞争选票获得决策权的制度安排。着眼点在竞争性选举。与此不同,尤根·哈贝马斯认为民主是沟通行为与法律形式相互交叠的结果,是一种通过程序进行自主性决策的实践。这种程序民主观实际上把价值相对化的契机嵌入政治过程,能在促进对话和协商的同时增强社会的反思理性,有利于矫正各类原教旨主义的偏颇。在某种意义上也可以认为,罗伯特议事规则从系统边界的安定化、结构性正义以及讨论的操作技术等不同层面或者维度,给哈贝马斯式的程序性民主政治的构思提供了前提条件和实例。

这本享誉世界的操作性手册不是从特定的意识形态或者道德规范来衡量是非或界说正义、再反过来推导出正确的决策过程,而是相反,认为协商审议的程序本身即具有本源性价值。也就是说,在讨论过程中,不预设关于正确答案的实质性标准,而是以根据议事规则进行辩论和证明的结果来决定取舍。因此,在组织和会议的运营中应该确立这样的信念:程序正义优先于结果正义——这就是罗伯特议事规则给我们的启示。借用孙文先生的表述,即民权初步始于程序。

2007年霜叶初染时节,于神户六甲台

程序很重要,但不是万能药[*]
——答《经济观察报》

> 技术性的民主,民主细节的实践,远不是坐而论道的梦想和理念问题。平等的话语权利、自由意志能够得以言说和传达,以程序民主实现实质的民主需要一套完整、系统的规则,其中有效的方法之一是《罗伯特议事规则》。
>
> ——《经济观察报》记者:钟蓓

《罗伯特议事规则》是对社团和会议民主运行化的操作手册,但在中国,社团和会议基本上不采用民主化运营方式。《罗伯特议事规则》会不会水土不服?

如果一个社会缺乏会议文化,那么民主的实施就会碰到障碍。当年孙中山就说了如何开好会是民主的第一步。尽管不同的社会有不同的文化,但当我们考虑一种公共决策的公正性和正确度时,议事规则或者程序总是不可缺少的。例如参加决策的人,他们都应该对信息有充分的了解。

---

[*] 本文是《经济观察报》的访谈,原载《经济观察报》2012 年 6 月 1 日。

对于各自主张的内容及其理由,要充分沟通、互相理解,这是一个前提。只有在这样的基础上,才能防止误解和对立,才能达成共识。这就意味着要通过信息公开和理性对话来改善人们的沟通方式。《罗伯特议事规则》是改善沟通方式的一种具体的制度安排。

在考虑会议和决策时,文化问题其实不是关键的,主要是一个制度设计的问题。我们可以看到,尽管中国人经常开会,但这些会议往往缺乏《罗伯特议事规则》所规定的那种平等对话、合理论证、民主决定的条件。比如说,人们发表意见时情绪化的色彩比较浓,在出现意见不同的时候,有时是谁的嗓门大谁就可以决定结果,有时是谁的权力大谁就能决定结果。也有人放弃思考,跟风走,随大流。这些情况都有可能导致最后的决策未必是正确的,未必真正符合大家的意愿。这些情况当然和这个社会的文化以及权力结构是有关的。但涉及公共事务的决策是应该也完全有可能理性化。决策方式理性化的结果就是议事规则的整理和制定。在这个意义上,《罗伯特议事规则》具有普遍性。

换句话说,在我们目前这个社会,存在着不同的利益集团,他们的诉求很不一样,因此通过沟通达到相互理解,进而形成共识,就显得特别重要。怎样才能更好地实现相互理解,采取哪种方式凝聚和维持共识,这就是《罗伯特议事规则》所要解决的问题,也是公正程序原则的理由所在。合理的议事规则确保人们能够充分表达不同的意见,然后互相理解,最后在理性对话和可行性论证的基础上达成共识。这一套议事规则,也许我们会根据中国的文化传统、社会条件做一些修改,会有不同的特色,但它的必要性毋庸置疑。只要讲理,就需要议事规则,就需要公正程序。

在《罗伯特议事规则》(第 10 版)的序言《决策的程序和语法》中,你用了一个词"三纲五常"来总结《罗伯特议事规则》的核心理念。在中国现实的这种状况下,如何去落实?

我说的"三纲",是指议事过程中必须考虑的三大权利,多数者的权利、少数者的权利以及缺席者的权利。要落实这三大权利,必须注意这样的事实,即多数人的意愿往往会成为社会的支配性力量,多数者的意愿也有可能会对少数者造成压制。所以实施议事规则的第一步就是如何尊重少数意见,如何保护弱者,如何使每一个人的自由意愿都能够得到必要的表达,或者使每一个人的合法权利都能够得到充分的保障。

第二步就是在按照少数服从多数的原则进行民主决策时,如何界定多数意见,如何计算同意。在有些场合,所谓多数意见其实很可能是虚假的。它不一定是多数人在充分掌握信息和充分讨论之后形成的意见,相反,很可能只是少数人通过操纵舆论而制造出来的虚幻多数意见。这个多数是真的多数,还是假的多数,是怎么计算出来的,弄清此类问题很重要。

那么这两个问题如何解决呢?这就涉及所谓"五常",指的是议事必须坚持的五项基本原则,包括:(1)基于保障个人权利和平等自由的理念而确立的一人一票原则;(2)以进行真正的对话性论证和充分审议为目的而确立的一时一件的原则;(3)为节约会议成本、提高决策效率而确立的一事一议的原则——已经议决的事项不再重复讨论,除非有 2/3 以上的多数赞成再议;(4)多数票决定原则,即过半数可通过具有全体约束力的议案,重大事项应提高多数通过的量化标准(例如 2/3 或者 3/4 的绝大多数);(5)法定人数生效原则,出席者在没有达到法定人数的情况下作出的表决没有效力。这五项原则既能保障少数人的意见表达和权利主张,又能保证多数人的意见是通过理性的对话而得出来的共识。它是解决少数人与多数人之间关系的一种比较合理的制度安排。

你说过《罗伯特议事规则》是纯粹的程序主义,怎么界定"程序主义"?

所谓"纯粹的程序主义",就是说没有包括实质性的价值判断在里面。《罗伯特议事规则》没有说哪一种决定是正确的,哪一种主张是符合意识形态的。它没有预设这些前提,没有预设特定的价值判断。它是使所有的价值判断、所有的政治主张都有可能在这个规则下进行公平的竞争,然后其中的一种主张胜出。在这个意义上来说,它是纯粹的程序主义。纯粹的程序主义主要在不同价值判断中发挥调整功能,在不预设结论的前提条件下作出公共选择。

作为形式和手段的程序本身当然是具有独特的价值的,它是民主政治的一个非常重要的基础,如果没有这个基础,民主政治很容易变质为多数者专制。如果大家都各自固守一个特定价值判断的话,就无法进行理性对话,就很难妥协,更别说达成共识。离开程序公正来谈实质公正,是很难真正达成共识的。如果在解决调整问题的可以理性分析的程序问题上尚且不能达成共识,怎么可能在独善性极强的实质性价值判断的问题上达成共识呢?所以,首先要强调程序共识,把程序放在结果之前作为原则问题加以强调。

在序言中,你引用了熊彼特和哈贝马斯对民主的定义。熊彼特认为民主即关于个人通过竞争选票获得决策权的制度安排。着眼点在竞争性选举。而哈贝马斯认为民主是沟通行为与法律形式相互交叠的结果,是一种通过程序进行自主性决策的实践。看得出来,你不太赞同熊彼特,倾向哈贝马斯。为什么?

说民主是通过竞争选票来获得决策权,这个观点没错。但问题在于如果把民主政治简化为一个投票过程的话,可能会引起一个很重要的误解。竞争选票,也就是说按照多数人的意见来作出是非判断。但真理有时候会掌握在少数人手里,不能简单地通过多数票来决定真理问题。另外,如果我们仅仅是谈选票,而不谈信息公开、论证性对话、合理的表决程序等其他因素的话,那就很容易导致盲目的跟风、相互模仿,助长某种缺乏逻辑一贯性的舆论倾向,更容易诱发一种煽情行为。通过感性化的鼓动,来使多数人为自己的主张投票,这个过程是很容易诱发民粹主义的。

为了克服简单投票的非合理性问题,就需要为有投票权的人们提供充分的信息,需要为他们提供充分的对话机会,需要理性沟通,需要完备那些必要的配套条件。这一切都不是单纯的选票所能涵盖的。所以从这个意义上来说,我们应该更强调哈贝马斯所说的沟通行为。这种沟通要和法律形式结合在一起,才能够真正地使民主决策的制度安排合理,才能够确保发言权的平等、投票的信息的对称性,等等。

从这样的角度来看民主,就必须把投票与商谈结合起来,要为妥善处理多数者与少数者的关系提供一系列制度条件。这种制度条件往往是通过法律形式表现出来的。尤其是民主决策的程序,就是最典型的法律形式。只有当民主与程序结合在一起的时候,民主才是一个好东西。如果民主与程序脱节了,那么这个民主有可能是好东西,也有可能会蜕变成坏东西。

是不是也要警惕"程序是万能药"的想法？

对，我们绝不能认为程序是万能的。因为程序它只是确保我们在进行沟通、进行判断的时候，尽可能考虑不同的方面，尽可能使对话和决策理性化。但它不能代替我们的价值判断。在进行决策时，无法回避价值判断。程序可以减少或者避免价值武断，但却不能否定价值判断的意义。所以不能认为程序是万能的。法律程序其实就是使你的决策受到这样那样的限制，以避免任意性，防止失误。有人说，程序碍手碍脚、是束缚自己手脚的东西，所以为了效率可以牺牲程序。这种看法不对。就是因为程序有点碍手碍脚，才使得决策不太容易犯错。

有的学者说道，"只有具备了民主素养的公民群体，才能建议并发展一个民主的社会"。除了学习《罗伯特议事规则》，还有哪些途径和方法能培养具有民主素养的公民？

我们知道现代社会特别强调的是公民法律意识的增强、守法精神的弘扬。法律教育就是培养具有民主素质的公民的一个非常重要的方式。当然，还要陶冶自律性、参与意识、责任感，等等。这类现代公民的素质如何培养呢？其实最重要的还是政府垂范。也就是说，政府要率先遵守规则。只有做到这一点，才能有效地促使公民也遵守规则。政府首先自己严格地遵守规则、执行规则，然后再要求民众也遵守规则、执行规则，才有说服力。政府是通过守法而立信的。规则对政府有约束力，民众才会觉得规则是真正有效的。只有当政府和民众都形成了一种遵守规则的习惯之后，民主政治才能真正开始。因为在不讲规则的地方，民主会引起恐惧，会导致混乱。

2012 年 6 月 1 日

通过互联网的协商与决策
——《信息乌托邦》中文版序

凯斯·桑斯坦的《信息乌托邦》,试图对数码网络中的沟通行为、互动关系以及秩序原理进行深入考察,并且还要探讨政治与法律的全球性范型转换问题。其重要意义是不言而喻的。所以,得知毕竞悦把这本著作译成汉语,即将由法律出版社发行,感到非常高兴。责任编辑有时到"法律博客"潜水,大概是注意到我曾经在两年前发出过采取维基百科的方式讨论法学教育改革方案的倡议,特意来函索序。原著的价值,加上编辑"爱屋及乌"的热诚,使我当即应承了。

阅读这本妙趣盎然的书,你可以发现,在电脑空间俨然存在一片全民参与的社会公共领域,几乎任何个人都可以自由地进入和退出,还可以在这里就决策问题收集或提供信息、发表意见和建议。借助博客、维基、开放资源软件、预测市场等技术手段,公民们可以充分实现信息聚合,并对既有的提案不断进行编辑、论证、修改以及补充。而在这样集思广益的基础上得出的结论,尽管存在孔多塞陪审团定理揭示的那种可变的犯错概率,但归根结底总是正确的、适当的,至少,是比较好的。

透过桑斯坦著作的字里行间,你还可以看到,始终有两大思想家的身影在晃动。

一个是哈耶克。因为不断伸张和密织的互联网,确实在相当大的程度上瓦解了由电话公司、出版社、报刊编辑部等建构起来的人工秩序,实现了哈耶克所设想的那种分散而自律的构想。可以说,无论对不对、好不好,某种无组织、无目的、无计划的"自生秩序"已经出现在电脑世界,并且开始占优势。

另一个是哈贝马斯。因为各种信息技术为跨越时空的沟通行为提供了大量的渠道和机会,不仅电子投票而且电子讨论也都开始盛行,哈贝马斯所期待的那种对公共事务进行协商的程序民主以及"理想的说话状态"似乎变得唾手可得了。实际上,正是理想的说话状态假设与自生秩序蓝图构成了信息乌托邦的基础。当然,在数码网络中开拓协商政治的公域的思路,还具有更直接的渊源,例如莱因戈尔德的"虚拟共同体"(Virtual Community)论。

站在汉语读者的立场上来分析有关现象,以电脑为媒介的沟通(CMC)本身在社会实践中也许会被认为是已经司空见惯的,并且与那种颇具特色的"政治协商"机制结合在一起了。例如地方官员把政策设想、中央政府把重要的法规草案在网上公布以征求意见的做法,市长电子信箱也成为信息聚合的一种手段,网络舆论对公共事务的决定甚至司法判断都产生了一定程度的影响,还有些机构正在试行各种形态的"电子会议室",等等。所以在这个国度,桑斯坦的论述应该是容易引起关注和共鸣的。

但是,与此同时,中国的很多读者从切身体验中也一定会意识到,互联网(特别是巨型的匿名公告栏)里的沟通依然存在很多问题,有时还会出现情绪化言论和诽谤之辞泛滥成灾的场面,似乎与哈贝马斯要求的那种理想的说话状态相去甚远。概括地说,信息乌托邦面临着如下四种主要危险:

首先,公民中存在的信息差距(digital divide)——包括计算机持有能力与上网条件这两个方面的不平等——会影响知情权、参与权的享有或行使,使得一部分人在很大程度上被排除在公共事务的讨论和决定过程之外。既然信息技术也可以视为社会资本,那么,网民与非网民之间的鸿沟,就好比城市户口与非城市户口之间的鸿沟,会形成截然不同的利益群体。

其次需要指出的是,无数的网站、博客、群发邮箱、社会网络化服务点(SNS)林立,很容易导致网民内部分立为大量的小集团,出现"鸡犬之声相闻,老死不相往来"那样的分节化、阶式化的格局。身处其中的人们往往只选择自己偏爱的通讯领域或信息,只与兴趣相投的人们聚谈。其结果,很容易形成桑斯坦所说的"信息茧房"效应,引起相互理解和沟通上的障碍,导致公共性丧失甚至无序化。

在电脑空间里,自由流转的信息具有很强的公共物品的特性。由于不存在支持信息交易的产权和价格体系,民间提供有价值信息的诱因是比较薄弱的。正是有见于这一点,美国前副总统戈尔才提出了建设全国信息基础设施(NII)的目标和修筑信息高速公路的计划。因此,有必要强调的第三点是:倘若提倡数码网络中的自生秩序原则,那就必须解决如何激励自发的信息投资的问题,否则真正重要的信息聚合反倒难以实现可持续发展。当然,个人的好奇心、表现欲望以及志愿者精神也可以成为提供信息和交换信息的动力,但随之而来的,还有信息垃圾和信息过剩的流弊。在这样的状况里,对网民个人而言,排除无谓的甚或有害的信息将显得比自由选择信息更加重要,从而导致电脑空间对信息过滤装置的需求,进而导致监控成本和解纷成本渐次上升。

最后,第四种危险在于,把过剩的和有害的信息排除在自由选择的范围之外的作业势必为政府的介入和限制打开方便之门,从而难免在不同程度上引起信息乌托邦的坍塌。其实,数码信息技术本来就是一把双刃的剑,既可以为表达的自由创造条件,也可以为监控的强化创造条件,甚至还有足够的手段和力量布置起无所不在的眼线和防线。

桑斯坦对上述危险的很多方面都有着清醒的认识。所以他说"我的主要目标之一是,勾画出危险,并表明,如果我们不警惕它们就可能导致严重的麻烦"。然而究竟怎样才能避免这些危险,在电脑空间里促进协商政治的活动以及相应的制度化?通过分散的、自律的沟通行为而形成的秩序是否符合民主法治的理想,会不会与公共性要求达成适当的均衡?《信息乌托邦》对诸如此类重大问题提供了大量的信息、进行了精彩的论述、展望了乐观主义的前景,但还没有给出确定的答案。

或许你不妨认为作者正在进行一个以身作则的实验——鼓励读者们都来参与相关的信息聚合,利用广泛分散于群众的知识和判断力,从中找出最佳结果作为对电子协商模式的结论。由此可见,这也算得上一本维基百科式的法理学著作,值得你以参与协商的方式去推敲和评议。是为序。

2008 年 10 月写于秋雨声中

大变局下的中国法治

法治突破

中国司法改革的现状与目标[*]

在改革开放时代,中国经济管理方式已经发生了根本性改变:从事前的行政许可和直接规制转向事后的司法救济和间接制约。采取中国经济学家的表述,就是"逐步扩大法院对市场管制的介入"[①]。而法院要在市场经济方面发挥应有的作用,必须严格保持中立姿态,拥有终局裁判权。这就对司法独立的程度和审判技术的水准提出了更高的要求。为此,还有必要加强律师在适用法律方面的监督功能和制约力。但从现行制度以及实践的角度来看,中国的审判权却仍然具有非常鲜明的特征,司法独立原则并未确立,法院没有信誉和权威性;律师的角色也很尴尬,甚至受到排挤和打压。

---

[*] 本稿是应凯恩克劳斯经济研究基金会实施十二五规划系列讨论会"公共治理及法制改革"之邀提交的背景论文。在此向推荐者吴敬琏先生和主持者林重庚先生表达诚挚的谢意。

[①] 引自周其仁:《产权与制度变迁——中国改革的经验研究(增订本)》,北京大学出版社2004年版,第262页。

现行司法体制的特征和问题

权力结构和职能关系

按照宪法和法院组织法的规定,最高人民法院是国家最高审判机关①,因而也是各种诉讼活动的终点;在最高人民法院作出判断之后,原则上不应再留有继续争执的余地。但是,在现行体制下,最高人民检察院作为国家的法律监督机关,实际上仍然有权对最高人民法院的生效判决提出审判监督的抗诉并可能引起对最终裁断的重新审理,并且不受时效限制。② 就这一意义而言,检察权似乎仍然保留着苏维埃式法律体系中**检察优势**的风格,归根结底要高出审判权一头,至少是还没有完全确立审判权在法制运作方面的优越地位。③ 在办理刑事案件时,必须坚持法院、检察院以及公安机关互相分工和制衡的原则④,这公检法三权(或者再加上司法部,称为"公检法司"四权)之间的关系似乎并不存在优先劣后的差异;甚至还能发现作为专司犯罪搜查和社会治安的行政部门的公安机关反倒更有地位和实力的**治安本位**现象。例如地方党组织政法委书记可能兼任公安机关首长。以警察和检察(实际上还要加上不同形式的监察)来共同防止审判活动的失察,这就是中国式司法公正保障的基本原理。

审判独立的特殊概念内容

另外,宪法所宣称的审判权独立的概念含义,仅限于法院审案不受行政机关、社会团体和个人的干涉⑤,并没有约束立法权恣意的旨趣;恰恰相反,宪法明文规定了法院必须对产生它的国家权力机关负责⑥,地方人大组织法也肯定各级人民代表大会常务委员会乃至人民代表有权监督相

---

① 《宪法》第 127 条第 1 款、《人民法院组织法》第 30 条第 1 款。
② 以《宪法》第 129 条、《人民检察院组织法》第 18 条为根据。
③ 关于在现代法治中确立审判权的优越地位的意义,详见〔日〕高柳贤三:《司法权的优位——理论和实践》(改定版),有斐阁 1958 年版。
④ 《宪法》第 135 条。
⑤ 《宪法》第 126 条。
⑥ 《宪法》第 128 条。

应级别的法院,受理相关的申诉和意见。① 最高人民法院本身还专门发布司法解释,要求各级法院主动接受人民代表大会方面的监督。② 这就为立法权堂而皇之干预审判权、人民代表大会对司法机构进行法外的"**个案监督**"打开了方便之门。③

法院组织法指出上级法院对下级法院的审判活动也拥有**上级监督权**。④ 不言而喻,最高人民法院则有权监督全国各级地方法院和专门法院。⑤ 因而审判权独立只意味着法院系统相对于外部除代议机构之外的其他部门或团体的整体自主性;在法院内部,个别审判权之间并不存在区隔或相克的关系,也就是不存在**法官独立**。这里其实面临某种很深刻的两难处境:如果没有法院系统的团结和最高人民法院的监督权,审判权往往很难抵御外来的干涉;但这样的监督权,也有可能在特定条件下反戈一击,转变成法院系统内部压制各个法官自主性的行政性手段。

法院人事和财务制度的弊端

还有必要指出一点,与法院对同级人民代表大会及其常务委员会负责的制度安排相关联,各地方法院的**人事**和**财务**基本上都取决于当地的

---

① 《地方各级人民代表大会和地方各级人民政府组织法》第 44 条第(6)项。在理论上,人大对法院的监督功能不涉及具体案件的纠正。参见蒋惠岭:《论权力机关对法院的监督》,载《人民司法》1995 年第 10 期;蔡定剑:《中国人民代表大会制度》,法律出版社 1996 年版,第 373 页以下。

② 参见最高人民法院《关于人民法院接受人民代表大会及其常务委员会监督的若干意见》(法发[1998]第 26 号)。

③ 对于个案监督,法学界的意见分歧很大。参见王凡:《浅议地方人大的个案监督》,载《现代法学》1998 年第 1 期;王晨光:《论法院依法独立审判权和人大对法院个案监督权的冲突及其调整机制》,载《法学》1999 年第 1 期;谢鹏程:《人大的个案监督权如何定位》,载《法学》1999 年第 9 期;高婷:《人大怎么监督司法》,载《法制日报》1999 年 10 月 20 日。

④ 《人民法院组织法》第 30 条第 2 款。

⑤ 关于最高人民法院监督权的概念内容,参见 Susan Finder, "The Supreme People's Court of the People's Republic of China", *Journal of Chinese Law*, Vol. 7 (1993) pp.163—164。监督既是权力,也是责任,所以在中国曾经出现过 1200 名公民以最高人民法院对下级法院监督不力为由提起损害赔偿诉讼这样极其离奇的案件。详见报道《1200 人为何"错告"最高人民法院?》,载《瞭望东方周刊》2004 年 6 月 2 日号。

国家权力机关和行政机关,甚至党委。① 根据我国宪法、组织法和地方实践,地方各级人民法院和检察院由同级地方权力机关产生,法官和检察官由同级地方国家权力机关任免,法官和检察官的人事管理由地方党政部门负责,法院和检察院的财政预算也由地方政府编制和管理。② 这样的体制使得审判独立原则很容易流于形式,国家法律在适用上的统一性、权威性根本无从保障。

其结果,最高人民法院不能像日本最高裁判所那样通过分配予夺、任免升迁等司法行政上的有力操作杠杆来影响所有法官和下级法院③,它对各级地方法院和专门法院的监督权难免受到相当程度的限制。以各级审判机关"靠山吃山、靠水吃水"的事态为前提条件,独任法官或者合议庭实际上很难在涉及当地政界、财界利害关系的跨省或跨县的诉讼中保持不偏不倚的公正立场,**司法的地方保护主义**的流弊也就难免渐趋严重、屡禁不止;甚至还出现了"全国性法院仅剩最高人民法院一家而已"这样耸人听闻的揶揄。④ 在"各自为政"的背景下,如何避免最高人民法院的

---

① 准确的表述是"双重领导,地方为主"。自 1988 年底开始,最高法院一直试图推动以加强上级法院权限为宗旨的改革实验,但迄今为止基本格局并没有改变。参见郭纪胜:《法院管理概论》,人民法院出版社 1992 年版,第 154—155 页、第 217 页以下;王利明:《司法改革研究(修订本)》,法律出版社 2001 年版,第 169 页以下;蒋惠岭:《司法权力地方化之利弊与改革》,载《人民司法》1998 年第 2 期;王旭:《论司法权的中央化》,载《战略与管理》2001 年第 5 期。其中因地方财政困难而采取的承认诉讼费用留成的权宜之计,虽然造成了许多负面影响,但却在一定程度上改变了原有的法院经费制度,增强了法院系统的独立性和内部联系。有关问题和相应的改革举措,参见沈德咏:《应建立与市场经济相适应的法院体制》,载《人民法院报》1994 年 6 月 6 日;最高人民法院的《关于集中部分诉讼费用具体解缴事项的通知》(1996 年 9 月 6 日发布)、《人民法院诉讼费用管理办法》(财公字[1999]第 406 号)、《人民法院诉讼费征收办法》(法发[1999]第 21 号)等。

② 详见《宪法》第 3 条第 3 款,《人民法院组织法》第 35 条,《人民检察组织法》第 22 条、第 23 条、第 24 条。在实践中,根据党管干部的原则,地方各级司法组织的人员均须由同级党委讨论同意或党委组织部门考核同意,然后再提交本级人民代表大会选举或本级人民代表大会常务委员会任命,参见谭世贵:《司法独立问题研究》,法律出版社 2004 年版,第 16 页。

③ 关于日本最高法院事务总局通过人事和财务保障审判系统的集权性和统一性,参见汪振林:《法官的"顶头上司"——日本最高法院事务总局研究》,载左卫民等著:《最高法院研究》,法律出版社 2004 年版,第 195 页以下;〔日〕野村二郎:《最高裁判所——司法中枢的内侧》,讲谈社 1987 年版。对这种状况的批评以及改革设想,参见《最高裁判所的机构改革(座谈会)》,载《法律人》第 72 号(1954 年);〔日〕三月章:《最高裁判所论议的焦点》,载《民事诉讼法研究(第 4 卷)》,有斐阁 1967 年版;〔日〕和田英夫:《最高裁判所论——初步的研究》,日本评论社 1971 年版。

④ 参见报道《2004 司法改革前瞻:让司法机关不再制造民怨》,载《法律与生活》2004 年第 1 期。

式微、维持审判的统一也就成为司法改革的"老大难"问题。

独特的制度设计及其悖论

由此可见,没有采取立法、审判、行政三权分立的政治体制,但却容许在司法机关内部实行公安、检察、审判(或者再加上司法行政)之间的**另类分权制衡**;没有采取联邦主义的司法体制,但却容许审判组织以地方为单位行事,在客观上弛缓了审判机关内部的垂直监控;这些就是当代中国审判系统中最独特的制度设计。在这里,警察不介入民事案件的原则是不存在的,检察机关更是有责任通过抗诉以及其他法律监督方式干预与经济有关的各种案件的审理。

在诸如此类的前提条件下,最高人民法院的活动方式和作用当然也会呈现出**悖论性**。例如,人民代表大会至上的原则要求审判机关持司法消极主义的立场,只能严格适用法律、法规,但最高人民法院在对各类法院、上级法院对下级法院行使监督权、克服审判机关的地方本位主义倾向之际,势必表现出某种积极主义的态度。为了在外界压力较大的状况下维护审判独立,法院必须成为统一的整体,以集团的合力来抵制来自不同方面的干涉;但因为最高人民法院难以通过人事和财务来增强审判系统内部的向心力,所以不得不采取其他手段来形成和巩固各级法院之间的有机联系。然而这也很容易引起内部压抑和上级干涉,使司法独立在宏观层面与微观层面之间不能保持始终如一的连贯性。

地方党政机关干涉经济案件审判的若干实例

各地党政机关及其负责人任意干预具体案件审判的实例不胜枚举。这里只举出两个与经济活动直接有关的典型事件以及一项具有普遍影响力的制度。

陕西省国土资源厅干预矿权纠纷审判

陕西省榆林市辖区发生的一起矿权纠纷案,由榆林市中级人民法院在2005年作出一审判决,陕西省高级人民法院在2007年作出二审裁决维持原判。按照法律规定,这桩案件已经审结,判决应该产生强制约束力,但数年内有效判决一直得不到执行。到2010年3月,陕西省国土资源厅召开协调会,以**政府部门会议决定**的形式否定了生效的司法判决。

最后在7月17日在当地引发矿权纠纷当事人的群体性械斗。

无独有偶,还有一起矿权纠纷案,2006年10月19日陕西省高级人民法院作出一审判决,上诉至最高人民法院。在二审期间的2008年5月4日,陕西省政府办公厅向最高人民法院发出一份由国土资源厅起草的**个案情况报告**,把民事案件政治化,要求最高人民法院不得维持和执行一审判决,否则将会产生一系列严重后果,对陕西的稳定和发展大局带来较大的消极影响。到2009年11月4日,最高人民法院撤销陕西省高级人民法院的一审判决,发回重审。2011年3月30日,陕西省高级人民法院作出重审判决,一审的胜诉方转变成败诉方。2011年8月19日,陕西省榆林市公安局以"涉嫌虚报注册资本罪"的名义逮捕了不断上诉的公司法人代表。①

厦门市党委干预房产纠纷审判

2010年7月6日上午,厦门市党委副书记、政法委书记主持召开了关于嘉莲大厦房产纠纷问题专题协调会,并在7月13日就此形成编号为(2010)18号**专题会议纪要**,其中有"商请省高级法院同意对已生效判决、裁定暂缓执行"结论的明文表述。关于相关民事、行政案件的再次复查和再审,专题协调会还确立了市委和市政府有关部门负责牵头督办、市中级人民法院和市房管局负责具体工作的**一体化组织体制**。②

地方党政机关干预司法鉴定的制度通道

在与经济案件的审判密切相关的司法鉴定领域,自2005年10月1日施行《全国人大常委会关于司法鉴定管理问题的决定》后,山西、青海、浙江、江苏、四川、新疆、安徽、重庆、吉林等地纷纷建立司法鉴定重大事项报告制度,其中包括"涉及移民、土地征用、房屋拆迁、企业破产、集资等可能造成群众集体上访的鉴定案件"。特别值得注意的是,其中都设有一条一般性规定,要求"相关司法行政机关在接到重大事项报告后,应当按照职权范围、事项的性质、轻重缓急及时协调处理;应当由上级机关处置的

---

① 参见报道《公函发至最高法谁在干预司法》,载《中国青年报》2010年8月2日;报道《商人一审胜诉,陕西省政府致函最高法院后案件二审改判》,载《新京报》2011年8月31日。

② 详见报道《厦门市委会议纪要商请生效判决暂缓执行》,载《中国青年报》2011年9月19日。

事项,要及时请示报告;应当转纪检监察、信访等部门处理的,要及时移送;遇有可能影响稳定的重大事项,应及时向当地党委、政府报告"。显而易见,司法鉴定重大事项报告制度为党政机关介入案件审理的证明过程开辟了通道,势必在不同程度上直接影响到法院的证据采信和最终判决。

正是在上述背景下,在 2000 年以后中国发生了大量涉及各类法律人的腐败"窝案"和丑闻,比如"黄松有案"、"郭京毅案"、"浙江高院法官杀人碎尸门"等,以及成为全国性公共事件,反映法官的职业操守和技能不足以回应社会要求的"刘涌案"、"许霆案"、"彭宇案"以及"'临时强奸罪'案"等案件。与此相关的是,加上在消除社会不满方面未能达到各方的期望值,人民群众对司法的信任度也降到了一个历史极低值。① 有鉴于此,使得法律界的很多人得出了"中国的法治在大倒退"以及"法律人前景黯淡"的悲观结论。②

政治制约与司法审查以及律师的作用

司法审查与审判独立的正比关系

众所周知,中国没有采取三权分立的体制,各级法院必须对相应的人民代表大会负责并受其监督,在制度层面表现为由作为国家权力机关的人民代表大会及其常委会定期进行法官人事任免以及法院院长定期向人民代表大会报告工作、接受质询。虽然最高人民法院实际上通过司法解释的方式在一定程度上可以创造规范,但无论是理论上还是制度设计上,法院都必须坚持国家权力机关至上的原则,不能对法律、地方法规进行司法审查。在这个逻辑的延长线上,产生了法院也不能对行政法规甚至制定规则和决定的抽象性行政行为进行司法审查的明文规定。另外,虽然最高人民法院可以对法律规范进行解释,但这种解释必须局限在与审判活动有关的范围之内,当然更谈不上对宪法文本的解释。由此可见,确保审判独立的关键是把司法审查的范围扩大到抽象性行政行为,以便对行

---

① 沈德咏:《部分群众对司法不信任渐成普遍社会心理》,载《人民日报》2009 年 8 月 19 日。
② 参见邢周:《法治倒退引发司法界焦虑》,载《亚洲周刊》2010 年第 24 期;王和岩:《律师界"整风"》,载《新世纪》2010 年第 19 期;江平:《中国的法治处在一个大倒退的时期》,载《律师文摘》2010 年第 1 期。

政法规和规则等进行合法性审查,进而对法律以及国家权力机关的活动进行合宪性审查。① 也可以说,没有真正的司法审查,就没有法院的威信,也就没有审判独立原则安身立命之处,所谓"能动司法"也就是毫无意义的空气震荡。

司法审查限定在具体行政行为

当代中国的司法审查制的历史,可以追溯到 1989 年《行政诉讼法》第 5 条。该法规定的司法审查的最大特征是把法院的合法性审查的范围严格限定在具体行政行为,并在第 11 条中把**作为行政诉讼对象的具体行为**一一列举出来,在第 12 条第(2)项中明确把行政法规、规章或行政机关制定、发布的具有普遍约束力的决定和命令排除在受案范围之外。② 因为对行政法规、规章以及具有普遍约束力的决定和命令的行政解释也不是具体的行政行为,何况所有抽象行政行为都在一定程度上带有执行法律规范并对其内容作出行政性解释的属性,所以在逻辑上法院对行政解释也不能进行审查。更有甚者,《行政诉讼法》开宗明义第 1 条还规定人民法院审理行政案件的目的除监督之外,还包括维护行政机关的职能活动这一方面,并且把维护排序在监督之前。显而易见,在中国**行政解释比司法解释具有优越性**,如此安排权力关系是有悖现代法治主义原则的,也难免导致法律上的相互抵触和规范体系的不和谐。

令人欣慰的是,近年来立法机关开始着手修改行政诉讼法,草案新增条款的内容中有一项极其重要,这就是为了落实 2004 年宪法修正案人权条款,规定公民有权对抽象行政行为提出请求赔偿的诉讼。这意味着行政诉讼受理范围的大幅度拓展,也意味着各级审判机关有权对地方政府的规章制度以及其他普遍性决定、命令的合法性与合宪性进行审查和纠正,并且可以导致有关部门承担进行国家赔偿的法律责任。但这项改革举措迟迟无法推进,更谈不上付诸实施。

---

① 参见季卫东:《最高人民法院的角色及其演化》,载《清华法学》2006 年第 7 辑,第 4—20 页;季卫东:《再论合宪性审查——权力关系网的拓扑与制度变迁的博弈》,载《开放时代》2003 年第 5 期,第 6—23 页。

② 关于中国独特的司法审查概念以及有关制度的详细分析,参见罗豪才、王天成:《中国的司法审查制度》,载《中外法学》1991 年第 6 期;罗豪才主编:《中国司法审查制度》,北京大学出版社 1993 年版。

司法审查缺乏推动力量

政治现实的制约还表现在法律职业的构成,特别是对律师角色的定义上。在包括法官、检察官以及律师在内的职业法律家群体当中,律师最接近公民个人,也最接近市场和社会。无论是经济的和谐发展,还是个人权益的保障,以及规范秩序的协调,律师都在其中发挥着极其重要的中介和有序化的作用。但中国法律职业的构成极其特殊,甚至可以说是与其他国家截然不同的。在包括法官、检察官在内的职业法律家集团整体构成中,律师人数所占的比例却仍然只有 1/5 左右。在 2000 年,中国的**法官与律师人数的倒置比例**是 2.5 对 1,与其他许多国家的同比状态(例如韩国的 1 对 3、法国的 1 对 5、日本的 1 对 6、美国的 1 对 25)恰恰相反。①不得不指出,司法官僚与民间辩护律师之间在规模和力量上如此悬殊而颠倒的朝野格局整整维持了二十年之后,已经导致法律话语空间出现某些缺陷——自上而下的命令、宣传、教育、说服的声音,往往盖过自下而上的权利诉求的声音,很容易扭曲社会控制和调节的反馈机制。

最近十五年来司法改革路线的宏观分析

事实认知优先于规范效力

从探索司法改革路径的方面来看,值得注意的是中国始终以查明事实、分清责任为机轴。虽然司法的基本原则是"以事实为根据,以法律为准绳",但在司法实践中,是客观存在的真正事实(更准确地说,是**真实主义**)更具有决定性意义。根据我的观察以及对案例记录的分析,对许多法官而言,一旦真相大白,案件也就基本审结了,对规范适用的推敲和演绎并不很重要。这意味着勘验认知优先于法律解释、追究责任优先于界定权利。

在这样的背景下,法庭辩论的本质可以用一个简洁朴素的公式来概括,即"摆事实、讲道理"。在这里,法理只是包括情理在内的许多道理中的一种而已。大量的诉讼成本都用于法院依职权进行调查取证以及复查错案等认知性作业。关于案件的全面而翔实的事实材料只有审判者才能

---

① 参见王利明:《司法改革研究(修订本)》,法律出版社 2001 年版,第 179—181 页。

掌握,法院在对真相的认识较有自信时才开庭审理。这种制度设计的长处是可以造成信息的非对称性分布,在这样的格局中法院始终占有**信息优势**。审理案件的重心在调查,而且是采取职权探知的方式进行取证活动,所以法官的行为必然具有积极性。但案情真相大都属于"天知地知、你知我知"之类的隐秘,最知底蕴的归根结底只有当事人,所以法院的信息优势是相对的,而当事人的信息优势是绝对的。这就是中国传统司法注重口供、争取口服的根据所在。

从审判学的角度来看,决定司法以事实和责任为机轴的一个主要理由是所谓"真实主义"。与辩论主义不同,真实主义不满足于仅仅从说服力竞技的层面来把握事实,而把对真相的追究作为法律上的义务加以强调甚至绝对化。在中国的刑事诉讼中,作为当事人主张的基础的事实,不仅仅是法律构成上的事实,而必须是客观存在的真实。因此当事人不得主张自己确信为不真实的事实,也不得否定自己确信为真实的对方主张的事实;即使对自己一方不利的事实也有义务陈述或揭发,否则将受到"坦白从宽,抗拒从严"政策的制裁。与此相应,当事人的沉默权以及律师忠实于客户的职业伦理被长期忽视,判决的既判力也在"**有错必纠**"的原则下被大幅度地相对化了。在民事诉讼中,真实主义作为诚实信用原则在诉讼中的适用也得到坚持,最典型的表现是法院可以不受当事人辩论内容和范围的限制去调查取证,包括撤诉在内的当事人的处分权行使也受到一定的限制,需要经过法院裁决认可。

特殊性指向的情境思维

另一个主要理由是司法上的"**情境思维**"(situational thinking)的习惯做法。就关系网络的性质而言,大多数现象的含义都是特定的,必须在具体的背景和细节中加以确认,这就导致了对于情境思维的强烈要求。显然,情境是由事实构成的,情境思维倾向于认知性。在民事案件的审判中,按照公平原则来决定不法行为的责任以及经济损失的分担、强调当事人之间的互让互谅不仅是建立在经验基础之上的法庭技巧,而且具有法律上明文规定的根据。例如《民法通则》第 109 条、114 条、132 条、133 条的规定,就非常典型地反映了那种重视情节和特殊条件、对具体情况进行具体分析的思维方式或者"**情境伦理**"(situational ethics)。在具体的情境当中进行思考和判断时,虽然也关注人生含义的处理,但基本的价值取向只能是功利主义。如果没有功利主义来决定取舍,情境思维只能诱发无止境的语言游戏,或者迷失在不断分歧的特殊化过程中。

在许多场合,审判者会采取情势变更、多数者利害比较、公益优先等尺度进行衡量,并提出一个或几个留有互惠性交涉和妥协余地的解决方案来。对中国的法官而言,法律上所规定的个人权利并不完全独立于韩非、边沁之流的苦乐计算规则,往往不成其为确定的规范性根据。反过来说,功利主义思维方式把个人权利在社会整体的得失测量中相对化了,与此同时,也把法律条文在具体的情境中相对化了。在法律的规范性相对化之后,只有加强事实的认知性才能弥补在对案件进行判断的根据上的缺陷。事实使规范相对化,相对化的规范不得不进一步依赖事实,借助认知来获得正当性——这是事实与规范之间关系的悖论。

职权主义与倾向性舆论的对峙图式

以事实为中心的审判很容易导致检察官的视点与陪审员的视点的短路联接,排斥律师的视点和法官的视点——即律师和法官从各自的角度所应该进行的法律推理,而把司法正义的基础仅仅归结于普通人根据事实材料所作出的常识性判断,导致审判主体的媒介化和非职业化,进而接受法庭之外的议论或者**倾向性舆论**的影响。在法官的非职业性很强的状态下,人民陪审制虽然很容易为社会所接受,但其实是没有什么重大意义的。

在这样的前提条件下,司法的正规化、职业化以及更广义的现代化很容易仅仅沿着查明事实的技术和效率以及加强司法官僚的职权主义这样的隘路不断推进。无怪乎在中国谈法与审判的现代化,很容易通过事实认知的媒介作用导致科学主义的专业性概念,从而促成一种导入和强化纠问制因素的运动。**现代化与扩大司法官僚裁量空间的职权化之间互相促进的循环**是中国司法改革的一个怪圈。特别是在反思超当事人主义以及调解优先原则的弊端之际,审判方式的改革很容易以侧重"判定"为目标,向超职权主义的任意裁量和强制那一方面倾斜,而忽略法律程序和法律推理在保障个人权利方面的意义。这就势必导致法官裁量权的伸张。缺乏合理的制度条件进行制约的裁量权和强制权很容易被滥用。在这个意义上,可以说任意的裁量权就是司法腐败的催化剂。

责任与程序的结合:案件流程管理制度

当然,即使司法的不确定性较显著,**责任系统**也可以在一定程度上替代程序要件和解释技术来防止审判不公。① 在缺乏程序正义的观念以及相应的制度条件来限制裁量的场合,严格追究过错责任就成为防止任意行使权力的最重要的装置。严格的错案责任制和对审判人员的罚则正是中国法的传统特色之一。②

特别值得注意的是,1998 年之后的法院改革,把责任制与案件流程管理或者说"追踪管理"(traceability)紧密结合在一起,导致程序正义的理念被转化成对审判活动各个环节进行"**程序化控制**",程序规则和论证规则被转化成详尽的审判质量指标体系③,并且以效率和公平这两项基本标准作为编排的程序语言。这种程序性设计是把案件审理过程分成若干阶段和具体环节,分别根据法定审理期限、办案具体要求、证据规则、法庭技术、诉讼文书的水准以及执行结果拟定目标值,不断进行观测、登记、督促和评价。④ 当追踪管理通过责任系统与说明义务(accountability)相联系时,有可能克服传统承包责任原理所流露的结果指向、暗箱操作等弊端,使交涉、议论、审理、执行的整个过程变得透明化了。我认为,甚至不妨把这个系统看作书面审理主义(Schriftlichkeitsprinzip)可视化的一种制

---

① 关于中国的责任观念,张文显:《法哲学范畴研究(修订版)》,中国政法大学出版社 2001 年版,第 4 章进行了详尽的分析。

② 1995 年以后,伴随着审判独立性的强化,中国的法院系统再次建立和健全错案责任制。对此学者多有非议。参见王晨光:《法律运行中的不确定性与"错案追究制"的误区》,载《法学》1997 年第 3 期;周永坤:《错案追究制与法治国家建设》,载《法学》1997 年第 9 期。

③ 详见最高人民法院《关于开展审判质量检查的通知》(法[1999]第 229 号)。关于提高民事审判质量的指标,参见最高人民法院《关于印发全国民事案件审判质量工作座谈会纪要的通知》(法[1999]第 231 号)。

④ 关于案件流程管理方式形成和发展的经过、实践效果以及具体举措,参见上海市第一中级人民法院:《加强案件流程管理,探索审判运作新机制》,载《法院改革系列综述》(机关纪要)1999 年 10 月号第 9—11 页;上海市第一中级人民法院:《案件流程管理的基本做法》,载《司法审判动态与研究》(司法改革专辑),2001 年第 1 卷第 1 辑,第 82—87 页。其他地方实践经验的总结以及全国性改革指针,参见最高人民法院《关于对全国部分人民法院实行立审分立、审监分立、流程管理检查情况的通报》(法[2000]第 53 号);国家法官学院编:《法院立案工作及改革探索》,中国政法大学出版社 2000 年版,第 5 章,特别是第 261—265 页。

度设计,与对抗性辩论的可视化模型相映成趣。在这里,国家权力的监控往往表现为按照效率的标准对审判活动进行追踪,对法律过程的细部进行记录、统计、分析并按照时限和质量指标进行评价,这是一种以时间为机轴的竞争机制。应该承认,这样的案件流程管理是对司法权的一种支持,是审判制度合理化的一种表现形态,值得给予适当的评价。

然而,不能不清醒地认识到,这种方式以及程序性建构毕竟属于行政性管理的范畴,采取的是科层制的技艺,未必能充分容纳自主性议论以及严格论证的对话①,也未必能积极支持那种以形成"对外负责"机制为目标的社会变迁。程序化控制更注重的是法定审理期限规定的落实②,这虽然构成对罗尔斯提出的理想化议论中的时间压力问题的一个解答,但很容易变成不断压抑议论的契机,导致选择和确定丧失共识基础。只有把制度设计的重点从"对内负责"、"内部监察"转移到"对外负责"、"外部监督",程序正义的许多要求才有可能更好地通过上述所谓"程序化控制"来满足。

排除法官裁量权的尝试:电脑量刑

淄川区法院从 2003 年开始设计审判软件,到 2006 年山东省推广淄川经验、在当地各级法院中普遍实行电脑量刑,只花了近三年的时间。从 2004 年起这件事不仅在国内引起议论纷纭,还成了国际社会的一则略带轰动性的新闻。③

---

① 中国传统的法庭沟通活动中存在情理议论、教育性对话以及舆评等独特现象,有关话语空间与现代法律推理以及抗辩制中的论证等大异其趣。具体的讨论见诸季卫东:《法律解释的真谛——探索实用法学的第三条道路》,载《中外法学》1998 年第 6 期;季卫东:《中国司法的思维方式及其文化特征》,载《法律方法与法律思维》2005 年第 1 期以及《法律体系的多元与整合——与德沃金教授商榷解释方法论问题》,载《清华法学》2002 年第 1 卷第 1 期。
② 这种法定期限本位的审判效率观最典型的反映是最高人民法院《关于严格执行案件审理期限制度的若干规定》(法释[2000]第 29 号)。关于效率判断标准的分析,参见熊选国:《中国法院的效率改革》,载《中国法律》2001 年 8 月号。
③ 《新京报》在 2004 年 5 月 23 日刊发题为"输入犯罪情节电脑作出量刑"的消息后,山东淄博法院的尝试在国内曾经引起关注和争议。当时的概况可参见报道《电脑量刑争议中前行》,载《法制日报》2004 年 9 月 13 日。电脑量刑再次引人瞩目起因于 2006 年 8 月 2 日的《法制日报》的报道《电脑量刑能否避免同案不同刑淄川法院探索刑事审判量刑标准化》。国内相关的介绍和讨论很多,例如《电脑量刑挑战自由裁量权》,载《民主与法制时报》2006 年 9 月 9 日;《山东争议声中推广电脑量刑刑期有望精确到天》,载《南方都市报》2006 年 9 月 12 日。

海外法律界人士以及公众传媒对电脑量刑的主要反应是：既对中国大胆创新的举措感到惊奇不已，同时也对机器审判人类、鼠标点击判决的可能性抱有相当程度的忧惧——因为电子计算软件固然不会腐败，但却毫无同情心和斟酌具体事实妥善处理的弹性。在有些多愁善感的评论者的眼里，这样一种定罪量刑自动化、迅速化的操作系统，简直就像一台不停运转的绞肉机那样令人不寒而栗。

站在中国法律传统文化的视点来看，可以发现律令制的根本特征在于**绝对法定刑主义**以及尽量压缩审判者裁量余地的机械化、细则化的条文构成。可见在中国电脑量刑之所以很容易被接受，并且迅速得到普及，是以固有的思维方式为前提条件和催化剂的，倒也不足为奇。另外还有大家都已经注意到的直接原因。即司法活动中存在的办案质量很参差、审理主体滥用裁量权、冤假错案层出不穷、甚至出现一案两结论的"阴阳判"①等严重问题，极大地动摇了对人脑判断的信心，同时也就助长了对电脑量刑的客观性、中立性以及确定性的期待。于是法官和当事人都试图用科学之光来照亮那个容许自由裁量以及非正式操作的黑箱——这样的去人情化努力是可以理解的，在一定程度上也是可以支持的。

从淄川区法院编撰的《常用百种罪名量刑规范化实施细则》的内容介绍里，我们可以在相当程度上发现类似自动售货机的法官标准像以及这种孟德斯鸠式假设与根据条文规定自动得出刑期的传统思维方式之间的互乘效应。在这里，也不妨归纳出一条关于判决严格对应于法律、同案同制裁的"**司法镜像原则**"。

如果再深想一层，更重要的潜在因素与其说是追求完全一致不走样的镜像效应，毋宁说是在通过自动化软件的程序编码所表现出来的对审判本质的理解方面的变化——有关机构正在试图用专业性共同语言（按照法律要件整理事实并进行严格论证）来取代日常性共同语言，尽量排除情绪化因子和暧昧涵意对推理的影响，实现**精密司法**的目标。正如已故的行政法专家龚祥瑞教授等人早在 1983 年就洞察到的那样，"应用计算

---

① 关于真假两份判决并存的最新近实例，见新华社报道《成都中级法院竟出现司法史罕见的"阴阳判决"》，http://news.xinhuanet.com/legal/2006-09/14/content_5092422.htm，2012 年 1 月 14 日访问。

机技术,通过对用自然语言形式表达的法律条文进行信息—逻辑加工,将会逐步产生一种新的法律语言,这必将提高法律条文的精确度,使之更加规范化、通用化"①。

实际上,山东法院推广电脑量刑也的确产生了借助计算机语言形式来使法律语言更加规范化的意图和客观效果。例如淄川区法院院长王建东就明确指出,当地农村、山区地带法官业务素质普遍较低,自由裁量权往往被滥用,在这样的条件下应用量刑软件来办案,"实质上还是用制度约束人"②,使审判更加符合统一的专业化标准。在这样的意义上,有关努力还是值得给予充分的评价的。

尽管如此,还是不得不指出:在现阶段对法律专家系统软件的设计和运用应该持一种慎之又慎的态度,尤其是在电脑量刑方面更不可急于求成。另外,就审判制度的本质性特征而言,也没有必要完全排除法官的心证、裁量以及平衡感觉③,毕竟电脑不可能完全取代人脑。任何法律专家系统软件都意味着作出一种纯粹的法律实证主义预设。计算机可以处理法律条文内容中的三段论推理以及关于"要件—效果"的条件式推理,但却无法适当表现那些决定有效规范在适用上的优劣顺序的元规则。也就是说,电脑量刑固然能在很大程度上排除在行使自由裁量权方面的主观任意性,但同时也会排除诸如自然法、人权保障、"有耻且格"、预防为主之类的思辨性要素,还倾向于排除对各种不同利益进行权衡、考量等的政策性调整机制。可是司法的本质决定了诸如此类的思辨和整合化作业不仅无法排除,甚至还有必要在社会日益复杂化、动态化以及价值观越来越

---

① 转引自龚祥瑞、李克强:《法律工作的计算机化》,载《法学杂志》1983 年第 3 期。
② 引自报道《山东在争议中推广电脑量刑刑期可望精确到天》,载《南方都市报》2006 年 9 月 12 日。
③ 正如 P.卡拉曼德莱在《程序与民主》中指出的那样:"的确,法官不是机械装置,不是计算机。法官是活生生的人,他确定法律内容并适用于具体事实的角色作用虽然被表述为试管里的三段论推理,但实际上是一种在精神密封的坩埚里进行陶冶的综合性作业过程。要在坩埚里把抽象的法律与具体的事实熔炼在一起,离不开良心的剧烈搏动以及由此产生的直觉和感情的炙热。"这里的文字表达系根据小岛武资、森征一日译本《诉讼与民主主义》(日本中央大学出版部 1976 年版)第 43 页的内容转译。

多元化的背景下有所加强。①

假如在这样的状态下就通过机器把法庭内外的对话和沟通加以格式化、固定化,很可能会阻碍法律解释学、推理技术、专业化教育以及审判者伦理人格的发展和提高,使司法流于一种检索和推测的简单智能游戏。既然电脑软件已经预定唯一正确的答案,那么通过法庭沟通活动寻求更好解答的意义就几乎不存在了,判决理由也成为某种可有可无的附属物,甚至上诉制度都会逐步形骸化。假如这样的初级系统软件只被当作审判的辅助性工具,只在有限的范围内用于减轻检索负担以及避免疏漏,那倒也无可非议。但一旦真要让法官们据此形成判决,就难免会遗患无穷。

监督法官裁量权的尝试:舆论审判

在现代法治国家,为了确保规范精密、审判公正,必须承认司法独立——不仅独立于政府的权力,而且还要独立于人世间的舆论。并且,司法也因独立而产生信任和权威。但是,在传统中国,由于情、理、法并立的多元结构,作为情理的表现形态和评价尺度的舆论总是在不同程度上干预司法过程。甚至还会出现"经义断狱"、"以理杀人"的观念以及对"比法律更强有力的群众意见"的赞美。在当代中国,最值得重视的是舆论实际上树立了作为话语而存在的权力或者规范,通过"从群众中来,到群众中去"的反馈回路在象征性符号互动的场域里不断流布、扩张。

在这个舆论场里,人们从传统的社会结构、正式的国家制度以及实证的法律规范的重负中解放出来了,可以自由集散,但也可以被某种权力策略所吸引和操纵。因为这里不存在哈贝马斯特别强调的"理想的发言状况",信息是不对称的,事实是不透明的,结论是不质疑的。正如美国著名媒体人士沃尔特·李普曼早就在《公众舆论》一书中尖锐指出的那样,"在所有错综复杂的问题上都诉诸公众的做法,其实在很多情况下都是想借助并无机会知情的多数的介入,来逃避那些知情人的批评"②。

在这个舆论场里,各种各样的消息、意见、谣言、蜚语、诽谤互相碰撞

---

① 关于思辨性与政策性以及各种因素之间的均衡化、整合化对审判的重要意义,详见 Benjamin N. Cardozo, *The Nature of the Judicial Process*, Yale University Press, Paperback 1977, see also at http://xroads.virginia.edu/~hyper/CARDOZO/CarNat.html, last visited on 2012-3-15.

② 〔美〕沃尔特·李普曼:《公众舆论》,阎克文、江红译,上海人民出版社2006年版,第284页。

激荡,比赛嗓门大小,不断形成一个又一个"公论漩涡"。这种公论漩涡进而把更多的议论者卷入其中,制造出富于弹性的单极化结构,制造出某种绝对的权力。在这个意义上,舆论即法律。其结果,很可能是首先权力绑架舆论,然后号称民意的话语虚拟物乃至情绪化的共鸣效应逐步支配政治以及公共选择,甚至还有可能反过来导致舆论绑架权力,使得权力运作难以理性化、日常化。其结果,也会助长根据舆论审判案件的趋势。

2011年围绕药家鑫案和李昌奎案的舆论审判,可以看出两种根本性特征:复仇本位与摇摆不定。的确,对罪犯科以与罪行相应的刑罚是符合正义的。在这一点上,近代的哲学家康德比刑法学家贝卡利亚更加毅然决然,认为杀人犯应负死刑责任是符合社会契约的,是自由主体的自律性题中应有之义。然而,随着现代化的程度加深,法律学逐步超越罪刑报应论的窠臼,越来越强调刑罚的正当根据的说明以及对情绪化的复仇动机的抑制。这就向刑事司法提出了更高的合理性要求。这就意味着法院应该不受来自外界的各种各样的影响,只根据证据和规范进行精密的分析、推理以及裁量,以确保法律标准在理解和执行上的统合,避免一人一是非、一事一立法的混乱,避免审判机关在政治力学的干预下摇摆不定。

令人遗憾的是,司法合理化的进程在中国却碰到了制度和文化的瓶颈。审判不能独立于政府权力以及司法腐败的现实,导致人们必然诉诸舆论监督,尤其是弱势群体特别需要获取舆论的支持以实现某种程度的力量均衡,以图申冤。药家鑫案中关于"富二代"、"官二代"的风影传说以及地位卑微的被害人亲属把"不判死刑不葬妻"作为谈判手段的辛酸事实,都证明了这一点。另一方面,审判机关有时需要以舆论为盾牌抵制行政干预。而政府权力也往往把社会反应作为正当性的依据,高度重视舆论工作,并会以民愤为理由干预具体案件的审判过程,这样的干预与复仇的情绪相结合时特别容易得到舆论的支持。似乎正是基于政府与群众的"共识",加上法院的半推半就,舆论变得日益强势地左右审判,司法权则被不断边缘化。在政府和社会的双重干预下,审判机关显得经常出尔反尔,因此其威信也就不断消磨、瓦解。一旦事态发展到这种程度,其实舆论本身也难免会反过来变得更加反复无常——在李昌奎案中,舆论实际上就随着不同审级的判决而在实质正义与程序正义的极端之间来回滑行。

总之,我们面对的问题状况是:权力裹胁司法导致舆论容易沸腾,权力绑架舆论导致司法难以独立;在社会正义与司法正义的激烈碰撞中,司法不断丧失权威,舆论逐步成为规范。而舆论又是最容易被猜疑、偏执、欺瞒、恐惧以及仇恨所支配、所毒化的,非但不能促成和谐,反倒可能加剧冲突,增强社会的不确定性。这,就构成了**舆论审判的陷阱**。从药家鑫案到李昌奎案,还有许云鹤案,等等,使得上述中国式司法的陷阱已经渐次裸露出来了,从中抛出来的还有一连串关于制度发展何去何从的大问题、真问题。

怎样走出限制裁量权的中国怪圈?

综上所述,中国司法的现状是一方面法官的裁量权很大,另一方面对这个裁量权的限制是采取舆论监督的方式,两者之间其实存在某种互相促进的关系,**没有一个可以客观化的、稳定的框架作为调节器**。我们还可以看到另外一方面,就是试图完全否定裁量,例如电脑量刑的尝试。也就是说,在中国的司法改革中出现了这样的逻辑,要么把裁量权完全否定掉,以像电脑量刑那样非常机械化的手段来确保审判符合法律,要么通过外部的权力干预或者舆论监督来任意制约裁量权,结果却使裁量权以另一种形态再生。到目前为止,我们一直都是在这样的怪圈里处理审判裁量权问题。

能动司法、民主司法以及大调解的思路

要打破上述怪圈,需要对司法系统以及整个法律秩序的制度设计进行重新审视和修改,这势必涉及政治体制的变革。正是由于政治变革未能及时跟进,步入 2000 年以后,伴随着经济高速发展和社会的持续繁荣,社会分配不公、利益博弈中的权利保护不足等问题导致的社会稳定的风险不断加剧,上访、罢工以及多种形式交杂在一起的群体性事件居高不下[1],使得"维稳"与"保发展促民生"一起成了中国执政党在 2008 年之后

---

[1] 应星:《大河移民上访的故事》,生活·读书·新知三联书店 2001 年版;于建嵘:《农民有组织抗争及其政治风险——湖南省 H 县调查》,载《战略与管理》2003 年第 3 期;于建嵘:《利益表达、法定秩序与社会习惯——对当代中国农民维权抗争行为取向的实证研究》,载《中国农村观察》2007 年第 6 期;CARL F. Minzner, "Riots, and Cover-ups: Counterproductive Control of Local Agents in China", 31 *U. Pa. J. Int'l L.* 53(1999); Carl F. Minzner, "Xinfang: An Alternative to Formal Chinese Legal Institutions", *Stan. J. Int'l L.* (2010); Khun Eng Kuah-Pearce & Gilles Guiheux eds., *Social Movements in China and Hong Kong*, *The Expansion of Protest Space*, Amsterdam University Press, 2009. 等等。

的主要工作重点。① **维稳的思维定向**,使得政治体制变革之议不断被推后。在这样的背景下,作为"维护社会稳定底线"的司法机关也服从中央政法委的部署,调整了其自1998年以来的司法改革方向,开始贯彻落实"人民司法"、"大调解制度"、"能动司法"和"三项重点工作"等司法政策。② 对于法律职业者的具体工作,各级相关部门甚至还提出了"律师要讲政治、顾大局、守纪律"的要求。③

以同情的态度来分析这种特殊现象背后的逻辑,可以发现所谓"大调解"方式的导入是为了以法律的弹性化来应对社会的不确定性。不确定性越大,专业技术的局限性也越明显,人们**互相模仿的从众倾向**就越强劲。特别是在转型期社会的各种矛盾激化之际,新的问题层出不穷,合法性与非法性的界限也暧昧不清,根据既定的规范进行黑白分明的判断变得比较困难,调解和妥协是有助于化解审判尴尬的。另外,具有特定政治含义和行政色彩的"能动司法"口号的提出,也是为了应对回避诉讼、在体制外寻求救济的倾向,其动机或可理解。但是,过犹不及。面对现实,我们还是有必要追问一下,那些随兴所至、侵蚀立法权和行政权的司法举措究竟能否达到预期目标、会不会带来更大的流弊?

人民满意度的悖论

近些年来流行一种说法,是"人民司法"必须以人民群众的满意度作为审判评价的标准。这就等于告诉社会:法律可以根据群众的态度在适用中进行调整的,因而法院是有裁量权的。这样的**能动司法政策势必促**

---

① 即中共中央在2008年金融危机以后逐渐明确的"保发展保民生保稳定"的"三保"政策。参见《中央经济工作会议闭幕胡锦涛温家宝作重要讲话》,载《人民日报》2008年12月10日;《习近平:认真贯彻中央部署要求 扎实搞好学习实践活动》,载《人民日报》2009年3月27日;《李源潮:学习实践要保发展保民生保稳定保中央方针政策落实》,载《人民日报》2008年11月5日;《周永康:把科学发展观落实到保增长保民生保稳定中》,载《吉林日报》2009年3月26日。

② 执政党司法政策的变化,可以上溯至2006年。参见《关于预防和化解行政争议、健全行政争议解决机制的意见》(中办发[2006]27)。此后,标志着司法政策系统性转变的相关文件主要有:《最高人民法院关于为构建社会主义和谐社会提供司法保障的若干意见》(法发[2007]2号,2007年1月15日)、《最高人民法院关于进一步发挥诉讼调解在构建社会主义和谐社会中积极作用的若干意见》(法发[2007]9号,2007年3月1日),等等。结合司法实践对2007年左右司法政策转变进行学术阐述的研究,可以参见何海波:《没有判决的诉讼:行政诉讼撤诉考(1987—2008)》,载何海波:《实质法治:寻求行政判决的合法性》,法律出版社2009年版。

③ 《司法部长吴爱英:律师代理敏感案件须讲政治顾大局》,载《新华网》2009年8月6日。

进围绕法院裁量权进行讨价还价的交涉**,加强法院与群众的互动。而在这类的互动中,法院采取"大调解"方式,侧重当事人通过和解自主解纷。这就等于一方面提供健讼的诱因,另一方面又只是沿用息讼的传统手法,其实很有些自相矛盾。本来,法院以其工作性质是很难让所有人满意的,甚至可以说大多数案件的审判都很容易导致一半人(败诉方)的不满。如果把法院的工作方针定为让大家都满意,等于给自己的脖子套上了绳索。这些因素导致一个悖论性的情况:法院被推到处理社会矛盾的第一线,处在关注的中心地位,但正是在这样的众目睽睽之下,法院的威信在不断下降,逐步被边缘化。要防止这样的结局,司法改革必须拨乱反正,回到强调程序公正的制度设计方案。逖博(J. Thibaut)、沃尔克(L. Walker)、林德(E. A. Lind)、泰勒(T. R. Tyler)等人的法心理学实验和分析已经证明,程序公正对案件当事人以及相关者的满意度具有决定性意义。成功的司法固然可以让败诉方也接受判决、感到满意,但这样的成功必须以程序公正为前提,而不能只是寄希望于政治上的说服、压服以及舆论工作。

换个角度来看,简单地把人民满意度、甚至群众的感受作为司法评价的标准,其实就是认为司法除了主观的感受和满意不满意的态度之外别无他物。这也意味着司法组织本身无足轻重,司法的正当性只有在社会的舆论中才能得到认可。这就是**司法的解构**,不妨理解为法律虚无主义的变种。

各人负责与无人负责

当然,在社会转型期矛盾激化、不确定性增大之际,解决问题的方法除了程序之外,还必须更进一步强调责任。主要是指法律上的责任。但在实践中,哪怕是非制度化的个人责任,哪怕是传统的承包责任也聊胜于无。而"大调解"和"能动司法"的最大流弊恰恰是导致责任和"问责"(accountability)无从谈起,甚至还会以表面上各人负责的民主政治的名义,诱发某种最终无人负责的事态。因为"能动司法"把本来被认为是国家秩序最后防线的审判机关推到了第一线,而司法的政治化又使得具体案件的审理失去了客观的标准和防火墙,办案法官不得不直接面对政策性后果和风险责任。这样一来,法官的责任负荷显然太重。于是,法官往往倾向于逃避责任,否则法官就容易遭到来自不同方面的指责。而"大调解"提供了最方便的通道。有些地方法院提出的所谓"零判决"口号,其实质就是"零责任"。在这里,法官已经开始自我否定了。一切取决于当事人的讨价还价和妥协,没有判决,还需要法官吗? 或者也可以说,调解之类的非正式解纷方式,在特殊的语境里、在很大程度上已经蜕变成了某些法官**滥用裁量、推卸责任的手段**。这就很容易使国家秩序陷入混沌乃至整体性危机。

法律秩序的液态化,并不是法制与社会之间关系的正常状态,也没有任何必然性。这是人为造成的事态,是由现行制度设计方案和政策导致的。从传统的"约法三章"理念到当代的"立法宜粗不宜细"政策,都为司法群众路线、"能动司法"观以及"大调解"的解纷方式提供了前提条件,都在不断增大法律制度的流行性、相对性、复杂性。这就会助长那些根据具体情境操作制度的投机行为,也使得当事人和群众在守法和其他活动上更倾向于相互模仿。**在这样变易不居的规范场中,如何形成"集体意见"或者舆论具有决定性意义**。这正是司法民主主义的本质所在。但实际上,在很大程度上,司法只是变成了把个人诉求摆平、组合成集体意见或者舆论的协调工作,而这种集体意见反过来成为评价标准或者规范,决定每一个当事人的法律观念和权利诉求,甚至具有压服的威力。

从应然和调整的视角重新认识审判权

中国出现"能动司法"和"大调解"现象的主要缘由,在我看来,还有法律两种基本维度的纠结所造成的误解。一般而言,法律作为行为规范,主要解决两大类型的问题:其一,应然(Sollen);其二,调整(Coordination)。这两者本来就应该也完全有可能分开来考虑,但在中国社会却总是纠缠在一起,无法进行概念计算,变成一笔糊涂账。尤其是**法律的调整功能长期遭到忽视,使制度改革无法跳出意识形态的纠缠**。

应然是指应该做正确事情的义务,涉及价值判断、道德以及正当性根据,也涉及服从权威的理由。应然与一个社会的文化传统以及意识形态密切相关,也就是与萨维尼(Friedrich K. v. Savigny)所说的"民族精神"相关。在一个重视实质性道德规范和文化认同的国度中,在强调国家核心价值的语境里,应然是政治上的优先议题,是法律上的重点领域。例如针对财产所有关系和家庭成员关系的规范,总会涉及社会正义观和道德秩序。《民法通则》里关于公序良俗或者公平责任的一般条款也是如此。刑事方面的"严打"运动,实际上反映了对惩罚犯罪和预防冤枉这两种目标在价值判断上的优劣顺序,受到法律意识形态的支配。不言而喻,应然具有对抗事实、唯我独尊的性质。如果过分强调某一种价值观或美德,这种独善性就会不断膨胀,压缩自由以及合理选择的空间。

与此不同,调整是指技术层面的有序化处理,侧重确定性和效率,与价值判断没有什么直接的、必然的联系。例如交通规则,在中国和美国是车辆右行,在日本和英国是车辆左行,都是可以的,并没有对错之分。只要明确了究竟是右行还是左行,并且严格执行规则,就可以很好地调整车辆的流向,避免混乱和撞车事故。各种法律程序虽然包含应然的内容,但其实主要是解决调整问题的。程序上的调整功能,就是让不同的诉求、主张以及价值判断在对等的条件下竞争,使其中最有说服力、最能得到多数支持或者专家认可的选项成为法律决定的结果。强调法律程序的重要意义就是把复杂的应然问题在一定程度上转化为调整问题进行处理,尽量在技术化、理性化的条件下化解进行适当的价值判断的困难。

固然,在不确定性的状况下,通过预测和计算进行决策变得极其困难,因而专业技术往往显得捉襟见肘。这时人们更倾向于因地制宜、临机应变,也更倾向于像股市、房市中"买涨不买跌"那样的随大流、跟风。也就是说,**不确定性的增大会导致群体行为方式会从技术理性转向没有一定逻辑关系的、情绪驱动色彩较浓的相互模仿**。这就很容易导致整体性大起大落的动态,引起社会震荡和解构。唯其如此,政府应该特别致力于把减少不确定性,促进合理化进程,尽量通过专业技术来预测、计算、驾驭以及控制那些非常复杂的、流动的事项。如果政府反倒鼓励和参与相互模仿的行为,那么不确定性就势必愈演愈烈,直至失控,直至造成危机。目前中国的能动司法、司法民主化以及大调解的思路正是如此,实际上在不断助长群众的相互模仿行为和情绪性动机,在促使**审判机构股市化、赌场化**。

凸显调整功能,使法律的效力刚性化

在应然层面,道德话语的卷入会使司法推理复杂化,进而导致规范的弹性化。但在调整层面,法律必须刚性才能达到制度设计的目的。从这样的视角来看中国的法律意识和有法不依问题,除了必须克服权力结构上的弊端之外,关键在于如何适当区分应然和调整,充分发挥法律在调整方面的功能,让法律在应该刚性的地方硬起来。也就是让法律兼有柔性结构和刚性约束力。从本质上说,把审判权从目的、道德、阶级意志、国家意识形态等价值判断的连锁中解放出来,**让法官只服从法律而不必过多地顾忌其他因素,就是要集中精力解决调整问题**。当议会多数派任意立法时,通过司法机关进行合宪性审查,确保宪法秩序的确定性和法律体系的整合性,就是在政治势力之间发挥法律的调整功能。当行政部门滥用权力侵犯公民个人权益时,通过行政诉讼制度对力量对比关系进行矫正,也是在国家与个人之间发挥法律的调整功能。在这类场合,规范如果不刚性,审判权如果不独立,无可回避的调整问题就无法解决,秩序也就会失去屏障。其结果,应然也是无从落实的。

所谓"司法民主化"命题的最大特征是把审判权与调整问题切割开来,让法院直接面对应然问题。民主的核心问题是由谁决定、由谁做主,取向是多数派说了算。因此,司法民主化意味着审判主体不限于职业法官,还包括一般公民,并且让个人权利的认定服从多数派的意志。在审判主体多元化的延长线上,围绕不同价值的议论势必活泼化。在这里,法官或多或少要带上主张的党派性,很难保持中立和客观,从而也不具备解决调整问题的优势。司法的核心问题是严格遵守法律的正当性何在,取向是把法律理解为一般民意的表达。因此,司法民主化意味着用特殊的、局部的民意(一时一地的舆论)来检验和修正反映普遍的、整体的民意(国家法律)。在这里,法官不得不跳出现行法律的框架来创造能让当事人以及地域共同体满意的规范,不得不把政治性妥协的契机和偶然性嵌入司法过程,其结果,法律势必出现各种地方版本、个案版本,乃至碎片化。于是我们可以看到两种民意——立法上的民意与司法上的民意——的对峙格局,可以看到**审判人员甚至有可能以民意或者当地舆论的名义无视现行法律体系、突破审级制度**。

应然与调整的互动关系

从解决调整问题的角度来考虑司法的功能,审判独立原则不外乎一种协调各种不同权力关系的法律尺度,是防止立法机关和行政机关失控的制度刹车,是秩序正当性和社会公正的可视化堡垒。即使从解决应然问题的角度来把握司法,也需要坚持审判独立原则,否则就很容易使规范融化在琐碎的事实之中。法官正是借助那种独立的、因而可以中立的特殊地位来确保应然不至于被事实上的力量对比关系所左右,并且在进行技术化调整的过程中实现应然。对法官而言,尽量去意识形态化就是他的意识形态,尽量价值中立就是他的价值判断。当然,这么说并不意味着法官能完全摆脱意识形态,也不需要根据社会的基本共识进行价值判断。试图强调的只是审判应该最大限度中立化、客观化这一点。至于那些**与党派性相关的价值判断,应该主要放到行政部门或者律师事务所层面去处理**。至于那些与民主政治相关的应然问题,应该主要放到人民代表大会层面去处理。当然,立法机关也要发挥解决调整问题的功能,特别是在决定税种和税率以及涉及再分配的财政预算案方面。但立法机关更注重的是把应然变成实证规范,以条文等的方式明确表达出来,并且通过对应然事项作出判断或决定而对社会关系进行调整。

不言而喻,我们所追求的社会主义法治国家,并非仅仅用法律规则来强制社会,还需要特别注意强制的正当性。在现代社会,强制的正当性主要来自民意。人民的承认就是法律秩序的正当性基础。但这种民意不能等同于一时一地的舆论,更不等于对审判的群众感受,而是少数服从多数的程序性游戏规则,是兼顾个人自由和公共事务决定的制度安排。在这里特别需要强调的是,法治应该也完全可以反过来成为民主的基础。因为**法治可以提供基本的政治信任,还可以避免多数派专制的弊端,从而使民主成为一种安定的、成熟的社会生活方式**。所以,民主与法治是互为表里、互相依存的。

具体到国家权力之间的关系上,如果说人民代表大会和政府部门是为多数派而存在的,那么就应该承认审判机关是为少数派、为个人、为弱者而存在的。因为多数派的诉求可以通过立法程序得到保障,也可以通过行政机关出于公共利益的考虑得到保障,但是少数派尤其是普通公民个人的声音如果与多数派不同的时候,即使有理由,即使正确,也很难反映到制度之中。只有在法院,任何个人的声音都会被认真倾听,甚至可以通过判决反映到制度的框架里去。尤其是**在相对比较集权的政治结构里,审判独立可以为权力划出有限性的清晰边界,同时也为权力提供正当性的制度支撑**。另外,如果判决是在考虑了特殊情况和当事人合理诉求之后作出来的,有可能会对法律是一个补救,对行政机关的举措是一个补救。在这个意义上,也只有在这个意义上,审判机关是可以对立法、行政机关进行限制和某种纠正的,是可以成为少数人、个人推动社会进步和制度变迁的杠杆。所以,立法民主化与审判独立化也是互为表里、互相依存的。

结论:建设程序共和国

如果说一个高效国家的治理主要以两种类型的制度安排——民主选举和分权制衡——为基础,那么在中国,有关制度的实际运作将不得不分别面对以下问题:(1)健全的选举以信息公开以及充分的沟通、审议、协商为前提条件,但信息公开的程度和速度与解决问题的能力之间怎样才能匹配?倘若把问题都公开了,实际上却不具备解决问题的能力,那就势必出现社会危机,使问题变得更难解决。这时特别需要合乎理性的对话,这种对话的实现有赖于法律程序的完备。(2)妥当的分权以强有力的整合机制为前提条件,而整合往往要求某种可以造成集中和统一的权威以及文化价值认同。一般而言,法律共同体就是能与权力制衡的要求相适应的整合机制,但没有司法独立原则,通过法治的整合能否奏效?倘若法院没有权威,实际上法律体系也不可能确立权威,分权就很容易导致分裂。倘若法律体系的支撑力不足,实际上也无法通过选举来开放政权,因为当局者不能预测失去政权的后果,会恐惧政敌的任意清算,会担心少数者的权利得不到保障。

由此可见,善治的制度设计有一个环节至关重要,这就是基于程序公正的、独立的司法系统。在中国,通过司法改革确立法院的权威,进而形成法治的体制基础,然后才能真正对政府行使权力的合法性进行监督和制衡。也只有在通过法治建立社会信任之后,通过选举来开放政权的民主化才能波澜不惊地推进,政治体制改革才能软着陆。更重要的是,独立的司法可以在不同利益集团之间提供中立的第三者裁判和契约的第三者强制履行,加强市场活动的可预测性,保障竞争的公平。

但是,就中国的实际情况而言,还有两点必须重视。第一,独立的司法系统既是对权力的限制,也是权力正当性的一种补救,如果这种司法功能与政治权力结构的固有逻辑发生冲突就很麻烦。目前我们的政治权力结构还没有本质性变化,司法独立的努力走到一定程度,就会与体制发生冲突。所以有人认为,如果不首先突破体制或者整个政治权力结构,就不能真正推动司法改革。我不同意这样的主张。与政治权力结构整体的改革相比,司法改革还是比较容易的、切实可行的。如果司法改革都不能做到,何谈体制全面改革的成功可能性?司法改革固然受限于大框架,但我们应该也有可能以司法改革为切入点和参照系,围绕法治的基本要求逐步推动政治权力结构的改造。当然,这样的设计思路是有前提条件的,即统治者具有足够的实践理性以及社会就法治可以达成基本共识。

第二,司法独立本身也不是无条件的,一个最基本的前提条件在于法官应该是品行良好、学识渊博、有责任感的一群社会精英。然而目前中国法官的规模太大,素质太参差不齐。任何一个社会群体达到二十几万人的话,要保证整个群体的素质就很困难,更何况我们的法官队伍是短时间形成的,程序观念又不强。在这样的状况下,司法的信誉和权威很难确立,司法独立原则也缺乏现实支撑。但是,如果我们认识到司法独立对法治以及体制转型具有关键性意义,也可以反过来以这个原则为出发点调整制度设计、完备必要的前提条件、刷新人员构成。只要认识到法院应该享有终局性裁判权、应该独立审判、应该对所有权力行为进行合法性、合宪性审查,那么就很清楚应该让什么人站到这样的岗位上来,怎样才能保障他们独立判断的身份,等等。

根据市场经济的需要自上而下地有序推动中国政治体制改革,就是要在维持权力结构稳定的同时向前发展,逐步实现治理方式的转变。首先要推行法治。不管中国现有的法律体系是否完美,任何一级政府、社会团体和个人都承认这个法律体系是反映民意的,是大家都应该遵循的,这就是一个好的出发点,是达成共识的最大公约数。既然如此,法院按法律行事是理所当然的。司法独立原则其实就是政府的一个誓约,表明政府也和企业、公民一样共同遵循现行法律体系,宣告通过不干预司法的方式确保法律面前人人平等。如果否认司法独立，就意味着不准备让法院按法律去审判。意味着制定法律的当局公然向全世界宣告"我自己不遵守这个法律"。这是极大的不明智！

中国改革开放三十年的发展和日本战后的发展有一些类似的地方，首先，都是在政治上比较稳定、权力集中的状况下形成了一个安定的秩序，促进了经济最大限度的发展，而且经济发展会消减在这个过程中的某些问题和人们的不满。当然，经济发展本身不会自动解决一切，这样就产生了权力的正当性问题。按照人民主权的原理，国家权力的唯一的正当性来源是人民。但是有时候权力正当性来源不是很清晰、相应的制度不是很强大，就需要另外一个东西来保证它。比如说大家觉得发展方向是正确的，整个领导是正确的，但是个别层面、个别的权力行使还会出现问题，怎么解决？需要给老百姓一个救济的机会，给他们一个说法，让他们能够看到这个体制是保护民众权利的。这就是独立司法系统的用武之地，大家即使有一点不满，仍然觉得在中立的第三者裁判上还能看到一个可以乐观的前景。保持这个途径的畅通，就可以让大家放心很多。总之，在司法独立上是比较容易达成共识的，可以作为改革突破口。

2012 年 3 月 12 日

司法改革第三波
——答《经济观察报》

第一次司法改革：走群众路线

近年来司法改革遭遇挫折，社会上对司法改革议论很多，法学界的认识也很不统一，甚至有学者说司法改革的共识已经破裂。对此，你怎么看？

确实，司法改革正徘徊在历史的十字路口，其前景不明朗。为了准确地理解目前的问题状况，我们可以考察中国过去60年里进行过的两次大规模的司法改革，或许能从中得到有益的启示。

第一次司法改革是什么时候展开的？

第一次司法改革是在20世纪50年代初由董必武主导的。在废除从现代西欧移植的"六法全书"汇纂体系的基础上，按照阶级司法的观点刷新审判机关，排除职业法律人，采取群众路线和政策思维方式。这样做是有深刻历史背景的。中国在民国时期导入了西方的制度，但是现实条件不配套，广大农村还是传统的治理模式，所以引进的法律体系并没有渗透到社会之中,它和社会现实,和民众正义感、公平感发生了一定的冲突。为了确保国家权力能够有效地动员群众、渗透到社会基层,在革命根据地司法被当作一个政治动员和控制的工具。同时,因为法律不健全,就把民意直接地吸收到司法过程中,也就是说,直接民主的观念与审判方式密切结合,形成了人民性司法的新传统,形成了司法的群众路线。法国大革命之后也曾经有过这样一个过程。大革命之前,法国法官被称为"法袍贵族",他们脱离实际,顺从国王的权力,民愤很大。所以革命之后法官受到了很大的冲击,人们认为法院也应该反映民意,于是把直接民主制与司法过程直接结合起来。当然,后来人们对此进行了反思。法国一位著名法官噶拉邦认为这是在司法体系中实现直接民主制的一种"幻想"。

这个评论是很深刻的。

这种"幻想"是对过去司法体系的反感造成的。现代的法律制度毕竟是人为设计的制度,理性很强,在贯彻到社会中去的时候,会和传统的法律观念、和老百姓的意识发生冲突,这时还应不应该按照法律办?而那些按照老百姓的感觉作出判决的法官是很容易得到欢呼的。例如法国出现过所谓"马尼奥现象",就是离开法律进行锄强扶弱,让判决直接反映群众感情和偏好。这种司法直接民主制的"幻想"在德国也曾经出现过。当然那个时代很快就消失了。因为理性的法治的逻辑更适合工商社会,更适合社会发展的要求。

看来,革命根据地的司法习惯(包括"马锡五审判方式"),以及20世纪50年代的司法改革是有一定的社会合理性的。

一个好处是避免了繁琐的法律教育,另外国家权力能够有效地渗透到群众中去。但是它带来的弊端也是显而易见的。民意反映到法律的过程中,必然会有不同的利益集团之间的争论和妥协,最后形成法律。但是如果民众的意见直接反映到司法过程中去,就会使法官作出来的判决受一时一地的具体情况的影响,不可能有一个统一的法律适用。

司法改革第一波的结果是,在群众路线的名义下,审判者的裁量权实际上被大幅度扩张了。甚至连法律都不要了,等于我要怎么做就可以怎么做,这必然导致对法律和司法的否定。

发展到"文革",就没有了法律,而且公然提倡"砸烂公检法",司法荡然无存。

在一定意义上,这是走群众路线的司法改革的逻辑必然。第一次司法改革走到了尽头,于是,改革开放后开始了第二次司法改革。

第二次司法改革为何遭遇挫折?

那么,第二次大规模司法改革的历史背景是什么?

主要是来自两个方面的压力:第一,改革开放要吸引外国的投资,市场竞争需要有一套游戏规则,国际公认的最好的游戏规则是依法办事。第二,司法群众路线造成司法缺乏专业性、缺乏效率,造成案件积压。这两种压力决定了要进行司法改革,所以在20世纪80年代后期,特别是1988年的第14次全国法院工作会议决定对审判方式进行改革,以解决现实问题,提高审判效率。改革过程中出现了连锁效应。比如,法院的经费有限,法官骑着自行车下乡去调查,还不如当事人的车子跑得快,自然而然就会提出一系列改革,包括一部分费用要由当事人承担、打官司要交诉讼费、举证责任由当事人承担,法庭辩论重要了,就需要律师。律师作用大了,法官就不能像以前那样随便判案子了,法官的素质就要提高。

完全是个"多米诺骨牌"的效应。

一环扣一环,后面的改革是很自然的。第二轮司法改革避免了群众路线的任意性,要适应市场经济对法治社会的要求,要强调效率,要求司法独立。

看来,第二波司法改革在很大程度上含有否定第一次司法改革的成分。

第二波司法改革的目标瞄准司法权的合理化、现代化。在人事路线上则表现为职业化、精英化;在制度设计上则表现为提高审判的效率,加强判决的执行力;在理论上则或多或少有些概念法学的色彩。但是,司法改革的结果并不让人满意,甚至引起了各种批评和质疑。

为什么会出现这样的结果呢?

第一,在相对比较稳定的政治结构的情况下,独立的司法是一种正当性的补救,如果这种补救本身和政治权力现有的逻辑发生冲突就很麻烦。第二,司法独立本身也不是无条件的,一个基本的前提条件是,法官应该是品行良好、学识渊博、有责任感的一群社会精英。同时,司法不受外部的干预,司法权力的行使也不是任意的,它必然要受到程序规则以及法官本人素质和良心的限制,程序规则的限制就决定了司法权力不会被滥用。在这样的情况下,就可以实现正当性。

遗憾的是,现在中国司法在这两方面都出现了问题。

目前我们的政治结构没有变化,司法独立的努力走到一定程度,就会与权力架构发生冲突。而且目前法官规模太大,任何一个社会群体达到二十几万人的话,要保证整个群体的素质就很困难,更何况我们的法官队伍是短时间形成的,程序观念又不强,最高人民法院司法改革上提出专业化、职业化,但是又跟现有的法官队伍本身发生冲突。就是说,司法改革和体制发生冲突,条件又还不配套,法官的裁量权过大,司法裁决就有可能有失公正,于是在各个方面引起反弹。部分民众对司法的信任开始动摇。

一些人对司法独立也提出质疑。

新中国成立之初,立法者还是蛮清晰的,1954年《宪法》第78条明确规定"人民法院独立进行审判,只服从法律"。目前我们对司法的认识跟1954年《宪法》相比有很大的距离,跟国际普遍规定相比也有很大的距离。司法是不是一定要独立?我们可以不预设前提,从常识出发考虑一下如果没有独立的司法会带来什么样的后果。这意味着司法要受外界的监督和干预,问题是:谁来监督监督者?这个逻辑会永远推下去是没有底的,最后回到人民。还可以追究下去,人民是谁?人民怎样表达自己的意志?为了避免没完没了的追问和纠缠,在制度设计上需要有一个终局判断。在现代法治国家,作出终局判断的是审判机关,所以对法官的素质要求最高,程序限制也最严。即使在中国,大家也承认司法是解决纠纷的最后一道防线。司法判断由谁来做最合适?假如由民意机关来做,它可能随着民意的变化而变化,作出的判断是政治性的决定,有可能是在不同势力博弈下的一个结果,是有妥协的。

不管是民意机关还是行政机关做司法判断,都会引申出一个问题:司法权、立法权、行政权的界限是什么?它们是不是都是一样的?

所以使法律关系安定下来的终局判断只能由审判机关作出。任何个人在法庭上都有倾诉和辩论的权利,法官和陪审团都要认真地倾听他的意见,哪怕是他一个人的主张,只要得到法律上的认可就可以了,不存在多数压倒少数的问题。法官的遴选是最严格的,要有长时间的积累,要经过一系列的遴选程序,既有学识的高要求,又有程序上的严格限制。在一般的情况下,法院的终审判决之后纠纷就应该结束了,否则的话追诉的游戏永远玩下去,既没有效率,弊端也非常多。既然司法判断具有终局性,它的判断也就需要具有独立性,那么司法独立的要求自然而然会提出来。与司法独立相匹配的各种前提条件也自然而然会提出来。

看来,司法独立并不是一个口号,是一个制度逻辑的必然,是社会发展的客观需要。

也是调整多数派和少数派,个人、集体、社会、国家之间关系的一种最适当的机制。从这个意义上来说,司法独立可以说是一条公理,一旦把这个公理抽去,那么一个社会就不会有真正的安定。

所以第二波司法改革的方向是正确的,但是在实际操作中存在问题。社会上程序正义观念很薄弱,法解释共同体尚未形成,其他配套条件缺乏,按照现代审判制度和法律职业主义理念加强独立性和判定契机的举措,在客观上却反倒进一步强化了法官的裁量权,引起了反弹。

司法独立与司法腐败无关

有人质疑,一旦司法独立了,司法腐败会泛滥。有学者做过统计,在司法改革之后,司法腐败案件大量增加了。

司法独立与司法腐败之间是不是有必然的联系?放眼世界,为什么那么多司法独立的国家都没有出现大面积的司法腐败?而中国却出现了,这是不是恰恰说明,司法独立与司法腐败之间没有必然的联系?在中国目前的状况下,要保证司法不腐败,首先是保证司法权力的行使要有规则,在制度设计上要有程序公正的原则,对法官的随意性形成限制。其次,司法独立是以法律人共同体的存在为前提的,法官做判决必须说出自己的理由,这个理由是按照法律原理推演出来的,任何一个训练良好的法官都可以作出这样的决定。如果一个法官任意扭曲,会被同行、律师、法学家迅速地指出来。这不是靠上下级的关系来监督,也不是靠行政权力等外部干预来监督,而是通过法律人共同体内部角色分担来解决。

那么,司法腐败的根源是什么?

在于任意性。法官裁量权越大,越有可能存在着腐败,可以上下其手,才有腐败的余地。提高法官的素质,强化法律人共同体的互相监督机制,所有的判决都公开,才是预防司法腐败的釜底抽薪之举。这些并非不能做到,为什么不去做?法院的判决应该写清理由,要有论证,所有的判决应该公开。还有,中国的律师与法官的比例那么小,跟世界上所有国家是反过来的,为什么不发挥律师的作用啊?

我觉得,司法腐败完全是技术层面上可以解决的问题。你看别的国家,有行政部门的腐败,有议员的腐败,但是很少听到法官的腐败。第一,法官很难腐败,因为所有的判决结果和判决理由都是公开的,而且作为案例永远存在,所有法律界的人都可以去研究它、去推敲它,一旦作弊就意味着被钉在耻辱柱上。有了这种监督机制,司法腐败就没有余地了。第二,法官犯不着腐败,因为他们从社会中遴选出来承担司法活动,社会给了他们相当高的荣誉和良好终身保障待遇,应该都是品格高尚、责任心强的人。即使出于个人利益的考虑,为一点蝇头小利失去优渥待遇和崇高地位也是很不划算的。这样的制度安排决定了他们主观上很不容易产生腐败的动机。如果我们也作出这样的制度安排,司法腐败就会自然而然地减少。

未来的司法改革之路应该怎么走?

纪念建国60周年应该是一个转折点的标志,下一步究竟往哪一个方面发展?走回头路的话,显然是对30年改革成就的一种否定。只能进一步推动改革,要在经济改革逻辑的延长线上继续改革。公平分配如何实现,不同社会群体的表达机制如何形成,就成为新阶段的改革重点。市场化的程度已经很大了。国家应该改变自己的角色定位,不是继续地在市场上扮演一个积极的角色去与民争利,不能既做裁判,又下场踢球。而是要重新界定自己的角色,更加中立、更加客观,要作为一个中立的集团来调解不同的利益集团。既然国家这样来定位,如何保证国家的判决是客观的、公正的,能够使每一个人赢得他应得的份额?在这个意义上来说,司法独立的重要性更加凸显出来了。所以我认为,司法改革应该进入新阶段,我把它命名为"司法改革第三波"。

启动"司法改革第三波"

你的意思是,在新的历史拐点上要推进"司法改革第三波"?

中国的政治体制改革短时间内不会取得重大进展,因为它涉及利益调整。在这种情况下要在维持权力结构稳定的同时向前发展,司法独立尤其应该加强,因为这是权力运作的正当性基础。不管中国现有的法律体系是否完美,任何一级政府、社会团体和个人都承认这个法律体系是反映民意的,是大家都应该遵循的。既然如此,法院按法律行事是理所当然的,如果否认司法独立,就意味着不准备让法院按法律去审判。

中国在很漫长的历史时期内,都是万民在帝王的三尺法下,唯有"王在法上"。

这是一个很大的问题,这样的观念是否适合时代的发展,是否适应改革开放以来已经演变的社会?如果认为这样的一个权力结构与目前的经济关系是可以相洽的,那没有问题。但是我想,只要是理性地考虑一下,绝大部分人的回答都将是否定的。而且随着中国从传统的农业社会迅速转化为工业社会,社会的复杂程度加深,权力渗透到社会的每一个角落。如何制约权力,是一个重要问题。

现在司法改革中的问题,比如说司法效率问题、司法公平问题,都可以通过制度上、技术上的调整解决,解决了这些问题就可以避免司法腐败。民意监督、舆论监督在这个现阶段还是有一定必要性的,但是不能过于强调,否则很容易回到原来轨道上去。法官的裁量权已经比以前大得多了,强制执行力也提高了。只有裁量权增大而没有配套改革,这是第二次司法改革受挫的重要原因。退回去,不仅解决不了这个问题,而且会使问题更大。司法改革第三波不是要否定第二次司法改革,而是要把前两次司法改革要解决的问题都放进来考虑,以一种适当的、合乎法律原理的、合乎法学发展规律的方式来解决,而不是简单地回到过去。

可不可以这样表述:司法改革第三波是在司法改革第二波的延长线上,把第一波和第二波碰到的问题都放进来,重新加以考量,找出问题的原因所在,在这个基础上再来寻求解决问题的方法?

对。第三波司法改革并非以简单的否定方式重新回到第一次司法改革提倡的群众路线。这样做的结果必然会事与愿违,因为原来就已经被放大了的裁量权还是不能得到有效的限制。第三波司法改革的基本目标应该设定为以适当的、有效的方式限制法官行使裁量权的任意性。

问题是以什么方式限制裁量权呢?

这才是核心问题。我的主张是,在司法体系的内部,通过制度性的、技术性的安排稳妥地解决这个问题。一个是坚持程序公正的原则,通过程序公正可以限制法官的自由裁量权。另外,通过法律人共同体形成内部监督。如果没有这些条件,设多少的监督机构都没有用。把各种各样的监督设置撤掉,变成法律人共同体的自我监督机制,这是一个最节约成本的方法。一般来说,监督就是内部监督和外部监督,上级监督和平行监督。从上级监督来看,中国现在是两个审级,不足以监督,要增加一个审级,三审制的监督能力比两审制强,上下级之间的合乎法理的内部监督机制就会出现。

其实这也是个技术问题,只需把两审制变成三审制。

对司法公正的外部监督是很困难的,内部监督更有效。"外行看热闹、内行看门道",外行监督只能有一种道德意味,只能看结果,往往追求一个结果正义,忽视了程序的正义。有当事人之间、公诉人和律师之间的对抗性论战,法官在这个基础上作出判断,同时又有审级制度和判例评释制度,这样的监督才是更有效的,更稳妥的,具有可持续性,而且副作用很小。

外部监督会带来什么弊端呢?例如,为什么民意不可监督司法呢?

就算是外部监督很积极,甚至也可能懂行,但是这种监督很容易给司法施加压力,造成司法不能独立,法律关系不能安定。全国人民代表大会是最高的国家权力机关,它所制定的法律应该是最高的吧,法官依据法律进行司法裁决,就是在遵从民意。如果在具体司法实践中以"民意"干扰司法,不就是意味着否定人民代表大会制度吗？到底听从哪个民意？所以,否定司法独立是完全站不住的。外部监督可以在其他方面监督。民主法治国家当然需要民意对法院的监督,但这种监督不是对具体案件的监督,而是对法官的职能行为和操守进行监督。我们也应如此,比如说人民代表大会可以建立法官弹劾制度,可以在举行全国人民代表大会选举的同时对最高人民法院的法官进行一次民意投票,就会减掉很多的问题。

如果司法改革第三波能够解决这些技术问题,当然是值得期待的。但是,第三波改革能不能解决问题,能解决多少问题,恐怕都很难说。

至少在政治体制改革展开之前,司法独立是更重要的,政权的正当性要靠它来维系。

我们不必过于悲观。按照中国的政治规律来看,即便短时间内看不出来有大动作,点点滴滴的改革也一直在做,即便有时候部分是后退的,也有往前走的,所以不必完全悲观。经济改革进行30年了,应该提出来"下一步怎么走"的问题了,否则的话就真有可能丧失掉历史机遇。主动改革比被动改革好。我认为首先是司法独立,加上违宪审查,这两步做起来,权力架构就变了。另外一个就是预算公开透明化,实现"阳光财政"。如果要司法真正独立了,它就可以限制权力,因为现代化一个很重要的指标就是通过规则来限制权力。公共财政预算案的审议按照宪法和法律规定严格地做下去,不同的利益集团在公开场合按照规则进行博弈的现象就会自然而然地产生,形成"多米诺骨牌"效应。

我们并不是非得需要一个庞大的、巨细全包的改革方案,完全可以在现有的条件下去启动改革？

是的。司法独立和公共财政上容易达成共识,可作为改革突破口。我们要把价值的问题转变成技术的问题,而不是逆向动作。

2009年11月13日

中国司法改革第三波与法社会学研究
—— 限制审判裁量权的客观化机制的探求

法社会学的焦点问题：法律动员与法律职业

法是一套行为规则的体系，也是进行社会控制的框架和装置。"徒法不足以自行"的孟子命题，揭示了规章制度不会自动发挥作用的道理。也就是说，法不是一架自动化机器。只有在当事人积极地启动法律机制、专职人员适当地操作法律手段的前提条件下，法才会具有实效。所以，重视法的实际运行状况的法社会学，必然把研究的焦点对准法律执行过程（特别是审判和院外解纷）以及法律职业群体（特别是法官和代理律师）。

韦伯提出的专职人员裁量权问题

法社会学的创始人之一马克斯·韦伯（Max Weber）早就指出，被称之为法的社会秩序是以物理的或心理的强制为外部保障的；这种强制力由一群专职人员行使，可能带来服从，也可能引起对抗性违反以及相应的制裁。这意味着法不能离开强制力的行使，但法的遵守其实不能完全依靠强制，还牵涉规范的正当性和内在化问题。究竟是带来服从，还是引起对抗性违反,既取决于法的属性,也取决于执法的裁量。在更多的情形下,专职人员行使强制力的裁量权用得好不好,对后果会产生决定性的影响。

基于上述观点,法社会学研究的一项中心任务,就是探求法律执行的客观化机制,以适当地限制法律职业群体的裁量权,确保规范的正当性。就审判而言,就是通过社会科学的各种方法和工具尽量提高判决的合理化、可预测化程度,相应地减少法的主观任意性;或者说按照普遍规则进行客观中立的审判,提高同案同判的公平度,而不是每次都因人而异、基于直觉和具体情境分别作出不同的特殊判断。

从法教义学到概念法学的解决方案

使审判过程更加客观化、合理化,当然不仅仅是法社会学的诉求。传统的法教义学以及法解释学也揭示了防止审判机关滥用裁量权的宗旨。法教义学的实质是要求审判者在不怀疑实证法正当性的状态里,根据作为教义的实证法规范作出判断。这是一种决定论的思维方式。法解释学则具有"向后看"的倾向,遵循既存的规范和先例,并以此为根据进行逻辑推理和论证。所以,在孟德斯鸠(Charles-Louis de Montesquieu)眼里,"国家的法官不过是法律的代言人,不过是一些呆板的人物,既不能缓和法律的威力,也不能缓和法律的严峻"。到了普夫塔(Georg F. Puchta)的概念法学,认为一切具体的结论都被包摄到规范之中,都可以通过三段论推理和精密的概念计算获得,其结果,根据事实和社会背景的裁量空间被压缩到最大限度。

埃利希的"活法"观及其修正

但是,一旦裁量权被否定,法律也就变得僵硬化了,很难在实践中运用自如,也势必与社会脱节。因而法社会学在20世纪初叶的草创阶段特别重视的,是体现在日常的互动关系和有序化机制中的"活法"以及解决纠纷的"审判规范"。例如欧伊根·埃利希(Eugen Ehrlich),就是试图从社会现实寻找法律的源头活水,提倡"自由的法律发现",并把法的本质归结到行动层面的承认和实效性。显而易见,法社会学从一开始就反对法律形式主义。它的形成和发展,与德国的自由法学派(free law school)的勃兴以及美国的法律现实主义(legal realism)思潮相辅相成、互相促进。

然而埃利希的"活法"论始终面临着一种困境。这就是归根结底很难把法律与社会规范区别开来,很难防止法官在通过归纳创制审判规范的过程中滥用裁量权的流弊。赫曼·坎托罗维茨(Hermann Kantorowicz)推动的"自由法运动"以及相应的审判方式改革,把这种困境进一步放大了,或多或少导致对裁量恣意的放纵。

为了防止这样的放纵,**利益法学派**对自由法学派的主张进行了修正,认为法官有必要探究立法时的利益权衡,在这样的前提条件下对法律采取"有思想的服从"态度。换句话说,在立法权的鸟笼里,法官可以享有伸开利益权衡的翅膀的自由。罗斯科·庞德(Roscoe Pound)倡导的社会学的法理学,则强调法治系统工程的思维方式和利益关系的调整作业,试图通过法律理念和原则以及法律技术等结构化的解释学要求来限制法官的裁量,从而使审判的非合理性最小化。无论如何,在这里,基于某种确定的框架和客观认识的利益权衡、调整构成了既容许又限制裁量的机制。

预测判决的社会科学设想

很多法社会学研究者相信,规范以及适用规范的利益权衡也都不能仅从主观意志的层面来理解和把握,而应该归结为外在的、可以感知的事实,当作经验科学的对象,通过可重复性的条件设定和检验来进行预测。因此,例如日本战后"法与社会"运动的旗手川岛武宜所说,法社会学的目标是建立作为科学的实用法学或者"经验法学",在对事实素材和司法行动进行实证分析的基础上预测判决。也就是通过对法律现象的社会科学上的正确认识来把握规范的本质和运作机制,使得法律判断符合客观规律。

由此亦可见,尽管20世纪60年代以前的法社会学非常重视社会现实,竭力冲洗法律的形式主义色彩,但归根结底还是采取某种君临社会的观点。在那里,似乎科学研究的"观察者之目"取代了"上帝之目",可以超然独立、洞察一切真理。有如此炯炯有神的眼力相助,作为第三者的法官就可以正确地发现规范、妥当地进行判断。显然,在那里,依旧存在着理性信仰以及启蒙主义体制的典型表现。与此同时,法社会学与法解释学可以建立某种密切合作的关系,经验研究可以影响实务判断,规范解释可以获得客观根据。

非职业侧面:从法律动员到司法参与

以上论述的是法律职业群体适当操作法律手段的问题。另一方面,从当事人积极启动法律机制,或者说"法律动员"的角度来分析,法律形式主义和法律职业主义都有可能给当事人主张或行使自己的权利、对侵权行为寻求损害赔偿等救济措施带来这样或那样的障碍。尤其是在贫富悬殊较大、有些当事人缺乏法律动员能力的场合,权利主体不能利用审判制度实现其权利,那么权利也就形同虚设,并没有什么实质性的意义。在这个意义上也可以说,法律动员的平等化程度就是社会公正程度的一项重要的评价指标。

法社会学在促进当事人积极启动法律机制方面的重要作用,在20世纪70年代以后欧美的"司法通道"(Access to Justice)运动以及自主的"选择性解纷"(ADR)方式中发挥得淋漓尽致。通过这些司法改革的努力,当事人能够更明确地认识到自己面临的问题是法律性问题,从而根据法律向对方提出请求。站在公民个体的立场上来看,这叫"法律动员"。站在制度整体的立场上来看,这叫"法律的主题化"。站在促进积极利用司法制度以及自主解决纠纷的有目的运动的立场上来看,这叫"司法参与"。无论如何,当事人之间的围绕裁量权的互动关系因而得以发展,并且被深深嵌入审判过程之中。

相互主观的动态和客观性结构

法官的裁量,再加上当事人的自主交涉以及法官与当事人之间的沟通,在审判过程中形成了主观与主观相交错、相碰撞的局面。这里很容易呈现创造性混沌。这里很难进行线性的推理和还原主义的概念计算。这里会形成环境保护政策、嫌烟权以及保护隐私和自主决定的规范,但却无法完全采取所谓包摄技术——把要件和效果严格对应起来的包摄技术——进行法律关系的处理。主观对主观,势必造成一种非常相对化的事态,没有确定的客观性根据可言。

但是,在这种相互主观的动态中能否也出现某种客观化的效果呢?这正是法社会学应该探讨,也大有可为的问题。司法的解释学(juristic hermeneutics)已经揭示了这样的可能性,如果使法律解释的焦点转移到法律文本自身以及文本与文本之间的关系,那么解释行为是可以客观化的。因为这些都是不以立法者或其他机关的主观意志为转移的"客观性结构"。博弈理论也证实,相互主观的判断在反复互动的过程中会形成规则和可预测性。在审判以及院外解纷过程中形成的互动关系本身即一种客观性结构,可以被普遍体验,可以在反思中社会化。通过沟通、理解的媒介作用,其中各种力量对比的变化、裁量权的行使方式等也是可以预测的。法社会学有必要研究有关连锁反应的机制,并围绕如何通过这种机制来限制个别裁量权的问题进行制度设计。

在法社会学视野里的中国司法改革

以法社会学,尤其是关于法律动员和法律职业的司法社会学的上述演化过程为背景,考察中国现代法律秩序形成和维持的实际状况,特别是如何克服滥用裁量权的弊端以及相应的司法腐败,可以获得一些新的认识,对今后深化司法改革的举措也不无助益。

众所周知,中华人民共和国成立后曾经进行过两次大规模的司法改革。第一次是在20世纪50年代初由董必武主导的司法改革,在废除从现代西欧移植的六法全书汇纂(Pandekten)体系的基础上,刷新审判机关,排除职业法律人,采取群众路线和政策思维方式。这种反对法律形式主义的运动,与20世纪初叶德国的自由法学派的勃兴,法国的无视法典、判例乃至学说进行公断的"马尼奥现象"(le Phénoméne Magnaud),美国的现实主义(特别是其中的规则怀疑主义)思潮相映成趣。其结果,作为规范本质的确定性侧面遭到忽视,在群众路线的名义下,审判者的裁量权实际上被大幅度扩张了。

第二次司法改革是从20世纪90年代中期开始由萧扬主导的,基于法与社会发展的客观需要,回应时代的呼声,在很大程度上含有否定第一次司法改革的成分。其目标瞄准司法权的合理化、现代化。在人事路线上则表现为职业化、精英化；在制度设计上则表现为提高审判的效率，加强判决的执行力；在理论上则或多或少有些概念法学的色彩。然而，由于社会上程序正义观念很薄弱，法解释共同体尚未形成，加上其他配套条件的缺乏，按照现代审判制度和法律职业主义理念加强独立性和判定契机的举措，在客观上却反倒进一步强化了法官的裁量权，结果引起了来自不同方面的强烈反弹。

迎接中国司法改革第三波：限制裁量权

在这样的背景下，中国的一个自然而然的选择就是酝酿第三波司法改革。它的基本目标应该设定为以适当的、有效的方式限制法官行使裁量权的任意性。需要强调的是，第三波司法改革并非以简单的否定方式重新回到第一次司法改革提倡的群众路线。这样做的结果必然会事与愿违，因为原来就已经被放大了的裁量权还是不能得到有效的限制。在一定程度上，公民的司法参与的确有利于限制法官的自由心证。但是，这种限制裁量权的方式只有在司法参与和程序正义、当事人对抗主义等制度化条件密切结合在一起时才能避免被曲解、被篡改的结局。

第三波司法改革首先必须面对这样的现实：在日益复杂化、动态化的当代社会，法院造法的现象日益显著，判例和司法解释已经具有创制规范、权利以及政策的强大功能。与此相对应，法官的裁量权也日益增大，而传统的内部行政性审查和群众路线不足以解决新时代呈现的各种问题，怎样采取制度化方式适当地、有效地限制判决的恣意性成为法学领域的重大课题。

极端、中庸以及矫正的不同取向

赫伯特·哈特（H. L. A. Hart）的司法裁量学说曾经指出，法律体系具有两面性，即"确定的核心"（core of certainty）与"疑问的半影"（penumbra of doubt）通常是并存的。对法律规范的正确理解和适用则处于这两者之间，为此需要在这两者之间进行解释和利益权衡。但纵览20世纪的法学发展史，可以说德国概念法学是轻视了"疑问的半影"，而美国现实主义法学则轻视了"确定的核心",各持一端。现在中国的法学理论存在着与美国法律现实主义类似的问题,甚至走得更远。

因此,目前中国法学、特别是法解释学发展的方向应该是发现和适当安顿那个"确定的核心",并使之与法的认知性侧面以及反思机制相协调。在这个意义上,法社会学在中国发展,一项重要任务就是为法解释学体系奠定坚实的、可靠的客观性基础,以限制专职人员滥用裁量权的行为以及社会失范现象,进而提高判决和法律的可预测程度和正确解答率。但是,迄今为止许多号称法社会学的研究,实际上却类似心性之学,甚至提出为主观任意张目的种种论调。这些主张自我标榜"理论创新",其实只不过是跟在欧美对概念法学以及全面法制化进行矫枉过正的思潮后面亦步亦趋。

也要摒弃绝对客观主义的幻想

另一方面,在中国司法实践中,也可以看到为了确保规范的遵守而继续采取从形式上排除裁量权的做法。例如推广电脑量刑就是很典型的实例。这是一种绝对客观主义的思路,不仅脱离现实,也会带来一系列负面影响。其结果,上诉制度将失去存在的意义,就连法解释学的发展也势必受到压抑。把客观性绝对化到如此程度,就会反过来导致一种极端的法律形式主义和僵化的决定论思维,这与法社会学的本质属性也是格格不入的。

在考虑中国的第三波司法改革与法社会学之间关系时,我们既不能跟在法治发达国家的后面一窝蜂地追逐那个"疑问的半影",也不能滑到另一个极端,寻求绝对客观主义的审判模式。应该在承认审判过程存在主观性的前提条件下,致力于为正当的决定奠定客观性基础。即使我们同意日本学者来栖三郎的观点,承认判决是复数的主观意志相互作用的结果、法律不存在唯一正确的解答,也还是有必要坚持这样的信念:法社会学应该探求的是在主观的相互调整之中如何形成客观化效应的问题以及有关的机制设计。

中国法社会学研究的当前任务

既然第三波司法改革的主要目的是以适当的方式限制裁量权,为此应该把司法参与和程序正义、当事人对抗主义等制度条件结合起来,那么我们就应该从法社会学的不同专攻领域和认识论角度探讨在中国社会理想的对话环境如何形成的问题,并注重法庭内外、法律人与一般公民之间的沟通行为和互动机制,聚焦于"合乎事理的程序设计"与"合乎伦理的议论规则"这两个可操作性的关键问题。只有这样才能在主观与主观的相互作用中逐步形成和发展某种客观化的效果或者客观性结构,反过来用这种动态结构来限制个别裁量权。

总而言之,真正的法律规范是通过判决体现出来的。至少在一般公民眼里,审判就是日常的、活生生的法。就社会主义法治国家的建构而言,如何定位司法权更是一个非常关键的问题。尽管近几年来法院体制改革的目标和举措有所整顿,因此引发了颇为激烈的争论,但无论如何,在今后相当长的一段时期内,对司法制度及其发展方向的深层次研究仍然是法学界的中心任务和最根本性的课题。中国的法社会学应该把审判裁量权的行使和限制作为主攻方向之一,为正蓄势待发的第三波司法改革进行理论建构上的、制度设计上的、技术手段上的各种准备。

2009 年 9 月 13 日

审判的推理与裁量权*

在这里与大家谈谈如何妥善行使和限制审判裁量权的问题,主要涉及法律解释学上的推理,也兼顾参与式的商谈和论证活动。这是司法制度研究的基本问题。

司法的独立、腐败以及监督之间的关系

我们都知道,司法对于法学研究来说是一个非常重要的问题。尤其是在中国这样的权力结构中,司法权的重新定位,可以说是政治转型或者说渐进式改革的一个非常重要的突破口和着力点。没有司法独立,就没有法治,也不可能有稳定的、健全的民主。尤其是在集权化程度仍然很高的现阶段,为了防止由此产生的流弊愈演愈烈,为了加强国家秩序的合理性,必须通过司法独立为政府提供充分的正当化根据。但是,令人遗憾的是,中国的司法改革在这两年陷入了停滞,制度变迁的方向有些游移不定。

---

* 本文根据作者2009年11月8日在中山大学法学院复办三十周年庆典学术讲座"审判的推理与裁量权"上的发言的录音整理而成(整理人为中山大学青年法学社学术部黄沐墅同学)。原载《中山大学法律评论》第8卷第1辑,中山大学出版社2010年版。

妨碍司法改革进程的一个很重要的理由,就是司法腐败。有些人认为是司法独立导致了司法腐败,所以中国面临的最大问题不是司法缺乏尊重,而是司法缺乏监督。基于这样的认识,司法改革踏步甚至拐弯的过程中有一个很突出的做法,就是大力加强对司法权的监督。在一般群众看来,司法腐败、司法不公确实是较为突出的问题,他们会觉得对司法权加强监督的理由似乎是比较充分的。但是,中国什么时候缺乏过监督?问题是再严厉的监督,再叠床架屋的监督,也都没有获得预期的效果。为什么?

另外,民主化的诉求也对司法改革转向有影响。把民意直接反映到司法过程中去,是一个非常重要的理由。在社会现代化的层面上,民主话语和法治话语本来是并行不悖、相洽无碍的。但现在我们看到某种奇特的现象,两者之间似乎出现了隔阂甚至对立。以民主的名义否定法治的某些基本原理,以司法公正的名义否定司法独立原则。本来司法独立是用来保障司法公正、防止司法腐败的,在目前的中国,司法独立本身却被很奇特地当成污染之源。总而言之,在这里,民主话语成为扭转司法改革进程的另一个主要理由。

以上两个理由是不是完全不能成立呢?回答是否定的。我们应该承认,从中国的实际情况来看,确实有司法权被滥用的问题,因此提出司法监督和司法参与并非没有道理。但是,真理再往前走一步也可能就变成谬误。如果因为审判人员的渎职行为而否定司法独立原则本身,那就很荒唐了。这是两个完全不同层面的问题。尤其是不能在司法独立与司法腐败之间画等号。所有标榜法治的国家,都是强调司法独立的,但在那里,并没有看到司法腐败蔓延,恰恰相反,与任何其他权力部门相比较,审判机关是最廉洁的、享有最高的职业威信。为什么在其他国家,司法独立总是防止司法腐败的利器,偏偏在我们这里,司法独立反倒成了司法腐败的催化剂呢?这个中国特色问题的确很值得推敲。

作为关键的审判裁量权

在这里不谈权力结构,不谈意识形态,不谈政治因素的影响,只想探讨一下司法独立的某些基本条件,也探讨一下怎样才能不给司法腐败留下隙缝的制度设计和制度运作上的具体问题。在我看来,解决问题的关键是审判裁量权。也就是说,在法治国家的框架中,在司法独立原则之下,怎样才能适当地、有效地限制审判裁量权,这对防止司法腐败、确保司法公正具有重要的意义。什么叫适当?纠偏而不扭曲法理,这就是我说的适当。什么叫有效?不仅停留在一时的治标效果上,而能达到治本的目标,这就是我说的有效。为此,我们首先需要对有关的问题进行梳理。

当我们重新审视乃至重新定位审判裁量权之际,首先会注意到法院在审判过程中难免要创制规范的现实。即使在成文法体制下,规定有限,情节无穷,再怎么强调审判人员严格依法办案,也难免要面对不得不从事实出发进行适当判断的场合,从而也就难免会对规范有所变通、有所创造。另外,无论是在成文法体制下还是在判例法体制下,审判案件和创制规范都是以法庭上的陈述、辩驳、说服等程序内沟通为前提的,语言文字上的论证和修辞起着决定性作用。与此相应,还必须注重法律人与当事人在思考和表达上的不同,正确认识法律推理方式的特征。法律推理、法解释学以及法庭里、程序内沟通的活动,这就是我们限制审判裁量权的主要出发点。

法律职业的独特思维方式

众所周知,对于现代法治国家的制度设计,作为秩序担纲者的法律职业非常重要,其思维方式主要有三大特征。首先就是倾向于"向后看",着眼于过去的事实,立足于解决过去发生的纠纷。当然,审判者并非完全不考虑一个判决对今后的影响,但他主要不是为了今后的影响而作出对某一案件的判决。审判者的行为受既定条件的制约,目的和政策的考量、规范的创制并不是他的分内职责。总的来说,在社会运行的整体机制中,审判机构主要起着一种"刹车"的作用,更像国家机器的一个安全阀或者合法性过滤器。审判者不应采取一种过于积极有为的思维方式。

其次,法律职业的思维方式还有要求黑白分明、是非分明的特征,不含糊,尽量不容许妥协。这种特征对权利义务关系的确定化很重要,有些卫道士的色彩。

还有一个特征,法律人的思维方式对论证的要求特别高,任何结论都要给出充分的理由和根据,要有说服力。在论证过程中,职业法律家一般都是采取三段论的推理方式。跟这种思维方式相关的一种理论的抽象建构就是法教义学,即审判者一般在不怀疑实证法的前提下,以一种教条主义的态度,来对实证法规范进行适用,根据它得出结论。现代法治在基本形态上始终有些教义学特征。当然,论证显然不能限于三段论推理和概念来概念去的抽象演绎。

对职业法律人的上述思维方式,存在着这样或那样的批评。比如说,"向后看"的思维方式过分拘泥于过去的事实、过去的问题,有可能会妨碍法律的一个重要特征——合目的性。法律本身必然具有目的性,而"向前看"的思维方式更有利于合目的性的实现。另外,解决当下的问题往往需要调整,需要妥协,因此两项对立、是非分明的思维方式或许需要进行一些修正。但从法理学的角度,对这类批评也能提出有力的反批评。例如,通过法律解释也可以使法律思维方式具有相当的弹性、理由论证之际也可以斟酌实质性正义的诉求,等等。

在现代法学展示的审判思维方式中,我们还应该注意的是潘德克吞法学体系的框架。它构成普赫塔(George F. Puchta)概念法学的基本内容。概念法学反映的恰好是法教义学的最根本的特征,比如说逻辑至上主义,主要表现在三个方面,即三段论推理、规范包摄技术以及概念计算。所有案件所涉及的所有事实问题都可以包摄到法律条文中去,并可以在精确定义法律概念的基础上进行概念计算,使事实问题的判断和解决更精确、更妥当。这是一个逻辑推理的过程,法律适用是大前提,事实认定提供小前提,结论都预设在法律体系之中,可以逐一推演出来。在这里,严密的逻辑和抽象概念的精美得到强调,但实用性和社会生活的背景没有得到充分的关注。然而我们知道,进入 20 世纪之后,社会越来越复杂化,社会变动越来越快,上述静态的、抽象的法律思维方式和制度设计与现实有些不相符合,出现了隔阂。

对法教义学的批判与修正

作为对这样一种社会变迁和新问题的回应,在欧洲的一些主要国家,曾经出现了修正法教义学的思想动向。比如说在德国,批判概念法学的自由法学派应运而起。其渊源在埃利希的法社会学。埃利希的理论强调国法之外的"活法",强调法官在审判过程中对法律规范的发现功能。为了使法教义学意义上的规范相对化,他提出了注重事实关系和正义概念的命题,试图通过对事实的客观认识以及围绕正义的议论来发展法律规范的内容。埃利希的"活法"论是20世纪初叶的重要思想动向,对美国的法律现实主义的抬头也曾经起到推波助澜的作用。这种思想反映到德国司法实践中去,就是赫曼·坎托罗维茨(Hermann Kantorowicz)的自由法学运动,让法官临机应变,根据案件的事实自由决定审判规范。但是,一旦审判本身可以决定法律的实质性内容,就很容易导致判决为法官的主观任意性所左右的偏颇。为了防止这种偏颇,出现了修正的修正,例如利益法学的兴起,提倡法官在审理案件时探讨立法者的利益权衡,对法律采取"有思想的服从"的态度。也就是说法官按照一定的尺度和方法对不同利益进行权衡考量,把主观与客观结合起来。无论是自由法学派,还是利益法学派,都是要对严格遵守法律规范的法教义学的态度进行某种程度的修正。

在法国,我们可以看到更加极端化的动向,即所谓"马尼奥现象"(le Phénoméne Magnaud)。在拿破仑法典公布之后,经过一段时间的实践,大家发现社会现实与法律规定的内容之间存在一定的距离,规范不一定符合人们的公正感。正是在这样的背景下,巴黎高等法院的审判长马尼奥采取自由裁量的做法,离开法条、判例甚至学说进行审判,锄强扶弱。他的判决直接反映了群众的感情,引起了不少的喝彩,在当时一度产生过很大的影响,但后来的学界评价和社会评价却不高。另外,在美国,我们也可以看到对法律形式化的批判,例如强调经验和法律的工具性的有关思想动向,对法教义学进行了这样或那样的修正。

从这样宏观、国际比较的视角来考察中国曾经出现过的问题,当会采取一种更加相对化的立场,也会得出一种更加公允的结论。在中国接受西方现代法典之后的很长一段时期内,社会基础并没有发生本质性的变化,所以,新的现代法律体系并没有渗透到社会当中去。以此为背景,在革命根据地就出现了更加重视群众意见而不是法理的马锡五审判方式。马锡五本人曾经提出过一句著名的口号,即"比法律更强有力的是群众意见",非常典型地表述了这个新型司法模式的本质。一般而言,在对法教义学的原理进行修正时,强调的因素有事实关系,有社会背景,有实用性,有经验,还有群众满意度。尤其在强调群众感觉这一点上,马锡五与马尼奥有着明显的共通性。二马都是根据民众的公正感和偏好,在法律之外酌情决定、锄强扶弱。在这样一个可以与西方的思想潮流进行比较的分析框架下,对中国出现的一些问题进行重新认识和重新定位,我们可以看到两种倾向"似曾相识燕归来",即法教义学与自由法学之间的对立和较量。为了更加准确地理解争论的焦点,找到解决问题的线索,不妨对法学主流理论的有关主张再进行一番考察和思索。

关于审判裁量的学说

首先,让我们特别关注一下哈特关于审判裁量的学说。其中强调了规则的两重性,即一方面具有"确定的核心"(core of certainty),另一方面又保留着"疑问的半影"(penumbra of doubt)。可以说,任何一种规则都存在这样的两重性。但是,德国的概念法学只强调了法律的确定性这一个侧面,忽视了法律实际上存在的不确定性。而现实主义法学正好相反,只强调不确定性,把不确定性作为法学研究的出发点,而轻视了那个"确定的核心"。两者各持一端,都有偏颇。按照哈特的观点,实际上这两个方面都是应该兼顾的,要在这两者之间通过规则的解释找出规范的正确解答来。这是一个非常重要的观点。正是在这样的过程中,法律会形成某种适当开放性的结构,在开阖之间会产生出裁量的余地,而这种裁量又必须受到解释学上的限制。只有这样,法律才能在与现实保持一种对应关系的同时,也保持自己的独立性和自我完结性。

既然必须在"确定的核心"与"疑问的半影"之间寻找规范的真理或者正确解答,既然这样寻找真理的过程主要表现为规则的解释,那我们就要探讨一下法解释学究竟具有什么样的特征和内容。在这里,我们可以发现法律解释其实就是由法律推理的不同形式构成的。在进行演绎、归纳、假定、类比、逆转等基本的概念操作之际,最重要的是法官通过解释来发现法律规范和创造法律规范。也就是说,法律解释的本质是把经过证明的事实与经过解释的规范联系在一起,得出经得起正当性检验的妥当结论。在这里,所谓事实,实际上是一种作为法律拟制的事实,并不一定是真实存在的事实;所谓规范,是经过解释了的规范,并不一定是原封不动的规范。指出这一点非常重要。无论事实认定,还是规范适用,都因这样的属性而保留着裁量的契机,因而带有相当程度的主观性,问题是怎样清醒地认识和适当地限制这类主观性。应该承认,审判者在通过解释来发现规范、创造规范的过程中,可以行使自由裁量权,也就可以进行政策性思考,因此他的立场必然可以很接近立法者的立场。由此可见,在讨论如何定位或限制审判的裁量权的场合,法律解释中的政策性思考就是问题的核心所在。

区别原则性思考与政策性思考

在这个方面,德沃金的思路是把原则性思考与政策性思考区别开来,在立法领域侧重政策,在司法领域坚持原则。什么叫原则?原则就是关于权利的主张。他曾经提出过一系列命题来说明政策性思维与原则性思维的不同。在他看来,法律本身是一个整体,体现某种完美无缺的整合性,所以法律解释就像连载小说那样,不断在规范的逻辑结构中推演和展开,但始终与这个结构本身保持一种密切的联系和自洽性。在这样的思想框架下,德沃金对规则与原则、原则与政策进行了概念上的区分和界定。特别是在原则与政策的关系上,德沃金给出了明确的划分标准,即原则确定价值,政策确定目标;原则描述权利,政策斟酌手段;原则虽然有不同的权重,但更多地强调非政治化的立场和价值规范,而政策却承认妥协和政治化思维方式。我们从中可以看到普世主义价值取向的思维方式与侧重"目的—手段"对应关系的思维方式之间的对立或者紧张关系。用基于权利的原则性思维来容许同时又限制审判裁量权,这就是德沃金给我们的启示。

德沃金特别重视的是对疑难案件(大致相当于哈特所说的那个"疑问的半影")的处理,因为在这里审判裁量权是特别必要的,也是很容易遭到滥用的。德沃金认为在处理疑难案件之际,应该包容不同的道德主张,但无论如何法官应该运用原则而不是政策去处理疑难案件。在他看来,采取原则性思维方式的落脚点在于规则的解释,甚至可以说法律就是解释。德沃金的法解释论主要由权利命题、原则命题以及正确解答命题这三部分构成。所谓权利命题是指司法判断必须以个人权利为基础和出发点,把权利当作审判的王牌。所谓原则命题,就是把原则理解为关于权利的主张。所谓正确解答命题,意味着法官即使在处理疑难案件的时候也应该追求唯一或单一的正确解答,不能模棱两可、苟且附和。

审判的主观性、客观性以及主观间性

那么,审判能不能总是得出唯一正确解答呢?对这个问题法学界存在不同的看法。让我们以日本战后的法解释学论争为例来说明这一点。在第二次世界大战结束后,日本进行社会变革,推动了法制的民主化,从原来等级性很强的结构转变成更强调公民权利、更强调民主的平面化结构。在这样的社会背景下,法律思维也发生了很多变化。战前尽管有埃利希"活法"论的译介,有末弘严太郎的判例研究运动,但法教义学的思维方式一直占压倒优势。但在战后,这样的格局发生了变化。最突出的表现是1953年来栖三郎教授发表的学术报告。这篇报告篇幅并不很长,观点也并不复杂,但产生了非常强大的冲击力。来栖三郎教授在报告中提出的一个主要观点,就是法律并没有唯一正确的回答,实际上判决是多数人的主观意志相互作用的结果。这个主张与过去法学理论中的一些基本前提、基本预设是完全不同的,所以引起了轩然大波。

针对这一挑战,主流学者继续坚持现代法教义学的基本立场,而另外一些学者则开始了重新确立司法客观性的基础的理论作业。后者的典型是1958年东京大学法学院川岛武宜教授出版的著作,在这本书里他提出了"作为科学的法律学"的口号,试图建构某种以预测判决为己任的理论体系。一般而言,当社会更强调市民之间的对等关系和平面化结构时,各种各样的价值观和利益诉求都会呈现出来。在这样的状况下,有些不同的价值观,比如生存权与自由权,很有可能同时成为社会焦点,都有可能在法律上加以正当化,很难作出取舍的抉择,很难说存在唯一正确的解答。在这样的状况下,如何使不同价值观的冲突和矛盾得到客观公正的处理或解决,就成为司法领域的一个非常重要的问题。因此在20世纪50年代,日本法学界一个值得重视的倾向就是试图通过科学的方法来为判决奠定客观性基础,从科学的角度来把握规范。比较极端的学术倾向就像盖戈(Theodor Geiger)所提倡的那样,"把法律学的内容符号化,以一种数理的方式来进行推演"。

到了20世纪60年代,在现代法学的压倒性影响下,强调法教义学的倾向与强调作为科学的法学的倾向结合起来,最后以实用的市民法学这样一种方式成为法解释学的主流。后来,这样的法解释学争论继续表现为各种版本的利益考量(衡量)论主张。东京大学两位民法教授加藤一郎和星野英一分别从不同的角度提出了对社会中的不同利益诉求进行考量并把这种考量纳入法律解释之中的处理方式。利益考量难免夹带着一些政策的成分。在这样的延长线上,还有平井宜雄教授从法政策学、特别是公正与效率的角度来重新考虑审判和规则解释问题的主张。到80年代之后,把市民的诉求通过议论或商谈的方式反映到司法过程中去,成为一种很有影响力的主张。在这里,政策的契机淡化了,而权利主张的契机得到强化。例如京都大学法学院的田中成明教授提出作为"市民论坛"的审判观。在这里我们可以看到,50年代的日本法解释学论争,从强调主观性到追求客观性,再到把主观性的利益考量通过某种制度安排反映到司法过程中去这样一种基本的变化过程。

中国现行法律解释体制的严重缺陷

以上我简单地描述了一下现代法解释学演变的主要线索和最基本的问题状况。现在,让我们再来看一下中国的法律解释体制的基本状况和特征,从中发现问题以及解决问题的方法。在我国现行法律解释体制下,存在着立法解释、司法解释以及行政解释等不同类型,它们之间的关系非常特殊。司法解释分别由最高人民法院和最高人民检察院作出,在司法解释发生矛盾的场合,由立法解释来一锤定音。当地方政府以及中央部门的行政规则之间发生冲突时,地方法院就不必说了,连最高法院也没有资格对各种行政规则的当否作出判断。碰到行政规则的矛盾,需要进行解释时,地方法院不得不把问题提交到最高法院,最高法院本身并不能作出决定,还需要提交国务院,通过行政解释的方式进行决定。

这就是中国目前法律解释体制的一个基本状况。这里实际上并没有真正的解释和相应的不断整合化的作业,只有不断细则化的规则创制。在这样的结构中可以看到,现代法学中的司法解释优越于行政解释的原则在中国是不成立的,因为行政解释无非是行政立法权的一种表现形态。另外,司法解释上的大多数问题也都会转化到立法行为,包括行政规则制定行为这样的层面上去处理。何况司法解释的制定本身也具有立法的特征,具有政策的特征,有些内容本身就是政策的明文化。当司法解释之间发生冲突时,并不是通过法解释学的技术来消除冲突,而是通过立法解释,实际上也是通过立法权的行使来解决的。所以,中国并没有为法解释学留出多少发展空间,在审判过程中规则解释所占的比重非常小。

由此可见,我们所面对的问题状况跟欧美各国有着一定的对应关系,司法制度变迁的某些现象(例如审判裁量权的扩大和司法参与)并不完全取决于政治权力或体制。但在中国目前的制度架构下,妥当解决主观性问题的方式是匮乏的,特别是采取法律共同体内部的技术手段(例如法理意义上的条文解释和判例评释等)来解决问题的通路基本上被截断了。其结果,一方面我们很难在制度上有效地限制审判裁量权,另一方面我们又在不断地通过非常极端的方式、通过来自外部的权力干预方式对审判裁量权不断进行这样或那样的限制。

对审判裁量权的不同制约方式

20世纪90年代的司法改革,虽然也有意通过职业化和强调程序正义等途径来规范审判,但因为配套条件不具备而未能达到它的预期目的。我们看到的只是在强调判决的口号下,法官的裁量权被进一步扩大。在中国原有的制度架构中,强调当事人的承认,强调社会的理解,这对权力也有某种制约作用。但是,这种制约对法律本身的运作机制是有伤害的,何况在改革当中这种制约被削弱后新的制约机制并没有形成或者运作起来。正是在这样的背景下,出现了把司法独立与司法腐败直接联系起来的论调。今天,在这里,我要强调的是司法腐败并非因司法独立而蔓延,而是因为审判裁量权没有得到适当的、有效的限制而蔓延。限制审判裁量权,并不等于仅仅加强对司法的监督,更不等于否定司法独立原则。我们应该深入探讨的其实是如何在法律共同体的内部来妥善解决这个问题。

众所周知,在现代法治秩序确立的初期阶段,根据人民主权的原则,需要强调法律是人民意志的体现,在司法权与立法权的关系上强调立法权的优越性,强调法官必须严格遵守法律。在这个意义上,民主与法治是完全统一的。所以孟德斯鸠主张"国家法官只不过是法律的代言人,不过是些呆板的人物"。韦伯也说过,"法官其实相当于一架自动售货机"。这种严格遵守法律的法官形象之所以广为流传,与前面所说的法教义学是密切联系在一起的,也与民主立法的制度变迁是密切联系在一起的。

但在司法实践中,其实很难完全按照这样的角色定义来要求审判人员。法官面对具体的案情,必须对规则进行解释,也必然会行使裁量权。这时对裁量权的限制主要有两种方式。一种是对裁量权进行程序上的限制。20世纪50年代以来在哈佛大学法学院流行的一本教科书,题为《法律的过程》。这个过程法学就强调通过程序限制裁量权的观点,还有卢曼提出的通过程序的正统化命题等等,我们都可以看到这样一种倾向。另外一种就是把与程序限制密切相关的当事人对抗主义彻底化,以当事人处分权来限制审判官裁量权。抗辩制与纠问制之间的根本区别,在于前者使审判过程可视化,打开了心证的黑箱。也就是说,可以使法官的裁量权不断处在多数人视线的监督之下。

法制现代化过程中的当事人主义陷阱

当事人对抗主义发展到极端,就是纯粹的当事人主义,可以看到一切取决于当事人同意的倾向。换言之,随着权利意识的增加,社会更多地强调个人的差异和要求,这时会出现一种把当事人对抗主义彻底化、强调当事人自决权的倾向,这种当事人主义彻底化的倾向反过来又与调解等非职业化的审判方式的提倡短路联结,使得问题状况变得极其复杂。我们不得不面对这个悖论。这是法律的现代性的一个陷阱。当事人对抗主义是在现代法治框架之内的制度安排。但在一定条件下,它有可能被推到极端,变成当事人的承认决定一切,而法律算不了什么,这就导致对法律现代性的否定。当事人主义与强调自由选择、强调市场等思想倾向结合在一起,导致现代法治的解构,把中国改革的问题状况弄得极其复杂。

现代法治为良好的市场提供了非市场性的基础,为健全的自由提供了不自由的基础。当市场性或自由过度膨胀,就会导致这个非市场性的、不自由的法治基础的瓦解,反过来也会扭曲市场机制和自由的条件。现在司法改革就碰到了这样的尴尬。法官竞争上岗、在审判机构中导入市场原理、强调大调解和群众意见,在某种意义上就是过激化的现代性增值,反过来打破了现代性的制度均衡。在这样的状况下,我们来推动法律制度的现代化就会遭遇一些特殊的困难,因此我们在理论上就需要创新,要把这种过激化的舆论以及后现代化、后产业化时代的知识时髦也都纳入视野之中加以考察和处理,只有这样才能解决中国社会转型的复杂性难题。

怎样走出限制裁量权的中国怪圈?

回过头来再看审判裁量权问题,中国司法的现状是,一方面法官的裁量权很大,另一方面对这个裁量权的限制是采取舆论监督的方式,两者之间其实存在某种互相促进的关系,没有一个可以客观化的、稳定的框架作为调节器。我们还可以看到另外一方面,就是试图完全否定裁量,例如电脑量刑的尝试。也就是说,在中国的司法改革中出现了这样的逻辑,要么把裁量权完全否定掉,以像电脑量刑那样非常机械化的手段来确保审判符合法律,要么通过外部的权力干预或者舆论监督来任意制约裁量权,结果却使裁量权以另一种形态再生。到目前为止,我们一直都是在这样的怪圈里处理审判裁量权问题,而程序和推理或法解释学在限制裁量权方面的作用是非常有限的。

现在我们应该强调,限制审判裁量权完全可以采取不同的制度设计,其中法律解释学和判例研究的发展对于解决现实问题具有重要的意义。也就是要通过法律共同体的相互制约机制来防止司法腐败。与法教义学的立场截然不同,20世纪60年代以来的德国法理学对法律解释学本身也采取了一种解释学的方法来加以认识,以理解和说明其背后的含义,把握法律规范与社会现实之间的互动关系。另外,20世纪80年代美国理论出现了一个解释性转换,就是作者的权威相对化,就是把关注的焦点聚集到文本自身。如果仅就法律现象而言,也就是把法律学的重点从立法转向司法,强调文本的那种不以作者意志为转移的客观性结构。就好比《红楼梦》的续作,我们可以看到后四十回有各种各样的写法,但大家之所以认可高鹗的后四十回写法,因为它比较符合曹雪芹的原意,也因为《红楼梦》前八十回的人物和情节的关系已经形成了一个客观性结构。也许续作者的解释不一定就是曹雪芹的本意,但是我们通过文本与文本之间的关系,还是可以找到一种客观存在的结构作为判断、评价的标准。此外还应该强调法律解释共同体的概念,强调法学家的共同语言、共同思维方式对个别裁量权的限制,也就是要在主观与主观之间寻求一种客观化机制,通过这种方式来限制审判裁量权。

在这里我们碰到的问题还有如何处理民意与法律共同体之间的关系?这个问题在目前的中国已经凸显出来了,我们应该如何回应?按照现代法治国家的理论,人民享有主权、人民的意志表现为法律,因此只要法官严格遵守法律,就等于充分尊重民意。但是,只强调这一点还是无法回应法教义学曾经面临的那些挑战。鉴于这样的情形,还有必要介绍一下哈贝马斯关于论证性商谈理论的主要观点,作为我们顺利脱离目前法学迷魂阵的线索。

法律沟通理论的启示

哈贝马斯跟我前面所介绍的那种法学的解释性转换,即把注意的焦点转移到文本的客观结构上的主张不一样,他又进了一步,把焦点又从文本转移到作者与读者之间或者读者与读者之间的沟通行为上。哈贝马斯的主张是有一个理论预设的,这就是规范的真理性可以由合意来决定。当然,我们知道理论上也存在另外一种假设,即合意未必产生真理性。这当然是民主色彩很浓的理论预设。但是,在哈贝马斯看来,这种合意的达成并不是一个简单的多数决定过程,而是首先要通过充分的论证。他特意强调的这种论证工作,恰好反映了法学家的思维方式。所以,在某种意义上哈贝马斯的理论是非常法律化的。虽然他一直采取社会批判理论的立场,也很强调民主政治的侧面,但他的论证伦理学和程序主义民主理论所展示的思维方式,非常符合职业法律家的思维方式。哈贝马斯认为,要通过沟通达成真理的合意,需要为此设置一个理想的对话环境。沟通行为需要某种制度条件,包括程序和论证这两个基本因素。这也意味着我们可以在法庭的沟通活动中通过公正程序和理性论证的制度安排和技术操作来对审判的裁量权进行限制。

这种法律沟通理论与法教义学的区别在哪里?简单地说,就是多元与一元的区别、概率论与决定论的区别。我们知道,法教义学就是绝对主义的思维方式,强调唯一正确的解答,强调可还原性。但是,在20世纪后期以来,随着社会的多元化、复杂化、动态化,尤其是在全球化这样的背景下,不同价值观和利益诉求的差异以空前的规模并存在一起,这时候,以民族国家为前提的、绝对主义的法治框架面临严峻的挑战。正是以上述非常相对化的状况为背景,哈贝马斯提出了一个多元性、复杂性、动态性的法律沟通模式,通过议论和商谈的过程,通过程序和论证来把各种各样的价值主张和利益诉求与法律规范的内容进行整合,把多元与一元、概率论与决定论等对立面统一起来。这是他的一个非常重要的观点,用法律沟通模式来取代法律教义模式。在沟通活动中起重要作用的是市民们的权利主张,而不是当局的政策判断。

在这里,有人或许会提出疑问,以多元价值观和个人自由为前提建构公共空间正是现代宪政的基本贡献,哈贝马斯的理论创新意义在哪里?的确,现代法治秩序或者宪政的制度设计以严格区别公法与私法的方式处理了多元与一元、概率论与决定论的关系。也就是说,在私法领域容许个人持有不同的价值观、享受充分的自由,但在公法领域,在涉及公共事务的场合,个人必须遵守法律、服从多数人的决定。通过私人事务与公共事务的区别,可以兼顾自由与法治这两个方面,克服内在的矛盾。问题是现在这样的框架已经不足以应对我们目前面临的这样一种非常复杂的局面。现代法治或宪政的基本框架是合理的,但在有些方面也需要修正和发展。因为社会的发展已经使公法与私法的边界流动化了。权利意识的高涨使得差异的重要性不断上升,少数族群的各种诉求也需要在公法领域得到充分反映。

随便举一个例子,比如女权主义者的主张。我们知道女权主义运动可以分成三个历史阶段,第一个阶段基本上是在现代化的框架内要求权利的平衡,在现代法治模式当中要求认定权利和保障权利。但是到了第二个阶段,女权主义者认为这个框架或模式本身是有局限性的,所以提出范式革命。这种主张的理由是:按照公法与私法的区分,家庭内部的暴力、微观层面上的力量对比关系所造成的社会性权力的压抑很难消除,需要让公权力介入私人事务进行干预,需要让法律伸张到家庭里来。所以女权主义者要把本来属于私法领域中的家庭问题放到公法领域里面去讨论。这是一个很大的变动。这样的变动在其他领域也可以见到。还有第三个阶段这里不谈了。既然公法与私法的界限变得模糊起来,处理多元与一元、概率论与决定论的原有方式就不得不改变,所以哈贝马斯关于公共圈和沟通行为的理论应运而生。

探索精密司法与司法参与的结合

在西欧,法制与社会发展分成不同的阶段,循序渐进而来。但在中国,两三百年的现代化历程被浓缩到二三十年里重演一遍,结果出现了不同历史阶段同时并存的局面。我们正在推动现代化,但我们还不得不容忍某些前现代因素继续存在,也不得不处理那些后现代的问题。前现代性的生存状态,现代性的工作环境,后现代性的消费指向,全都混杂在一起。这就是我们中国面临的非常复杂的状况。要在这样的条件下进行制度创新和关系调整,我认为在法学方面应该采取程序、议论、合意"函三为一"的复眼式观点。通过这三者的平衡来解决多元与一元、概率论与决定论的矛盾。以这样的方式限制审判裁量权,才能真正实现司法公正。回到马锡五审判方式,它强调的只是合意。回到法教义学,它强调的只是程序甚至形式。我们要把这些不同因素都吸纳到议论过程之中,特别强调公正的程序和理性的论证,从而也就可以把中国文化元素以及不同历史阶段的制度化作业按照现代法治的原则进行重新组合。

21世纪的关键词是沟通。因为在全球化的背景下,各种各样的价值观,包括宗教的、政治的都会聚集在一起,并存将造成交错和碰撞,于是沟通成为社会的首要任务。这样的沟通应该按照什么样的方式进行呢?这是一个核心问题。为了解答这个问题,我们不得不回到刚才介绍的日本法律解释学论争的语境里去,现阶段的到达点就是强调审判作为市民论坛的属性,使法院具有一定的开放性。但不可能采取像司法群众路线那样一种方式,也不可能完全采取现代法律职业主义的方式,更不能停留在法教义学的窠臼里。怎样在职业审判人员的精密司法与司法参与之间寻找一个适当的结合方式,这正是我们目前特别需要探讨的课题。我们提出"司法改革第三波"的主张,就是要与大家一同寻找那个适当的结合方式。在这里,要有所坚持,也要有所创新,而首先需要通过沟通实现相互理解并达成基本共识,特别是程序性共识。

谢谢大家!

2009 年 11 月 8 日

日本司法改革:民众参审的得失[*]

在暗箱操作严重的地方,司法参与的最大优势在于使审判过程透明化,大幅加强法庭辩论的权重,但日本民众的参与热情并不高。日本司法改革的成功与困难,中国都需要关注和研究,以为借鉴。日本的《裁判员法》在2004年通过,经过五年准备,终于实施。8月3日,首例裁判员参加的杀人案审理在东京地方法院开庭,3位职业法官和6位裁判员端坐法坛,另3位候补裁判员旁侧待命。这起市民参与司法第一案连续公开审理三天,在6日下午作出了判处15年有期徒刑的判决。随后还有18起裁判员参与处理的诉讼将在九十月间陆续在各地法院开庭。不言而喻,日本司法制度从此掀开了崭新的一页。

职业法官审判,破裂的共识

迄今为止,日本以"精密司法"标榜,审判业务完全委诸职业法官。虽早在1928年引进陪审制,让没有受过法律训练的12位普通人来进行有罪与无罪的判断,但因陪审员评议不能制约法官判断的独特制度设计、

---

[*] 原载《南方周末》2009年8月19日。

奉行"沉默为金"教条的国民性以及战时体制等要素的影响,15年间陪审刑事案件数只有484起,不得不在1943年将之废止。所以,在战后民主化改革中,司法参与并没提上议事日程,66年来,审判人员的专业化、精英化成了社会的基本共识。

然而这个基本共识从20世纪80年代中期起开始破裂。直接的契机是再审程序导致不少死刑案件平反,律师们质疑法官是否过于轻信检察官之类的批评逐渐响亮。公众传媒还主张,即使在一般民刑案件中,深居简出的法官的正义感和判断也越来越与老百姓的要求脱节,需要通过门户开放的方式矫正偏颇。另外,公害诉讼等后现代型司法现象加强了民众对审判庭的关注和压力活动,也使得欧美法理学的司法参加论引起比较广泛的共鸣。正是在这样的背景下,最高法院院长矢口洪一于1988年推动关于陪审制和参审制的调研工作,日本政府于1999年设立司法制度改革审议会,提出了"应该把人民的良好见识反映到审判之中"的方针。虽然司法诸机关起初持消极态度,但后来也都同意让公民直接参与重大案件的审理,于是有了《裁判员法》的制定。

民众参审:既定罪,又量刑

司法参与的制度化方式主要有两种。一种是英美式的陪审制,针对不同的个案随机抽选公民与职业法官分工负责,陪审员就事实认定和辩论的结果(有罪还是无罪)作出判断,法律适用的活动(量刑)则由职业法官专司。另一种是欧陆式的参审制,选定某些公民在任期内与职业法官共同审理案件,两者在事实认定和法律适用方面具有同等的权限。中国的"人民陪审制"很有特色,在很长一段时期内,有关人员遴选和委任的条件极其暧昧,大都能上不能下,结果出现了任期不断延长、半职业化的倾向。但无论如何,中国模式基本上可以归类于参审制范畴。精确地说,最好称之为"人民参审制"。

日本式的裁判员制则是一种混合物。由于对究竟应采纳陪审制还是参审制存在尖锐的意见对立,东京大学名誉教授松尾浩也向国会建议结合陪审制与参审制的特征、优点进行制度创新。结果是裁判员由针对不同的个案随机抽选、匿名表记、没有任期的公民6位构成(类似陪审制),

但他们的职能不仅限于定罪,还与3位职业法官一起从事量刑(类似参审制)。在审理专业性很强的案件时,还可以选任具有特殊知识和经验的专业裁判员参与司法。

无论采取哪种模式,司法参与制度化都是要避免职业法官的视野盲点,把民众的正义观和诉求适当反映到审判过程中,使判决更能得到社会支持,因而更有说服力和实效。在文书审理、暗箱操作倾向过于严重的地方,司法参与的最大优势在于使审判过程透明化,大幅度加强法庭辩论的权重。既然裁判员或者陪审员、参审员是不懂专业的普通公民,那么法庭里的沟通活动就必须减少专业术语的比率;既然他们不能像职业法官那样事先仔细阅读大量卷宗,那么公开辩论就必须具体、详尽而有充分的说服力;其结果,刀笔吏在密室里咬文嚼字、上下其手的功夫就基本上失去了意义。我认为,强化当事人在法庭的抗辩活动,这才是司法参与的本质所在。

困难:民众积极性不够

日本东京司法参与第一案的实践,是随机抽出了100名公民,向其中73名发出了传唤状,实际被传唤的裁判员候补者49名,最终到场47名,参加率的确很高。按照法律规定,对无故缺席的公民,必须科以10万日元以下的罚款。人们究竟是出于司法参与的意愿而来,还是出于对罚款的担心而来?从很多相关人士对"强制性选任"或"半强制性传唤"表示不满的事实来看,后者的影响应该不小。更值得注意的是,在审理初期阶段,参与审判的公民在法庭上大都一言不发,使得诉讼活动的时间比预定大幅度缩短。虽然后来情况有所变化,但只陪不审的倾向依然很突出。一些裁判员候补者还公然对不具备专业知识的公民参与审判的妥当性表示怀疑。在判决作出后,人们发现裁判员基本上完全接受了公诉人的主张,与仅由职业法官审理的同类案件相比,量刑尺度更加严厉。因此,一些专家对裁判员易受被害人亲属哭诉的影响、忽视被告的申辩、偏好重罚的问题也表示了忧虑。

实际上,2009年5月日本官方和民间的几个机构进行的舆论调查表明,大约半数以上的公民有尽量回避担任裁判员的义务的倾向,大约

26%的公民明确表示宁可受制裁也不打算参与司法活动。鉴于消极的民意,国会开始重新讨论裁判员制度的妥当性,持批判态度的议员人数不断增加,甚至有人提出违宪之议。最高法院也设立了检验裁判员制度运行效果的组织,预定3年后决定存废修改的方针。尽管日本有关当局在导入裁判员制度之际慎之又慎,但还是早早地就出现了重蹈20世纪覆辙的形势。这是为什么?对于像日本这样的东洋国家,司法现代化改革只能通过职业化或者"精密司法"的方式来推进和落实?司法参与的制度设计是不是出现了失误,改进的关键在哪里?各种经验和教训很值得再三玩味。

中国参审员的独特选任方式

就在日本通过《裁判员法》的2004年,中国也修改了相关制度,于年底发布了《人民陪审员制度实施意见》(简称《实施意见》)。这个新规则明确了中国式参审员选任的条件,即通过组织推荐和个人自荐的方式产生候选人,由基层的法院和司法行政部门共同确定候选人名单,再经县级人民代表大会常务委员会正式任命。另外还规定参审员任期为5年,不得连任。虽然参与基层审判的公民并非随机抽选,但中级、高级法院的参审员在基层既定参审员名册里随机抽选而产生。

无论如何,这样的选任方式与陪审制的制度设计完全不同。

界定清楚法官与参审员责权

《实施意见》还特意强调了职业法官与人民参审员具有同样的权限和地位上的对等性,以防止法官不适当地施加压力、左右参审员的态度或意见。这样的定位也与陪审员迥异。

但是,《实施意见》却并没有明确在职业法官与参与审理的普通公民意见不同之际的处理方式和规则,没有规定法官究竟能不能拒绝人民参审员的量刑判断,这在实际操作过程会引起麻烦,除非参审员只是摆设,或者能发挥的作用非常有限,以致他们的看法基本上可以忽略不计。

参审员不用职业化

《实施意见》还确立了人民参审员的资格要件以及必须接受法律专

业培训的规定,这就很有可能进一步加强职业化或者半职业化的倾向,甚至使推广参审制成为法院变相扩编的手段。既然参审员也要接受职业训练,那他们怎样才能充分反映一般公民的正义感呢？这仍然需要存疑。

关于中国公民参与司法的积极性和诱因,还缺乏充分的调查研究,不敢遽下定论。但是,中国的刑事诉讼从1996年起,民事诉讼从1982年起,都已经把人民参审员与职业法官组成的合议庭作为与仅由职业法官组成的合议庭并列的一种选项,可用可不用。因此,只要基本诉讼法的这些条款没有修改,人民参审制名存实亡的风险就非常大。另外,确保参审员履行守密义务、抵制外部干预的制度安排也还残缺不全,需要逐步完备。

诸如此类的问题还可以指出不少。在这个意义上,的确有必要认真而细致地考察日本裁判员制度的设计和今后在各地实施的成败得失,为中国司法参与的制度化和改革提供更可行的具体方案。

2009年8月19日

中国律师的重新定位[*]

悄然律师百年祭

1912年,中国第一个具有全国性影响的律师组织"中华民国律师总公会"于1月在上海成立,中国第一部关于律师的法规《律师暂行章程》于9月在北京颁布。这两件事可以视为现代律师制度正式确立的标志。

到2012年,中国律师制度走过了一百周年的曲折历程,本来这是值得隆重纪念的。尤其是在李庄案和重庆"打黑变黑打"事件之后,律师对于限制权力、保障程序的作用当会重新认识,更应该借助律师百年纪念活动来传递一些加快法治国家建设的信息,或者弘扬一下法律职业主义精神。但出人意料的是,无论业界或学界几乎都在"欲说还休、却道天凉好个秋"。整个法律场域充满了神秘的禅意。这种沉默,是极不正常的。

---

[*] 原载《财经》2013年刊。

司法的朝野二元格局

尤其值得注意的是,司法当局从 2012 年 5 月中旬开始把律师的抗辩理解为"闹庭",把对审理方式进行批评的律师称作"无良律师"。在这种思路的延长线上,2012 年 7 月 31 日最高人民法院颁发的《关于执行〈中华人民共和国刑事诉讼法〉若干问题的解释(征求意见稿)》第 250 条,以严重违反法庭秩序的名义惩罚执业律师、限制辩护活动。历史似乎在轮回,有退到 1957 年的"为坏人辩护"的律师立场论,退到 1949 年的"取缔黑律师"运动,甚至还有点退到 1740 年清律第 340 条讼师禁令的趋势。但就在这个时刻,通过各种因素相互作用,一些原来对刑事诉讼敬而远之的律师事务所也开始涉足辩护,关注人权,并且重视起唇枪舌剑的诉讼业务来。

根据这些事实,我们或许可以得出这样的判断:由于李庄案导致律师的防卫性结集和对公检法系统的反弹,而公检法等方面也进一步加强了对律师的警戒和情绪化对应,其结果,若隐若现的职业法律人共同体终于毁于一旦,分为在朝法律人与在野法律人对峙的格局。也就是说,到 2012 年 5 月为止,中国法律界朝野二元的结构已经形成,甚至有了制度化的表现形态。也可以推而论之,已经在野了的律师们将逐步加强其反骨精神,在律师自我维权的活动中进一步加强作为维权律师的身份认同。即便律师界无法统一步调,那么裂变也是会不断进行的,最终将产生出强势集团辩护士与弱势集团辩护士这样泾渭分明的阵线。

法律服务市场大转型

于无声处听惊雷。默然度过百年华诞的律师群体,在 2013 年将如何在历史的演进中找到适当的定位?这是岁序交替之际中国不得不面对的一大问题。

按照"入世"协议,在 2015 年之前中国将彻底开放包括法律服务在内的服务业市场。这个时限距今只有三年了。这意味着在今后三年之内,中国律师业将面对外国事务所大举进入的强劲冲击和挑战,法律服务市场的生态势必发生某些实质性变化。为了图存求变,中国律师事务所不得不调整执业方式,进一步加强"对客户的忠诚";同时也不得不在那些不会受到跨国律所威胁的诉讼领域建立稳固的根据地。随之而来的变化是,中国的公检法各机关将不得不面对一群豹变着的律师和前所未有的法律语境,调整自己的姿态。司法官僚们"堂上一呼、阶下百诺"的风光恐怕是一去不复返了。由此可见,整个社会都有必要重新认识律师的地位和作用。

"法治思维"的五连环

中共十八大报告有一个新提法,强调处理改革、发展以及稳定之间关系方面要运用"法治思维"和"法治方式"。在上下文的脉络中仔细咀嚼这八个字,可以发现政治体制改革的新思路具有如下基本内容:

第一,根据法自上而犯之的严重问题,明确了"党要守法和摈弃特权"的治国方针。原文的表述是"党领导人民制定宪法和法律,党必须在宪法和法律范围内活动。任何组织和个人都不得有超越宪法和法律的特权,决不允许以言代法、以权压法、徇私枉法"。这段话的出典是1982年《宪法》。时隔三十年重新提出来,当然是因为现实不符合理念,所以特意着手把禁止治外法权的命题付诸实施。可想而知,为了达到上述目标,必须具有某个中立的、权威的第三者来判断任何组织或个人是否超越了宪法和法律。在这里,设立违宪审查机构以及确保司法独立显然就是顺理成章的,否则这段话就会变成没有意义的空气震荡。

第二,设立违宪审查机构的宗旨,十八大报告表述得很精彩,就是要"维护国家法制统一、尊严、权威"。宪法被视为根本规范,可谓社会基本共识的结晶。法制统一必须以宪法为标尺,通过对是否合乎宪法基本原则的审查活动来防止立法权被各种利益集团或政府部门绑架,防止法律体系的碎片化乃至自相矛盾。要限制行政权力,要禁止组织或个人的治外法权,也必须祭出"护宪"的大纛。

第三,为了防止司法独立蜕变成司法腐败的催化剂,十八大报告提出的对策是"司法公开","让权力在阳光下运行"。这意味着必须落实公开审理的原则,允许公民旁听诉讼案件(特别是大案要案);必须加强当事人之间的对抗性辩论,以使案情、证据和主张都透明化;必须具体写明判决理由,以便对照事实与法律进行检验;必须编辑和公布判例供律师和法学研究者进行研究和评析。

第四,提出"党要守法"和取缔特权的意图很清楚,就是要"保证人民依法享有广泛权利和自由"。由此可以看到一幅"权力 vs. 权利"的构图,其中法律的作用就是通过制约政府权力来保障个人权利。这正是现代法治国家的根本原理。根据就是人民主权的经典思想。推而论之,个人的自由和权利、人民的基本权利应该成为法治秩序的基石,法律的正当性来自民意。正是从这个命题出发,十八大报告才提出了"拓展人民有序参与立法途径"的任务。

第五,在一定程度上可以印证法治基于自由权命题的论据,就是十八大报告在社会建设这一部分提到的"依法自治"的管理机制创新以及保障人民知情权、表达权、参与权的承诺。可以说,通过信息公开、言论自由、社会自治、政治参与等一系列公民权利的宣示,中国正在逐步加强个人在实施法律中的作用,试图通过维权的具体行动和诉讼个案来推动规范的执行和完备。

"冠盖满京华,斯人独憔悴"

在我看来,通过法治迈向民主的中国政治改革思路的以上五个组成部分是环环相扣、缺一不可的。然而仔细推敲后就可以发现,中间还缺少一个非常重要的环节,即作为推手和担纲者的律师。

各种规章制度、政令以及管理举措是否合乎宪法和法律的问题,往往是针对具体事实和个案审理提出来的,往往是以关于基本权利的宪法条款作为主张的理由,往往采取公益诉讼的形式,因而特别需要律师来反映和组织分散的诉求。司法独立之所以不会导致司法腐败,需要具备一些配套条件,其中非常重要的就是让律师站在当事人的立场上,根据丰富的专业知识技能和经验来对公诉书以及判决"横挑鼻子竖挑眼",公开地、反复地进行推敲和批判,使得最有说服力的主张占上风,使得司法腐败的机会成本极大地提高。

法治在中国之所以被讥讽为"喊得越来越响,做得越来越少",甚至被江平先生批评为倒退,一个主要原因就是律师的积极作用受到压抑,暗盘交易反倒在有意无意间受到鼓励。如果没有律师，对司法裁量权的运用就得不到知情人的依法制衡，当事人和人民的权利保障就很容易落空，法律实施也就失去职业化、日常化的驱动装置。这个道理是历史反复验证过了的。在律师制度百年纪念的 2012 年，力倡法治的十八大报告却对律师不置一词，的确是个无可忽视的缺憾。

及时为律师正名

毋庸讳言，目前律师业的确存在少数害群之马以及这样那样的流弊。但这些问题不能与制度设计的理念和逻辑混为一谈。司法不独立就很难做到判决公正不偏，裁量权过大造成了上下其手的海量机会——在这样的客观条件下，律师的行为方式很容易倾向于通过各种非正式手段来影响法官心证，谋求对自己客户有利的判决。如果公开抗辩，律师可以自由行使执业权利的话，两造之间最终是可以互相制衡的，法官也很难徇私枉法。但如果不具备符合法律理念的对话环境，律师的行为方式就很容易倾向于进行暗盘交易。如果再压抑法律职业主义精神、公益行为以及维权活动，那么律师就会"名不正言不顺"，长此以往内心流于猥琐也就不足为奇了。

迄今为止中国律师制度进化的动机和动力何在？显而易见，主要还是经济需求。把律师定位成"政府不花钱的经济警察"这样的早期标语，就极其生动地反映了这一点。正是根据上述逻辑，司法部在 1992 年接受了律师事务所属于第三产业的概念，承认了法务市场的开放性和竞争机制，到 2004 年又开始容许律师广告的存在。然而，如果只是片面强调经济需求，势必会在有意无意之间助长律师事务所的营利指向，这显然不符合社会正义观和法律职业主义的要求。鉴于限制营利指向的必要性，司法部早在 1994 年就开始进一步强调了律师在公益方面的作用和义务，并积极组织和主导了法律援助活动。在某种意义上也不妨认为，现行《律师法》第 42 条的法律援助义务条款，实际上就是中国司法行政当局以强制性规范和各种配套措施来克服法律商业主义偏颇的一条便宜之计。但是，仅有一个第 42 条还远远不够。

如果我们真准备从 2013 年起厉行法治，那么首先就必须为律师正名。不妨通过修改相关法律,明确律师以维护公民合法权利以及宪法规定的基本人权为神圣使命,从而为重振纲纪、提升职业伦理水准提供响亮的规范根据。借用洛德·埃尔登的一句名言,就是要在律师业中大力宣传和贯彻这样的守则——"律师为任何人服务,但决不向任何人出卖自己"。另外,在法律界朝野格局没有改变的情况下,还应该让律师与检察官享有制度上的对等地位。从长远来看,有必要重建职业法律人共同体,以此作为制约权力的坚固壁垒,同时在通过法言法语互相制衡的过程中形成团体自治机制,实现有司法独立而无司法腐败的社会愿望。

2012 年 11 月 13 日

法治原则与中国警务改革[*]

今天很高兴有这样的机会,来参加"环太湖警务论坛"。我是第一次参加这样的活动,一方面是因为俞可平教授的邀请,另外一方面也是因为警察制度对于现代法律秩序具有非常重要的意义。法律体系要具有实效性,要贯彻执行,必须依靠警力来作为保证。在某种意义上来说,警察就是老百姓直接感受到的国家权力,他们的一举一动都会使民众对国家权利的印象发生变化。所以,从建构法治秩序的角度来看,警务的确是非常重要的。尤其是在中国的社会结构转型到了改革进入深水区的阶段,如何整顿吏治、刷新吏治、加强警务、改善警务,的确是一个非常重要的问题。正是基于上述考虑,我非常高兴地接受了邀请。同时也感谢论坛的主办方,提供了这样一个机会,使我能够向各位学习。

昨天我看了一下警务广场的有关材料,感觉非常好。我觉得这种实践,这种概念的提出,对于社会治理模式的创新都具有重要的意义。接下来我在上午各位专家学者就警务广场本身进行了深入分析和评价的基础上,主要从宏观的层面,从中国社会转型以及法治秩序建构的宏观背景来

---

[*] 本文根据作者 2011 年 6 月 18 日在环太湖警务论坛第 8 期年会上讲演整理而成。

谈一谈警务改革发展的意义,并对它的内容谈谈我自己的一点粗浅的看法。

警务广场这项举措的提出,当然与警民关系的紧张有着非常密切的关系。大家知道,近些年来,的确存在着一些现象让我们感到不安。尤其是处在维护治安第一线的在座各位,你们了解的情况比我更多,感受比我更深,有的时候也充满了委屈,甚至冒着生命危险,我想你们对问题现状的理解一定会更深一些,忧患意识一定会更强些。而我在这个地方,只想从理论的角度来跟大家交换一下看法。

我们知道近些年来,中国的经济发展非常好,总体上来说,情况是令人乐观的。但是在这样大好的形势下,我们居安思危,不得不说有一些征兆让我们看到执政合法性的危机似乎在若隐若现。比如说我们的维稳成本非常高,这个时候大家就会想,我们以现有的方式来维护这个社会的稳定,能否持续下去。我们知道中国社会的稳定非常重要,正是社会稳定为中国30年高速发展的奇迹提供了基础和保障。但是,当维稳的制度成本过高的时候,我们就应该在体制改革的成本和维持现状的成本之间进行比较,思考采取什么样的方式实现长治久安之类的严肃问题。

又比如浙江省在2010年年底发生的钱云会命案。其实这个命案的真相已经不重要了,这个命案的判断也已经不重要了,重要的是民众的反应。关于这个案件的性质,公安部门已经作出了鉴定,得出了结论,说明这是一场交通肇事案件。然而网络舆论以及当地民众却不愿意接受这样的判断。这才是问题的关键所在。也就是说,在这里,不管真相如何,我们都可以看到问题和危险性。假如老百姓对钱云会死于谋杀的怀疑或多或少有一点根据的话,那我们就会发现,制度的根基和权威性正在动摇。信访制度是国家规定的制度,当民众利用这个制度来主张自己的权利的时候,何罪之有?也许上访者有过激的地方,也许有偏颇的地方,但只要他是在运用国家规定的制度,那么要阻拦他、要动用强制手段乃至极端手段就会产生问题。反过来说,假如大家的怀疑是错误的,事实上的确是一个单纯的交通意外肇事案件,那么老百姓对公安部门、对政府部门作出来的这样的结论依然不信任,我们也能发现制度的根基和权威性正在动摇,这时执政合法性危机以信任危机的方式呈现出来。

无论如何,在当前的中国,警民对立、公安部门与民意之间的冲突的确是一个比较尖锐的问题。当然,在社会转型期,矛盾激化,手段匮乏,警民关系紧张这样的情况不仅仅在中国发生。日本在20世纪50年代到60年代,经济高速增长,社会急剧转型,也曾经出现过警民关系紧张的时候。当时一个最著名的案件发生在日本西部城市尼崎,一群老百姓因为不满警察局的处理,结果把警车给推翻了,烧毁了。从此以后呢,日本的警察当局开始反思,也开始强调警察的人民性这个侧面。在回归前的香港,我们知道1967年也曾经发生过非常尖锐的警民冲突,导致了廉政公署的诞生,以及香港警察的亲民化,开始深入社区。从这个角度来看,我们中国目前发生的情况,并不奇怪。从这个角度来看,我认为湖州这个警务广场的尝试,是具有非常重要意义的。因为在现阶段,如果警民关系不能得到有效的改善的话,那么执政合法性危机就不仅仅是一种苗头,一种征兆,很有可能会变成现实。何况这种状况如果得不到改变,当中国的体制改革按照中央的部署进一步推动下去的时候,首当其冲的就是公安部门。所以,在现阶段,以警务广场这种模式改善警民关系,是一个重要的举措。

我在昨晚看到相关材料,特别是金局长的几篇文章,觉得有些内容是很精彩、很深刻的。比如谈到了公安部门一方面要有政治性,但同时也要有社会性,这里存在着国家权力中立化的契机。比如敦促人们注意社会利益集团分化这样一种现实,注意中国由社区社会转变到陌生人社会这样一种变化,这些观察和分析都是颇有见地的。所以警务广场的经验值得重视。当我们把警民关系紧张的问题放在法治秩序建构的背景下来看,就可以发现症结或许并不在警察部门本身。应该在一个更宏观的背景下看警务与民主化的关系。我们知道,在任何一个国家,警察都是国家行使垄断性暴力的载体。即唯一具有合法性的暴力手段主要由警察来行使,任何国家都不例外。当然,这个暴力手段的行使是否正当,还需要鉴别。也就是说,关键不在于是否强制,而在于强制是否正当。从这个角度来看,目前中国的突出问题是过度使用警力,任意使用警力。在很多情况下,强制手段的动用忽视了现代法治国家所强调的警察比例原则,警察不介入民事纠纷原则,等等。这样做的结果,导致公安部门即便采取自以为忠于职守的行动,也往往会遭遇民众的指责和抵制。正因为如此,公安部门感到改善警民关系的必要性。毫无疑问,在现阶段改善警民关系的举措是好的。

但在这里,我还想就民意导向的警务改革举措提两点意见或建议供大家思考、参考。一是在公民不服从的情况下,警察何去何从。警察使用强制手段主要是为了保障财产权,维护社会治安,前者往往基于个人的合法诉求,后者往往基于政府的命令。在使用强制手段时,对警察的要求是必须令行禁止。但是在目前的中国,贫富悬殊过大,资源配置不公,造成了财产权难以正当化的事态。警察按照法律规定来保护财产权的行动本身有可能导致民众强烈的抵触情绪。而严格执行来自政府的命令,也可能由于政府举措未必具有充分的合法性而受到质疑。我觉得警民关系紧张的症结在这里。因此警方自身改善警民关系的举措虽然必要,但也可能会时常遭遇尴尬。尤其是在政府的命令与民意之间产生冲突的情况下,请问是服从政府的命令还是民意。这个问题现在还没有显现出来,在日常情况下一般不会显现出来,但是,社会矛盾一旦激化,何去何从的问题就会尖锐地摆在警察面前。这是非常复杂的问题。二是在民意出现差异和变化的情况下,警察怎样抉择。当民意与警察权力良性互动,互动过程发展到某一个节点,民意就会要求公安部门按照他们的要求去做,否则民意就会发生变化。虽然警察把民意作为指南在原则上是正确的,但一时一地的民意不一定符合法律以及长期理性的原则。也就是说,一时一地的民意与整体的民意会发生冲突。在这样的情况下,试问警察如何自处?我这么说并不是空穴来风。在"文化大革命"期间,就曾经出现民意与强制权力突然短路结合的状况,结果导致群众专政。也就是强制力的行使被一时一地的群众情绪所左右,出现了比法律更强有力的群众意见。当然,警务广场的设想是要跟这些现象划清界限的。有关介绍材料中特别提到了"文化大革命"的乱象,进行了批判。尽管如此,我还是把这个问题提出来,意在强调未雨绸缪的重要性。

我认为,在湖州警务广场这样一种民意导向的可贵改革举措的基础上,还应该考虑警务改革的第二步,那就是制度化的条件,从制度上保障警民良性互动的关系不至于被扭曲。换句话说,警务改革的方向不仅仅是民意引领，还应该设法使这样一种尊重民意、敬畏民意的良好愿望升华到制度建设的层面，使民主与法律程序结合起来，使警民互动变成一种依法行为。因为我们知道，警务广场的创新举措中潜在的最强有力的倾向，就是警务的政治化。因为在广场化的条件下，警务势必随着民意的变化而变化，或者反过来对民意进行诱导并作出政策性的判断。但是，现代警察制度有一个最根本的特点，这就是要求警察机构中立化、技术化，也就是说避免政治性和政策判断。当然这样的要求不是绝对的，在任何一个社会都不是绝对的。尽管如此，中立警务的制度设计更切合多元化社会的需求。从这样的视角来考察警务改革，我认为目前更应该强调的倒是如何使警务非政治化、中立化，使强制力的行使更符合法律程序，在这个基础上再来考虑警察与民意的关系如何调整的问题。尤其要防止警察的行为变质成以所谓"民意"作为推动力的滑梯游戏，为了达到侦查、逮捕和惩罚的目的不择手段，不设遮拦。警察在遏制犯罪等方面，要习惯在法律程序中进行"跨栏赛跑"，要习惯让律师来挑毛病，只有这样才能更有效地防止冤假错案，才能更切实地改进警民关系。为了破案而采取各种上不了台面的下策，这与破坏法律程序、打压辩护律师是相伴而生的，是反制度化的做法。

另外，民意与政府的决定或者命令在某些场合会发生矛盾，这时警察怎么办？在现代法治的制度设计中，具体说来在现代警察制度以及司法制度中，这个因素已经得到考虑，有关的困境已经得到排除。比如说，涉及公民权利义务关系的改变的警察行为，必须经过法院的审批，要等法院发出令状来你才能进行。这就意味着政府与法院之间要有功能分化，不能混淆在一起。又比如在紧急事态发生的时候，治安出动也不是由政府直接发令，需要代议机关来决定或者授权决定。还比如要为强制行为的受众提供事后提出申诉、寻求司法救济的机会，等等。如果我们把这样的制度条件与尊重民意的警务改革举措紧密结合在一起，警民互动的效果会更好。俞可平教授在上午的讲演中特别谈到了自己过去强调民主，现在则强调法治，尤其应该把民主与法治结合起来，也是基于同样的道理。我完全赞同他提出的与法律程序结合在一起的民主才真正是个好东西的命题。

强调民主当然是非常正确的方向。然而我觉得在目前中国的社会背景下,特别要注意防止对民意的理解产生偏差,造成民主化被误导的事态。在中国的政治话语中,始终存在法国大革命产生的那种直接民主制的幻想,这种思想很可能在转型过程中带来事与愿违的结果。一定要把民主与法治结合起来,而绝不能打着民主的旗号来否定法治。实际上,浙江省从2004年起就大力强调法治,并且推出了一系列举措,值得高度评价。总之,警务广场是很值得重视的改革经验,无论从制度上还是从理论上来说,都值得进一步研究和推广。根据我的理解,警务广场举措除了改善警民关系的功效之外,还试图通过群众的行为来确保法律的实施。本来警察与个人之间的关系属于一种特殊的权力关系,是一种纵向的关系,警务广场的设想把这样的纵向关系横向化、平面化了,形成了参与的机会结构。通过这样一种方式,可以调动个人以及群众在法律执行方面的积极性。我觉得这样就把警务的重点从职权转移到当事人,也是一条颇有现实可行性的改革思路。当然,其中涉及个人以及群众的积极性如何调动的问题。我们必须考虑老百姓为什么要应用法律,为什么要支持司法各种机关(也包括公安部门)的动机,总之要考虑法律动员的机制和诱因体系。如果老百姓通过现行的法律体系能实现自己的诉求、保障自己的利益,那他就愿意利用之。反过来,如果制度上虽然规定了救济手段,但不让老百姓去运用,不方便老百姓去运用,总是通过某种超法的方式来解决现实问题,最后制度本身就变得没有意义了,民众也就会规避法律,试图通过法外的手段来达到自己的目的。这就是信访怪圈,可以看到小闹小解决、大闹大解决的奇事,这样的机会主义结构似乎以培养刁民为能事。不言而喻,如果只有通过闹事才能实现权利,那么老实守法的公民的权利就相对得不到保障,最后造成守法者吃亏的结果。这类问题的确需要在更深层次上研究。

还有一点值得注意的是中介。当我们强调警察和民众的良性互动关系时,我们还要考虑,我们需要什么作为两者的中介。在我看来,克服警察与民众直接互动的流弊危险性,中介非常重要,主要是指律师的中介作用。令人遗憾的是,这一点被国人忽视了。最近,中国社会转型过程中的一些矛盾有所激化,所以维稳的举措更加凌厉,具体表现为各地都在打黑。打黑当然是深得民心的。但在实践中可以看到两种不同的打黑模式,一种是警匪一家的模式,为了破案甚至不惜与犯罪团伙勾结起来反过来打击律师、破坏程序制度。另一种是警民一家的模式。我认为湖州经验的最大意义就在于彰显了警民一家的模式。如果这样的理解不错,可以推而论之的是,在今后制度化过程中,应该加强律师作为中介的功能。因为在法律体系当中,律师与民众的距离最短,最适合扮演民意表达者和组织者的角色。通过律师来适当组织民众的诉求,使之变得更合理,更符合法治原则,就可以避免警民直接互动中时常引起的警方尴尬。

总而言之,我认为警务广场的制度化作业具有非常重要的意义。湖州警务改革的举措似乎在探索一种新的法治模式,把特殊的权力关系、纵向的权力关系变成某种平面关系、互动关系。这样的做法当然跟中国社会的特征有很大的关系。传统的中国社会秩序主要靠两个东西来维系,一个是共同体的纽带和基本价值共识,另一个是强有力的官僚机构,即自上而下的科层制。当社会转型发展到一定阶段,由熟人社会转变成陌生人社会,共同体的有序化机制就开始逐步弱化乃至瓦解。针对这样的趋势,警务广场构想试图再次形成某种新型的共同体效应。从科层制的角度来看,科层监控的最大问题就是如何进行强制的正当化,所以我们可以看到在指令系统之外还有强调道德秩序,强调程序正义,强调互惠关系以及强调社会博弈等的思路。另外,把这些不同因素综合起来也会构成一种选项。实际上,在湖州警务广场的模式里上述各种因素以及它们的不同组合方式均有所浮现,所以从理论上研究这些经验是非常有意义的。分配给我的时间到了,就此打住。谢谢大家。

2011 年 6 月 18 日

大变局下的中国法治

时 局 万 象

官员外逃的制度反思[*]

最近几年,"官员外逃"事件日益增多,不免产生桐风惊心之慨。这种趋势与举国上下的公务员资格考试热不断升温的场面相映成趣,形同钱钟书先生描述的"围城"现象,构成了一道很奇特的政治风景线。

是范蠡功成身退、与西施泛舟江湖的浪漫传说影响太深远,还是"狡兔死,走狗烹"的历史教训太沉重?莫非政府里陶渊明式的人物突然多了起来,都玩起"不为五斗米折腰"的清高游戏?抑或民主法治观念普及的结果,连当权派也开始"用脚投票"啦?查看数千案例找原因,可以发现:其实什么都不是。只剩下经济犯罪者试图避免惩罚这一最低级的动机而已,只剩下数百亿美元的巨额赃款被转移到别国这一最简单的事实而已。

不言而喻,与这种"官员外逃"相伴随的,还有国家财富的两次大规模流失:首先是损公肥私,然后再吃里爬外。当统治集团成员的卷逃效应强大到一定程度时,国内产业资本市场根本就无从确立,人民的忍耐限度也很容易被打破,经济改革说不定要落得个"赔了夫人又折兵"的结局。因此,有关当局不能不加强防范,加强制裁的力度,并在反洗钱、反贪污方

---

[*] 原载《财经》总第 225 期。

面加强国际合作。

正是在这样的背景下,从 2008 年春天开始,主管部门还加强了对因公出国的审查和限制。针对妻儿携产移民、官员裸身从政的问题,舆论界甚至还有不给官员亲属出国护照之议。但不得不指出,诸如此类的禁令可是涉嫌侵犯人权的,也不利于全球化市场经济的发展和国际交流。即便承认有关治标举措对于有些时候、有些地方或许难免,但在"上有政策、下有对策"的文化氛围里能否真正行之有效,也还要打个很大的问号。

换个视角来观察,贪官污吏纷纷挂冠遁走,倒也未必就完全没有积极意义。当反腐败运动加大力度、动真格时,政治嗅觉敏感、消息灵通的官员就会作出与地震前小爬虫们类似的异常反应,而首当其冲的人就更会感到恐慌,想赶紧逃之夭夭、躲避风头,或者至少是在行为上有所收敛。对于政府而言,这是敲山震虎的必然后果。对于广大群众而言,还很有些泄愤解气的快感。

另外,在逐步贯彻民主法治理念的过程中,特权势必受限制,官越来越不好当了,所以对外逃的心理障碍就将大幅度减少。一旦腐败分子大量退出,官场的风气变得比较清新,在人事方面的"劣币驱逐良币"趋势会被扭转,政治改革方面的一些重要举措(例如高级公务员财产申报制)的推行也就比较容易畅通无阻了。排出污浊、引入清流,这也是坏事变好事的一个方面。当然,这么说,并不是在主张对经济犯罪者网开一面,只想强调大规模"官员外逃"也未必就表明局势正在陷入绝望的道理。

对无数官员前赴后继地贪污、受贿、然后离乡背井这一令人尴尬的事实,恐怕不应该仅以私欲或个人品质为理由来解释。退一步说,即使能归咎于欲望和素养,也有必要深入追问,究竟是什么原因让如此众多的腐败分子位高权重?如果他们本来心地善良,那就更要追问,究竟是什么原因让好人也纷纷变坏?直面现实,坦陈真言,那就不得不承认对既有的制度设计必须进行一番反思。其实"官员外逃"以及"裸身做官"现象本身,就已经充分揭示了权力精英们自己也对现行制度和实际做法持有怀疑和不信任态度,很缺乏安全感。正是基于这样的考量,才有最高人民检察院温情劝返模式的推出。

但无论如何,"逃得了和尚,逃不了庙"。现在到了重新审视那个岢然不动的"庙"——结构框架,或者制度——的时候。而在制度设计上探讨解决官员经济犯罪和外逃问题,最关键的是争取形成某种合理的机制,让官员既没有必要,也没有可能沿着贪渎之路下滑,因而也就无须外逃。

所谓"没有必要",是指薪俸足以养廉,待遇优渥,而纪律极其严明,导致犯罪的结果往往是得不偿失。如果违法所得较小、所失太大,当事者自会在权衡利弊的基础上作出合理抉择,没有必要再对他三令五申,没有必要把监督机构弄到重重复重重的程度。反过来,假如官员的行为方式和人生只是像黄仁宇教授在《万历十五年》第5章里描述的海瑞那样:"尊重法律,乃是按照规定的最高限度执行。如果政府发给官吏的薪给微薄到不够吃饭,那也应该毫无怨言地接受。这种信念有他自己的行动作为证明:他官至二品,死的时候仅仅留下白银20两,不够殓葬之资",那么防止"裸身做官"、"官员外逃"现象的举措就很难普遍见效。

所谓"没有可能",是指在"天网恢恢,疏而不漏"的前提条件下,对罪行的揭露比较及时、制裁比较公正,让人不敢心存侥幸。在这里,与其强调严打重罚,莫如强调违法必究、尽早尽量地破案起诉。另外,在这里,政治信息公开和表达自由具有特别重要的意义。因为暗箱操作的状态为上下其手留有大量的机会,私下交易和一言堂则构成贪污受贿的温床,对由此产生的组织败坏,只有透明化的阳光才是最佳防腐剂。为此,有必要敦促有关部门尽早制定政府伦理法,把公开人大常委和高级公务员的资产和收入状况作为其中的核心内容。

在确保"没有可能"贪渎方面,各种检查、监督、审计制度等当然不可或缺,但这些机构必须具有充分的自主性和威慑力量,不能停留在行政部门内部自我监察的水准上。否则,就难免流于形式,无论叠床架屋多少层也不可能收到显著成效。为了加强对官员权力的制约,首先必须把选举、票决以及协商等民主决策方式结合起来,形成官员真正对人民负责的体制。其次,要落实宪法规定的司法独立原则,确保法院和检察院严格按照法律处理案件,对任何人都不偏不倚。再者,还可以通过把行政系统内部的监察机构与人民代表大会制度(尤其是立法权和监督权)以及法院的审判权相结合或者改进行政监察专员(ombudsman)制度等方式,使之具有政治上的独立地位。

面对外逃讲内省,只有在上述条件充分具备之后,"官员外逃"才会重新成为例外现象,而不至于演变成大规模携产移民的社会问题,制度的合法性危机也才得以避免。

2008 年 11 月 25 日

爱国,何不守法?[*]

ABRO 门事件凸显中国社会的政治唯情论盲点以及社会心理的不成熟,人们往往习惯于把本应仔细推演运筹的制度竞争和知识格斗,转换成一场群情激昂的口水仗。

以"爱国"的名义掩饰普通刑事罪行,结果只能是"祸国"。面对假冒伪劣的指控,拿不出法律证据就拿出民族主义煽情话语来作为挡箭牌,反倒会进一步坐实"奸商"称谓,更有甚者还将"殃民"——玷污整个民族的信誉。湖南神力袁老板在年初弃保逃回国后发表的那份俨如"伦敦蒙难记"般的公开信,演出了一幕欲使天下为"私"的荒诞剧,大有把自己的祖国和人民都拉上被告席"陪审"的豪迈气势。

这么说当然不是要否定围绕知识产权保护的策略,存在国家利益之争的事实,更没有忽视在国际刑事司法领域中维护本国公民权益、预防司法不公、抵制贸易保护主义偏颇的必要性。但不得不指出,在 ABRO 门事件中,被告已经再三铸成明显的大错,相关方面也不乏那么一些应对失

---

[*] 原载《财经》总第 204 期。

措、处断亏理之处,因而剩下来的也就仅有一个非常简单的选择性问题:是诚信守法,还是公然践踏既存的规章制度?网络舆论把英国实施拘留、美国要求引渡当成"霸权及帝国主义"进行谴责,甚至把原告爱宝公司在中国的代理律师也当成"汉奸"横加辱骂,反倒更加凸显了政治唯情论的盲点以及社会心理的不成熟。

实际上,自 1870 年 8 月 9 日颁布《罪犯引渡法》(Extradition Act 1870)起,英国等普通法系国家一直没有采纳欧洲通行的不引渡本国公民的原则(principle of non-extradition of national),甚至在把域外犯罪的本国公民引渡给行为地国法院时并没有以互惠为前提条件,基本上显示了尊重和信任外国审判制度的姿态。即使在司法实务方面需要就引渡与相关的其他国家达成协议,也基本上采取严格的属地主义,并不拒绝作为犯罪行为地的他国法院有权管辖,亦不拒绝把本国公民引渡到外国受审(除非属于特别重大的犯罪案件)。因此,就引渡问题向英美两国发起民族主义攻势,难免有"无的放矢"之讥。

根据日本刑法学专家森下忠教授的记述,即使从 14 世纪起就坚持保护本国公民的属人主义、总是最大限度地争取刑事管辖权的德意志和希腊等欧洲国家,近年来也有所变化,开始承认酌情裁量的引渡(discretionary extradition)。此外,尤其值得一提的是,欧盟评议会正在起草和审议的防止高科技犯罪条约,其中有条款把侵害知识产权触犯刑律的行径认定为"重大犯罪",并使相关嫌疑人的引渡变得更加容易。

还应该注意到,2003 年 9 月 29 日生效的联合国《打击跨国有组织犯罪公约》(U. N. Convention Against Transnational Organized Crime),迄今为止缔约国已增至 136 国,其中包括在 2000 年底罗马高级别政治签字会议上就已署名的中国。该公约的参加国都有义务加强在刑事司法方面的国际共助、简化引渡程序、扩大引渡范围,这是一项国际承诺。顺便指出,日本在 2005 年发表的关于防止假冒品和海盗版扩散的条约提案,进一步要求比照《打击跨国有组织犯罪公约》的内容承认对知识产权犯罪嫌疑人的引渡和收益没收,已引起其他发达国家的共鸣。

另外,1990 年 8 月 27 日—9 月 7 日在古巴首都哈瓦那召开的联合国关于防止犯罪以及犯罪者待遇的第八次会议上,通过了《罪犯引渡模范条约》(U. N. Model Treaty on Extradition),意在促进加盟国之间缔结罪犯引渡条约,其中第9条规定了临时拘留(provisional arrest)。在此之前很多双边条约和国内法也有为引渡而拘留或逮捕的规定。因此,英国警方应美国司法机关的请求对袁宏伟采取羁押措施,并不能说就违反了国际法或者侵犯别国司法主权。其实,2000年12月28日中国通过的《引渡法》第30条(应外国请求引渡的场合)和第48条(向外国请求引渡的场合),也规定了在紧急情况下先行采取强制措施的内容。

湖南省的一些律师曾经就ABRO门事件发出警告,认为如果美国将袁宏伟从英国引渡成功,那么今后与美国有着贸易或知识产权等法律方面纠纷的中国商人都会面临限制人身自由的风险。可以承认,这些说法并非杞人之忧。实际上欧美公民中已经有人因为通过互联网侵犯知识产权的罪名,在海外旅行中遭到英国拘留。这类保护私有知识产权的跨国法律举措也许有些过激,未必十分妥当,但显而易见,符合程序要件的拘留和引渡,与民族主义歧视还是不可等量齐观。

在上述背景下,我们要适当保护本国公民的权益,就必须在法言法,靠诉讼规则和各种技术性方法来决胜负。也就是说,按照格老秀斯(Hugo Grotius)关于"或者引渡,或者惩罚"的著名公式以及能动属人主义(principle of active personality)的逻辑,不妨把2000年中国《引渡法》中的平等互惠原则和本国公民不引渡原则转化为有效的防御工具。

根据中国刑法关于商标罪的三种规定(第213—215条),对湖南神力的指控在行为地国也具有可罚性。因此,中国在制度上的选择空间本来是很大的——如果依属人主义,那就可以向英国请求引渡;如果依属地主义,那就可以对美国主张管辖权;如果依轻法原则,中国就可以坚持本地管辖权,在刑罚较轻的条件下要求适用中国法律条款。

但是,只要美国爱宝公司代理律师的陈述属实,行为地湖南的有管辖权的法院的确曾经拒绝受理原告起诉,那么所有的对策也就大都无从谈起了。人们将有理由对格老秀斯的"或者引渡,或者惩罚"公式进行逆向推论:既然犯罪者的内国不承担惩罚或者代理惩罚(alternative to extradition)的义务,那么引渡以及为了引渡的拘留或逮捕就势在必行。假设非要摆出"偏不引渡,偏不惩罚"的反潮流姿态,那就无异于在宣告对现代国际法秩序作出全面挑战——这当然不是大家的本意。

无论如何,围绕此事件的现象和话语再次提醒我们,中国正在面临日益增多、日益复杂化的国际法律摩擦和策略诉讼,但各地企业、政府以及民众似乎还缺乏充分的精神准备和处理手段。人们往往习惯于把本应仔细推演运筹的制度竞争和知识格斗转换成一场群情激昂的口水仗。倘若连律师们也仍然不敢超越诸如此类的浮躁语言游戏、不善于凭借法解释学技艺转战千里之外,那就应该坦言,重新审视法律职业教育的方式和内容,此其时也。

2008 年 2 月 3 日

信访终结制与审判终局性*

　　根据现代法治理论,审判者的决断应该具有既定力,一经作出不得随意变更;也应该具有终局性,一旦确立不得再向其他机关寻求救济。通过既定力和终局性,可以避免一事多议的精力浪费和缠讼现象,节约解决问题的社会成本,维护法律关系的稳定性和权威性,加强恪守权利和义务的观念。当然,这样的制度安排是以法官资质卓越、办案态度慎重、程序公正有可靠保障为前提条件的。

　　但在我国,涉法涉讼信访系统的存在,实际上否定了关于司法判决终局性和既定力的设计方案。在容许甚至怂恿信访的背景下,加上各种监督审判的管道,即使最高人民法院的法律见解也不可能一锤定音。不得不指出,这就构成了某种极其罕见的特殊状况,源源不断地创造出"健讼"上访民,与大量的"倦勤"刀笔吏相反相成、共存共荣。

　　没有既定力,任何问题的解决都很容易出现一波三折的事态、延宕时间、牵扯各个方面,而在向四周发散的过程中,时常会产生无序化、差之毫厘谬以千里的"蝴蝶效应"乃至突发的变异。没有终局性,任何一种问题

---

* 原载《财经》总第 248 期。

的解决都势必指望更有权势的部门或个人出面摆平、导致矛盾不断上交、甚至迫使最高权力者亲断,而在如此攀升的过程中,时常会把某个鸡毛蒜皮的纠纷演变成一场高层权斗或者波及全国的群体事件。

倘若社区自治的机制运行良好,倘若吏治清明,大部分问题都是可以在基层消化或者有效解决的,司法判决缺乏既定力和终局性的弱点倒也不至于突显出来。但是,当社区内的关系纽带有所松弛、政府内的纲纪有所坍塌时,信访的数量必定大幅度膨胀,京城受理申诉和陈情的压力也会剧增。既然事态已经发展到这步田地,颁发《中央政法委员会关于进一步加强和改进涉法涉诉信访工作的意见》(2009年8月)就顺理成章了。

据报道,中央政法委的上述意见以及有关工作会议和培训班的主要精神是:(1)要以"案结事了、息诉罢访"为工作目标,把解决问题放在首位;(2)要营造"不到北京也能解决问题"的氛围,加强在基层解决问题的能力,以减少"进京访"现象;(3)为了避免推诿矛盾的官场积习,必须严格实行责任制,把解决问题的责任落在基层,以减少"重复访"现象;(4)为了防止基层吏员勾结的弊端,上级政法机关要到下级、到基层直接解决问题,变等待"上访"为积极出击的"下访"。

尤其值得注意的是,中央政法委意见首次提出了"建立涉法涉诉信访终结制度"的主张,强调要尊重司法机关的判决。这意味着我国司法判决缺乏终局性和既定力的缺陷和解纷制度的合理化已经开始得到有关部门的明确认知,反思将贯彻到制度设计之中。对于诸如此类的进步,我们当然应该表示欢迎和拥护。

不过,对这份权威意见的内容含义也可能存在完全不同的解读。有人会认为中央政法委正在逐渐从对司法判断再重新进行判断的那种叠床架屋的旧框架撤退,但是,也有人会认为涉法涉诉信访终结制度其实把作出终结决定的那些机关当作终审级,在不经意间彻底改变了司法权的定位,并通过变上访为下访的方式进一步形成审判机关与政法委员会共同定案的双重结构。究竟哪一种解读更符合《中央政法委员会关于进一步加强和改进涉法涉诉信访工作的意见》的旨意,我们现在还无从推断,只能拭目以待正式文本的揭晓和相应的制度变迁。

承认司法判决具有终局性和既定力,就必须通过充分的、公正的审理来确保解决问题的妥当性,从而必须强调程序要件和辩论规则,重视"上诉"的功能。反之,假设仅仅按照"上访"的逻辑来导入信访终结制度,司法判决归根结底还是不可能具有真正的终局性和既定力,更不可能在社会树立权威。审判机关实际上永远处于"被审判"的状态,另有某种高阶的决定主体君临司法界。可以说,"上诉"与"上访"的一字之差,揭示了两种制度设计方案之间存在的根本差异。

即便外部不存在某种高阶的决定主体,如果审判者不是专职人员、不能采取精密的专业技术解决问题,司法判决的终局性和既定力仍然难以确立。因为外行的意见和舆论具有很强的主观任意性,容易随着一时一地的情境不同而变化。由此可以推论,只要推行司法群众路线,客观的、中立的、统一的判断就无从谈起,"案结事了、息诉罢访"的目标也就很难达到,当事人总是试图影响特定范围内的倾向性意见,并在更大范围内寻找自己诉求的知音。在一定程度上可以说,司法群众路线与涉法涉诉信访是一对孪生的规范现象,两者在舆论场域交错、重叠、融合。

即便司法群众路线为法律职业主义所取代,如果组织和秩序的基本原理是承包性质的责任制,"进京访"和"重复访"的趋势仍然很难扭转。因为责任制包括两个侧面:其一,负责者以全人格对结果进行担保,在管辖范围享有相机行事的全权,这就为违法行为保留了充分的余地,构成上访的诱因;其二,负责人因结果而接受制裁的可能性,为普通民众提供了讨价还价的机会,在解决问题方面很可能助长"大闹大解决,小闹小解决,不闹不解决"的风气。在这里,上访变成增加谈判筹码的手段。可想而知,严格实行责任制未必能有效地防止信访泛滥,甚至反倒会或多或少为信访推波助澜。

即便责任制本身并没有促进信访活动,如果上级政法机关积极"下访",也会在处理案件的日常性活动之外另辟救济渠道,造成重复诉求的局面,加大当事人对上级政法机关的期待值。"下访"的必然结果是使"上诉"失去意义。如果在"下访"介入日常办事程序之后问题仍然没有得到妥当解决,留给当事人的选项只有"进京访"或者寄希望于京城派出"钦差大人"。显而易见,这根本不是《中央政法委员会关于进一步加强和改进涉法涉诉信访工作的意见》颁发的目的。

基于以上推论,我们有理由相信中央政法委关于限制信访的意见是要在一定条件下承认审判权具有终局性和既定力。为此,通过充分的、专业化的审理和程序公正来确保通过司法制度解决各种社会问题的妥当性,把形形色色的"上访"活动因势利导到"上诉"的制度化渠道之中,就是最合乎逻辑和经验法则的结论,难道不是吗?

2009 年 10 月 12 日

"祸从口出"的律师[*]

对一个公益律师的行政处罚，正在成为重新审视律师事务所与行政权之间关系的又一个公论焦点。

据报道，北京市海淀区司法局不久前责令忆通律师事务所停业整顿6个月，理由是该所违反了司法部2004年颁布的《律师和律师事务所违法行为处罚办法》第9条第(19)项规定，采取出具介绍信的方式，为尚未取得律师执业证的人员违法执业提供便利。但是，制裁对象表示不服，并主张已经取得的律师执业证被扣押的过去那桩行政举措本身就是不清不白的。在这里，是与非的判断，首先取决于律师执业证的有与无。

大家都知道，中国的律师执业证制度非常有特色。司法考试合格者经过实习后要从事业务活动，还需要通过一个律师事务所向司法行政部门申请执业证，并且必须每年办理更新手续。这意味着不是作为自治团体的律师协会，而是各个特定的律师事务所在对一切律师实行强制加入制；而司法行政部门又通过许可证制度对一切律师事务所实行管理的承包责任制。

---

[*] 原载《财经》总第233期。

这也意味着真正意义上的个人律师事务所是无从成立的,否则任何律师都可以自我解决执业证问题。这还意味着律师的锅碗炉灶实际上必须每年一换、凭票供应——李苏滨律师以及北京忆通律师事务所现在面临的口舌是非,就是来自那个享有发放票证的权力的行政部门的断炊威胁。

从比较法学的角度来看,围绕律师的执业资格历来存在完全不同的价值理念。反映到这个实例中,就表现为当事人各执一词。综合忆通律师事务所的主张,以下几点很值得注意:第一,李苏滨早就获得律师执业资格,如果要吊销它,必须由核准机关或者制裁组织发布书面通知,否则就难免显得鬼祟。第二,李苏滨的律师证件被没收的原因在于他曾经对当地司法局的不正当收费提出指控并胜诉,有行政部门乘机报复的嫌疑。第三,处罚的依据是行政规章,其内容与2008年实施的新《律师法》第50条不能吻合;按照法律的规定,行政处罚的对象并不涉及执业证问题。

但是,在这里首先有必要澄清一点,鉴于律师的使命和职能活动的特殊性,为了维护其品位和社会信誉,即使法律无明文,也还是可以通过职务行为规范对律师进行惩戒或者行政处分的,甚至可以启动司法程序追究法律责任。在这个意义上,律师伦理已经在很大程度上法制化了,类似趋势在欧美以及日本也能看到。反过来也可以说,在很大程度上,中国律师管理法规和行业规范的主要目的在于维护律师的职业伦理,对此无可非议。尽管如此,我们还是要充分认识到,围绕律师伦理存在着完全不同的理解,法制化的形式和内容也都会随之而变化。

例如在现代法学理论中,法律人对司法制度以及实证法体系的忠实义务以及伦理标准按照职务的不同进行了以下区分:对法官更强调独立性和公正性,对检察官更强调作为整体的步调一致,对律师更强调为客户利益而上刀山、下火海的大智大勇。但在目前的中国,我们还会发现这类差异也分别差异化了的现象:对法官反而更强调一体化原则、对检察官反而更强调进行法律监督的独立性、对律师反而更强调行政控制。总之,仿佛把各种评价的指针都分别做了一百八十度的位移。法官和检察官从国家领取俸给,但律师的收入来源在民间、在客户,在这样的饭碗分置的格局里还要继续对律师的口舌加强行政控制,似乎总有那么一点名不正言不顺。

换个角度来看,按照社会分工原理,律师与法官、检察官不同,具有中介和服务的性质。这就决定了他们带有浓厚的草根气息,必须在不同的场景里分别扮演辩护士、谈判代表、顾问、协调者、掮客、鉴定人等不同的角色。因此,想客户之所想、急客户之所急的精神是律师赢得社会信赖的根基,也是律师事务所得以维持和发展的必要前提。如果律师受制于行政部门,这些特性势必弱化,为客户守密的义务以及利益相反代理的禁则就将变得毫无意义。而严格保守客户的秘密、禁止利益相反的代理,这正是律师伦理的核心。由此亦可以推论:当司法行政部门试图通过执业证的扣押或吊销来压抑那些异己律师,甚至对仗义执言的律师进行打击报复时,根本不可能提高律师的伦理水准,只会进一步促进法律界的道德滑坡。

倘若我们在这里止步,不继续讨论价值理念和法学逻辑,那么仅就对违反行政规则的行为的行政制裁而言,从根本上解决纠纷的线索就应该到洛阳司法局的举措里去寻找、求索。为什么李苏滨律师要就2000年的年审注册费提起诉讼?胜诉判决的理由究竟是什么?在2002年办理执业资格证年检时,当事人的律师证件被当地司法行政部门扣押的来龙去脉究竟如何?他没有接到被吊销律师执业资格的书面通知的原因何在?对于没收执业证的行为他是否向其他机关表达过不服?忆通律师事务所怎么就没有为李苏滨申请执业证?只要这些疑云不消散,争议就很难化解。

另外还有一条解决问题的线索,是忆通律师事务所提供的,即:退一步说,哪怕李律师丧失了律师执业资格,也无须劳驾海淀区司法局来对用人单位实施行政处罚。因为中国的诉讼法并没有规定律师对业务的垄断性地位,普通公民也有权染指代理之羹。更因为李苏滨到北京后,从来就未以职业律师的名义单独办案,而是作为助手与该所其他有证律师一起行动。所以,无论如何都不存在所谓"违法执业"的问题。这样巧舌如簧的辩解的确是很"律师"的,也是很无奈的,有一种莫名的悲哀从字里行间渗透出来。

既然忆通律师事务所对海淀区司法局的行政处罚不服,如果公听会未能修改有关决定,那么接下来就会向上级司法行政部门请求复议,进而还有可能启动行政审判程序提出取消之诉。在某种意义上也不妨说,这里将会呈现出一条在司法系统各组成部分之间来回盘桓的律师自我维权的路线,以"归律师所有、由律师管理、为律师办事"的职业团体自治为行进的最终目标。

2009 年 3 月 15 日

"封口费"葫芦案*

从"钳口令"到"封口费",仅从言路管理方式的这种变化,就可以清楚地看到当今中国市场化,已经到了万物皆商品的程度。如果硬要抬竹杠往好里说,这意味着强制力的减弱,合意性的增强,似乎颇有那么一点梅因所谓"从身份到契约"的味道。然而如果实事求是地往坏里说,这完全可以算作社会黑帮化、权力运作私人化的一个标志。

做了见不得人的事,怕知情者揭露,就付一笔钱款——封口费——来购买沉默。这种暗盘交易在古今中外的江湖上不胜枚举。但是,像2008年9月25日发现的山西霍宝干河煤矿公然给60名真假记者发放"封口费"那样的消息,实在太罕见。像2009年4月28日在河北康保县法院开庭审理的张家口市党委宣传部竟然提供封口费那样的案件,实在太罕见。封口费由一级党政机关来支付,封口费能支付给如此众多的媒体从业者,把这两者联系起来思考片刻,你就会感到不寒而栗。

这里存在三大问题。

首先,为什么市党委宣传部要支付封口费?理由很简单,因为在中央

---

* 原载《财经》总第237期。

政府三令五申禁止违法经营煤窑的背景下,关于矿难的负面报道会影响到以采煤为支柱的当地经济发展的现有机制,会影响相关当局的形象和政绩考评,甚至会"问责"掉几顶乌纱帽。何况报喜不报忧早就是宣传部的金科玉律,对于一些主事者而言,规定三七开的报道口径、撤除不符合主旋律的稿件,等等,与采取经济手段控制信息流之间并没有本质上的区别。在一定意义上也可以说,用广告费来诱导公众传媒、用封口费来阻拦记者发稿,俨然已成为对新闻报道进行规制的一种新方式、新手法,主事者不以为怪。

其次,既然封口费比矿难的法定赔偿额要高昂出许多,为什么煤矿老板还愿意支付、并且支付得起?理由很简单,因为他们有强烈的动机要"花钱买稳定",他们也有丰沛的财力来"花钱买稳定"。既然这种违规的矿业经营活动能带来暴利,而一旦发生重大事故,真相被曝光之后,就势必要面对被查封的危险,权衡之余,花些封口费来破财免灾还是合算的。在政府看来,让肇事企业出钱来摆平也比启动正式的禁止机制合算得多。这就像《三国演义》里的故事,周瑜打黄盖,一个愿打,一个愿挨。

更重要的是,如果地方政府与企业主在隐瞒信息、屏蔽公众知情权方面立场一致,那么支付封口费还有企业变相向政府购买保护、政府变相向企业征收特别税费的含意。在这样的情况下,报刊记者面对的是非常强有力的官商联盟,因此,采访和撰稿的风险也就随之变得非常高,反过来说,利诱的效果则极其明显。因为接受封口费无异于参加一次低风险、高回报的合伙事业,比冒着政治风险爬格子、挣稿费要合算得多。

在这里,我们所看到的其实不只是双赢,而是煤窑老板、地方政府以及传媒业者的三赢、共赢。这也可以理解为一种精英集团"铁三角"联盟的山寨版。在这里,我们也就遭遇到第三个问题,即:为什么封口费发给那么多的人还能奏效?因为只要有一个职能部门打报告,只要有一家媒体如实作报道,付出的所有成本都会变得毫无意义。对于支付封口费的一方而言,风险极大,没有比这更容易导致破产的投资了。尽管如此,支付封口费的行为还是不断地、反复地出现,表明付费方具有胜券在握的强烈自信,凭什么?

归根结底,还是因为权力集中化、只对上级负责的管理体制,使众口铄金的效果无法显现,使封口费的作用能够充分发挥。在这样的情况下,如实报道的风险太大,而抵制收买的动力太小,于是乎,出现真假记者排队领封口费这样的怪象也就不足为奇了。如果说防民之口胜于防川，那么防记者之口则胜于防盗。一旦公众传媒堕落到这种程度，所谓"无冕之王"也就无异于丐帮了。如果说司法腐败构成司法不能独立的理由，那么新闻腐败则构成新闻不能自由的原因。这，就是中国的制度改革终将陷入困境的大怪圈。

面对这样的问题状况，归责的对象却总是个人。在山西霍宝干河煤矿封口费事件曝光后，涉案人员数十人都由有关行政部门、媒体主管部门、公安机关做了处理，并对已查实的4名新闻记者给予了制裁。在张家口市党委宣传部封口费事件中，负有主要责任的那位记者关键遭到涉嫌强迫交易罪的起诉。但是，有关单位以及新闻管理体制的责任却无人追究。

记者之所以也能寻租，是因为他们掌握着话语权，也就是疆·路易·塞尔邦·舒雷贝尔所说的那种"第四权力"。如果存在自由而公平竞争的出版市场，如果社会透明度较高，新闻腐败本来是比较容易得到遏止或预防的。但是，当新闻业具有垄断性或者受到限制时，信息发布的数量和范围可以得到相当有效的控制，话语权也就在不同程度上被绝对化了，腐败便因而滋生。

令人百思不得其解的是，张家口市党委宣传部封口费案发之后，涉案记者关键遭到刑事起诉，但这个关键案的审理过程却不允许旁听。这样的事实在以下双重意义上更进一步证实了问题的根源在体制：

（1）如果仅仅是个别记者的堕落与犯罪，没有什么好隐瞒的，公开审判正好可以惩一儆百。既然遮遮盖盖，就说明我们面对的并非单纯的个人行为，而是大面积的结构性腐败，或者说制度腐败。

（2）应该允许旁听的案件却不能旁听，也是要屏蔽公众知情权。这样的做法在本质上与封口费事件并没有什么差异。

众所周知，新闻自由和司法独立是社会公正的最后防线。现在，关键案把这两项关键性制度的重大缺陷叠加在一起呈现出来，迫使我们不得不说：只要继续以这种方式来处理，那么消除新闻腐败或者司法腐败也就俟河清之无日了。

2009 年 5 月 11 日

舆情的裂变与操纵*

在上海,一青年刺杀六警察的刑诉尚未审结;在哈尔滨,却又发生了六警察殴毙一青年事件。通过这两起并无关联却都很有典型意义的实例,可以看到某种令人忧虑的阴影在摇曳、在扩大,时而表现为国家暴力与反社会暴力的混淆和倒错,时而表现为群体抗争对个人犯罪的包容和吸收。

随着民愤与官愤之间的张力不断加强,民众对罪与罚进行价值判断的集体意识(关于是非好坏的共识)似乎已经开始分崩离析,并逐步丧失对越轨行为的制约功能。在分离和改组的过程中,诉诸舆论以及操作传媒的各种动机正在发挥催化作用。从对死囚杨佳的同情,到对死者林松岭的态度变化多端,这个社会的集体意识渐次溃裂,确实是有迹可循的。

仅就围绕哈市警民乱斗案的舆情震荡分析,大致可以分为如下三个阶段来考察集体意识的流变。

2008年10月12日到13日,一篇"六警察将哈体育学院学生当街殴打致死"的网帖引起人声鼎沸,对涉案警察的谴责充斥了公众的言论空

---

* 原载《财经》总第223期。

间。但是,在警方提供的现场监控录像公布后,特别是关于死者的亲属是巨贾或高官的各种来路不明却言之凿凿的传闻在网络流布后,舆情突然出现了逆转。于是乎,在10月15日到16日这两天时间里,反过来同情警察、侮辱死者及其亲属的字符如潮水般不断涌现,几乎淹没了对现场录像是否被剪辑的质疑。等到显赫的家庭背景之类传闻的真实性,被政府新闻发布会断然否定,10月19日以后的社会心理再次向死者倾斜,要求严惩涉案警察的呼声又渐次高涨起来。

如此飘忽不定的评判,证实了情绪化舆论的不确定性和潜在危险性,也进一步证实了司法独立原则以及程序公正的重大意义。

回顾这两周时间里的一波三折,显而易见,影响民众的立场、态度以及沟通行为的因素主要是:势力的强弱消长,信息的多寡真伪。前者导致关于合法与非法的集体意识的裂变,后者诱发对舆论的操纵。

当然,群众同情的对象,从遇害的林松岭转到施暴的警察,接着再来一个颠倒,并非无缘无故。起决定作用的主要是对力量对比关系的估测。社会舆论的天平大都偏向弱势的一方,以保持均衡和公正,这是可以理解的。在"警察对大学生"的构图里,警察是强者,死者属于被欺负的弱者;但一旦误判死者的父亲是房地产公司老总、舅舅是政法高官,并给死者贴上"衙内"标签,就觉得他是死有余辜,一群参与斗殴的警察,反倒成为需要扶助的弱者或者为民解气的好汉了。对强与弱的看法如此简单而易变,就有些费解了。

难道很多公民都对司法机构的中立性和权威性不抱期待了吗?难道在很多地方,解决纠纷根本就不是依据规范,而是取决于一时的势力和人际关系吗?对是非的判断居然相对化到这样的程度,不免让人联想起马克思在《资本论》第一卷915页提出的那个关于法律与暴力的著名命题:在阶级冲突面前,个人犯罪以及制裁的正当性变得不太重要了。

在对警察或褒或贬的这些章句变幻里,似乎只存在一条不变的语法规则,即:当人与人在法律上的平等得不到保障时,犯罪就是反抗的最初形态,无论犯罪的主体和对象究竟是谁。围绕罪与罚的社会舆论,似乎只流行一种修辞手法,那就是格老秀斯在《战争与和平之法》里提到的,把人性与兽性交织起来的"复仇的快乐",或者尼采的《道德谱系学》所指出的,因为不能复仇而酿成的"弱者的愤恨"。倘若广大市民或网民都作为罪罚观众,都沉浸在复仇以及愤恨的气氛之中,那么,过不了多久,就会产生出破坏一切的共同冲动。

令人感到欣慰的是,透过哈市警民乱斗事件的舆情震荡及其应对举措,也能发现事物的另一面,比如说某些变革的契机。首先,自2008年5月1日起施行的《政府信息公开条例》的正面效果已经开始显现,当地政府和公安部门都在努力及时把真相告诉民众,不仅召开了两次新闻发布会,还播放了现场监控录像的部分画面,并且让遇害人的亲属观看了完整的证据资料。应该承认,处理案件的透明度是大幅度提高了。尽管不乏对录像剪辑和选择性公布信息的疑问和批评,但从有关当局的系列动作上还是可以发现一种趋势在增强——对民意的关注以及受民意的影响。政府迫于社会舆论而公布信息,舆论因信息而改变,政府再公布信息以调整舆论的偏向,这个互动过程是以上通下达的信息反馈机制为基本特征的,可以在相当程度上直接反映民意的诉求。

然而,不得不承认,在这个大开大阖的信息反馈通道里,也存在各种障碍和人为操纵。最主要的表现,是当局对信息进行过滤和选择性公布,诱导舆论向预期目标发展。与此相呼应的则是群众习惯于"强者与弱者"、"坏人与好人"之类的简单化的标签思维,一提房产商就联想到暴发户,一提官宦亲属就联想到仗势欺人,很容易情绪化,也很容易接受外部影响。假设审判程序当真要被这样特殊的反馈机制所扭曲,假设诸如此类的选择性信息公开和舆论操纵,也被误解为司法民主化路线的主要内容,那么可以断言:从此以后法制的确定性和客观性很快就要消失殆尽,一场空前的政治危机终将爆发出来,难以收拾。

现代法治秩序,在相当程度上可以理解为这样一种制度安排:用国家强制性暴力来制止社会中本来存在的复仇暴力,同时又必须使正式认可的强制本身受到规范的限制,不至于遭到滥用或者虚掷。假如没有限制国家暴力的后一项内容,被剥夺了复仇机会的民众就无异于一群任人宰割的绵羊,也很容易产生无处申冤的愤恨。在这样的情况下,留给民众的选择就是,要么以包括自杀、投毒在内的各种非理性方式对自己与他人的关系进行破坏,要么重新诉诸复仇的暴力,要么推动社会革命、在改变国家暴力的性质和方式的同时扬弃复仇的动机。但林松岭命案发生后的官民互动过程,还揭示了另外一种选择的可能性,这就是和解。和解的机会依然很大。

孟子论政偏于仁,荀子论政偏于礼,都是主张通过放弃强制与复仇的对立项去克服阶级冲突。韩非提出"明主治吏不治民"的管理策略,其实也是为了和解。但是,在当今中国这样的转型社会里,要超越目前的强弱之争、寻求持久性的和解,最关键的一个步骤,是要摒弃权、术、势、忠、恕的旧思路以及操纵舆论的小聪明,在充分公开信息和自由讨论的前提条件下,重建社会的基本共识,树立某种容许不同价值并存的新体制,并根据革故鼎新的大智慧和一视同仁的公平标准,去审视各种暴力行为、恢复被破坏了的结构性均衡。归根结底一句话,当今中国需要的是制度和解,而不是诡道乡愿。

2008 年 10 月 24 日

个人安全保障与宪政 *

中国的传统文化注重"安身"与"安心",并以信任为社会稳定的基石。但是,追求"信任之治"走到极端,就会反过来,变成对一切都不相信或者在客观上制造对一切的不相信。为什么这么说?因为人与人之间的实质性信任需要以情投意合或价值共识以及话语共同体为前提,具有排除异质的一元化倾向。为此,在组织和制度的运作上必须采取"用人不疑,疑人不用"的方针,即为了确保信任不被辜负,首先必须把不可信任的因素剔除,这样才能获得彻底的安心。然而消除不信的过程本身,势必充满着不安。这种信任与不信任相互转换的悖论在整风运动鼓励朋友揭发、亲属检举之类的实像中表现得特别突出。由此可见,在多元化的社会,个人的安全感不能仅凭人格化信任,还需要获得制度上的保障,主要是指宪政框架的确立。也就是说,能够容忍不同价值观或异议共存的宪政主义制度安排,可以被理解为个人的一种最可靠的安全保障机制。

上述"安身"与"安心"的愿望,换成前联合国秘书长科菲·安南(Kofi Atta Annan)在 2000 年 9 月举行的千禧年世界峰会上演讲的用语来

---

* 原载中英双语月刊《中国法律》总第 79 期。

表述,就是"避免匮乏的自由"与"避免恐惧的自由"这两大原则。相关的具体课题或指标,其实早在 1994 年就已经由联合国开发计划组织(UN-DP)提出来了,包括食物(吸取的热量单位)、环境(涉及水资源、空气品质、灾害、事故)、健康(分为卫生、住宅、医疗、毒品等不同层面)、个人(例如教育、信息、犯罪等)、地域社会(特别是民族对立、歧视、习俗的现状和变迁)、政治(侧重人权、压迫、政治迫害等方面)、经济(重点观测失业、收入、社会保障)等七大基本领域。这些可谓个人安全保障的主要内容或者国际标准,也不妨归结到生存权、自由权以及社会权等国内宪法和人权法的范畴。

实际上,早在 18 世纪晚期,美国著名律师兼外交家杰伊(John Jay)在收到《联邦党人文集》里的一篇论文中就已经指出:"在一个明智而自由的人民认为必须注意的许多事物当中,为自己提供安全看来是首要的事情。"在这里,安全当然是,但不仅仅是指所谓"攘外"意义上的和平与确保社会秩序,还包括通过选贤任能的管理系统获得的安全、作为"全体利益"的安全、善治下的安全、基于信用的交易安全以及因自由而感受到的安全。一般认为,宪政的本质是采取制度化、程序化、日常化的方式适当调节主权与人权的关系,因而既维持客观的国家秩序,也保护主观的个人权利。在这个意义上,特别是在通过分权和法治来防止或限制权力的任意性的意义上,宪政的确就是人民的安全保障机制。

从杰伊的主张可以推断,站在宪法秩序的立场上来看,针对侵略、战争、暴乱、恐怖袭击、各种突发的公共事件以及自然灾害的危机管理当然也是安全保障的重要内容。而为了有效地应对非常事态或危机,就必须让政府享有采取行政紧急措施的裁量权。正是在这里,存在着深刻的矛盾,因为政府的裁量权与公民的自由权有可能对峙,保障个人安全的危机管理也有可能反过来损害个人安全,甚至其为害会更甚于危机本身。于是怎样防止国家的紧急权被滥用,就成为一个不容回避的宪法学重大课题。

值得重视的是英国这些年的立法实例。该国 2004 年《民间紧急事态法》(Civil Contingencies Act 2004)为防止紧急权滥用设置了以下三道防线:(1) 只有在事态严重(seriousness)的情况下才能动用紧急权;(2) 客观上确实具备行使紧急权的必要性(necessity);(3)必须把影响限定于危机发生区域之内的地理比例对应性(geographical proportionality)。除此之外,这个法律还规定了在紧急事态下政府采取特别措施的市民保护义务(civil protection)以及作为监督和救济的事后议会审议程序。针对危机的这种综合性法律框架,与单纯的应急举措相比,更能充分发挥政府的个人安全保障功能。

当然,危机管理在"通常宪法体制"下与在"例外宪法体制"下是有着本质性差异的。通常宪法体制下的危机管理,无论情况迫切的程度如何,依然服从凯尔森(Hans Kelsen)式纯粹法律体系的逻辑,主要通过分权制衡的机制、各种规范制约以及一般制裁来防止滥用权力的弊端。当然,这时个人自由和权利很难按照法治主义理想充分实现,临机应变的因素会增加,然而紧急举措仍然受制于日常性的制度框架,宪政原则会限制裁量的幅度。但在戒严、强行管制以及进入战争状态等例外宪法体制下,会形成某种特殊的、高度集中的权力关系,加强组织性、裁量权以及威慑力,扩大警察机构的监视范围,提高行政效率,从而不断助长施密特(Carl Schimtt)式政治决断主义。在这样情势下,如何尽量维持个人的安全保障,构成一道法律学上的难题。

特别是在风险增大的社会,通常宪法体制与例外宪法体制之间的界限势必流动化,危机状态很可能频繁出现、持续化并变得司空见惯。在这种条件下如何划定危机管理的范围和紧急权行使的界限就显得格外棘手。我曾经在一篇论文中指出过,中国传统的制度条件具有非常奇特的性质,这就是实际上始终把"例外"作为"日常",归根结底是以紧急事态为前提来进行制度设计的。所以执法如同用兵诡道,出奇制胜,并强调国家运作的临机应变的柔软性、势位乃至"无形"——尽量不固定行为的规则、目的以及计划,而是最大限度地进行情境思考、加强个人和组织的学习功能,为主权者的决断保留了最大的空间。正如法国哲学家余连(Francois Jullien)所说的那样,这里存在着"效能的布局模式"和"操纵的艺术",但却没有关于明确权限和自由范围的呼声。

围绕危机管理的宪政问题,也可以在相当程度上收敛到"国家紧急权"与"市民抵抗权"这一对相生相克、相反相成的概念上。大规模的不服从状态往往是紧急权的动因,而紧急权的滥用也可能成为不服从行为集中爆发的导火线。卢曼(Niklas Luhmann)在《风险:一种社会学理论》中曾经把国家与市民社会之间的冲突分为三种基本形态,即欧洲现代化早期出现的以"抵抗权"为轴心的规范冲突,在19世纪因"分配不公"而引起的政治经济冲突(主要表现为劳工运动和社会主义运动),以及所谓"新的风险"——以决定者与决定的被影响者的分裂或对抗为特征的各种决定(也包括为回避风险而进行的各种决定)的风险。从这样的视角来看,当今抵抗权运动的本质是拒绝为充满风险的他人的决定或行为而牺牲,反对不负责任的、危险的判断方式,一言以蔽之,就是寻求政治决策过程中的个人安全保障。

承认市民有抵抗权,就等于承认现行体制并非终极真理,可以遭到质疑和挑战,就意味着规范性的相对化和反思机制的加强。实际上,抵抗权思想的萌芽早在孟子革命论、萨里斯伯利(John F. Salisbury)的基督教反暴政论、美国独立宣言、法国人权宣言等经典性文献中就已经出现了。马克思的解放理论以及毛泽东的"造反有理"命题也或多或少与之有灵犀相通之处,尽管自由主义抵抗权与马克思主义抵抗权还是存在着本质的差异。但是,宪法学的主流过去始终认为人民对暴政和恶法的斗争只是一种极端的自卫手段,是一种不能制度化的超国家性权利,是一种附加严格的限制性条件的行为方式,也就是一种"例外"。

在从外部寻求终极价值根据的欧美自然法思想传统中,这样的理解和宪政设计并无大碍。然而,随着正当性判断的立足点从彼世转向此世,如何为国家体制和法治秩序设定妥当而有效的内部根据就是题中应有之义。怎样使抵抗权思想内部化,怎样明确规定抵抗获得合法性承认的各种具体条件,成为法学的一个崭新课题。第二次世界大战结束之后,对纳粹主义和殖民主义统治的批判和否定提供了转折的契机,导致超越性抵抗权的制度化、实定化,成为法律规范体系的内部根据,或者说通常性宪法体制的一个组成部分,或者说某种"社会性正当防卫"[考夫曼(Arthur Kaufmann)的用语]的基本权利。有的国家(例如德意志联邦共和国)开始在宪法中明确规定抵抗权,而更多的国家则先后制定了具备足以抗衡立法权的效力的人权法典,或者加入两个国际人权公约。在其他部门法领域中,这种宪政精神则表现为刑法上的正当防卫权和拒绝作证权,民法和家族法上的自我决定权,劳动法上的团结权、集体交涉权、罢工权,等等。

综上所述,抵抗权的发展轨迹是,从自然法意义上的外部根据演变成在自然权意义上的作为主权者的个人诉求的机会,再转化为法律体系内部的一般性规范,进而逐步发展成一套可以援用法律条文来主张和行使的基本人权或者政治性权利。请注意,在这里"例外"又反过来转化成了"日常"。正是在上述背景下,德意志联邦共和国在1969年6月24日通过的第十七次宪法修正案,增加了第20条第(4)项规定,即所有德国人对企图破坏和废除宪法秩序的任何人都享有抵抗的权利,除非其他合法的救济手段尚未穷尽。本来抵抗权被理解为一种基本人权,但是在德国基本法中却被定位为宪法保障的手段之一,规定在统治机构的基本原则之中,并且抵抗的对象也不限定为公共权力,而是针对违反宪法的"任何人"。

实际上,以这个条款为杠杆,用来保障宪法的手段也就转变成了保障个人安全的手段。如果有关当局或个人试图避免那些行使抵抗权的激进行为,那么就必须充分提供或承认以及适用行使"其他合法的救济手段",包括违宪审查制度的建立和健全,以便通过通常宪法体制加强个人安全保障。如果说违宪审查制是在特定程序里承认"法官的不服从",那么基于正义的抵抗权就是在特定条件下承认"公民的不服从",这两种抵抗形态都是为了防止"非正义的法律"或者"采取法律形式的不法行径"以各种方式或明或暗地侵害个人安全。换言之,要么落实平时的请求权,要么承认危急的抵抗权,或者两者兼而有之,非此不足以保障公民的自由权利以及维持和加强现代法治秩序的正当性。这就是根据宪政原理推出的必然结论。

2009 年 10 月 5 日

如何面对一个风险社会?*

无论如何,既然中国的人均 GDP 到 2009 年已经超过 3000 美元的阶段性标线,那就可推测今后人民的权益主张将渐次强劲,对分配正义的期待值会明显增大,公共物品的供求关系也很容易出现紧张态势。

另外,起源于美国的世界金融危机,把中国参与全球治理的时间表大幅度提前了,使得中国不可能继续在主权框架内故步自封,也不可能在"地方性知识"的特殊语境内悠然自得,参与制度和价值观的国际竞争已经成为刻不容缓的政治议题。

以上这两个因素,势必对 2010 年中国法制建设的进程产生深远的影响。

在这里,国家秩序合法化是问题的焦点所在,司法改革则是解决问题的关键。也就是说,必须首先通过切实贯彻司法独立的原则,为政府划出一条清晰的权力边界,提供基本的合法性根据。其理由很简单,因为无论采取何种价值判断,无论对法治和正义的理解有什么样的不同,依法治国的制度设计都应该达到以下三项指标:

---

* 原载《中国改革》2010 年第 1、2 期。

——通过马克斯·韦伯所说的形式合理化方式,或者通过尼克拉斯·卢曼所说的把"认知预期"与"规范预期"结合起来的方式,实现社会的稳定性、可计测性以及确实性;

　　——通过明确的规范和程序来限制权力行使,防止决策机构和执行机构的主观任意性;

　　——与远离国家、规避法律的那种逍遥型自治或自由不同,必须通过制度化的手段和正式的救济渠道来保障个人权利和自由。

　　显而易见,没有司法独立,这些指标就无从实现。

　　但是,司法独立原则以及建立在这个基础上的法治国家构想,目前正遭遇来自两个方面的挑战:曰"人民群众的感觉",曰"风险社会",迫使制度变迁的势头受挫、方向不定。

　　前面那个挑战从重新标榜司法群众路线开始,到 2009 年 3 月提出"调解优先、调判结合"的司法政策时达到登峰造极的程度。实际上有一个事实是人们容易忽略的,这就是所谓"人民性"与"大调解"之间存在着尖锐的矛盾,不可能进行短路的联结。

　　一般而论,人民性是从近代主权理论提炼出来的概念。其本质不外乎以一个整体来消弭个人之间的相互性,从而导致对它自己的成员进行严格控制的结局。在抹杀相互性的意义上,人民话语的落脚点在强制而不在共识。

　　所谓"大调解",侧重于情、理、法三者之间的互动关系以及和平解决纠纷,落脚点在共识而不在强制。

　　把这两者结合起来,就是基于承认的强制,显然以增强国家秩序的合法性为目的。但不得不指出,这两者是难以相洽的。迄今为止的关于人民性和大调解的主张也始终存在某种两向对立、各持一端的状态,根本就无法建构起统一的司法系统,从而也无法真正解决国家秩序合法化的问题。

　　后面那个挑战更值得关注。大量的事实证明,随着产业化、城市化、全球化、网络化程度的提高,中国已经迅速进入"风险社会",不安全的隐患无所不在。我们无法再以绝对性、确定性、统一性、可计测性为前提来构想生活空间和秩序。无论是政府还是个人,都不得不以瞬息万变、相对化为前提来进行各种各样的判断和决策。"例外"或危局的频繁出现,给政府要求紧急权提供了大量契机或借口,在相对化的状况下,个人自我选择和自我负责的趋势越来越显著,等等。由此可见,关于现代法治国家的理论和制度设计,的确正在受到来自风险社会的各种挑战。

不希望出现的事实导致不希望出现的结果,这种状况在根本无法预期的时候被称为天灾或者危害,在隐约可以预期的时候被称为人祸或者风险。换个表述就是,风险,既与能预期的不确定性有关,也与难体验的过失责任有关。尤其需要注意的是"异议风险"的处理。这样的问题状况势必导致监管的加强,同时也势必对国家权力的合法化提出了更高的要求。在这里,由风险评估的差异而诱发的各种纠纷也会层出不穷,并促进围绕案件审判的各种压力集团的活动。

在风险社会的背景下,决定者与被影响(决定)者之间的矛盾,可以主要通过在知情后是否仍然同意或承认这种制度安排来处理。迄今为止"知情同意"(informed consent)主要被认为是防范医疗风险的对策,但是,随着信息技术的普及,知情同意权越来越成为一种普遍现象,具体表现为信息公开和问责以及公听会、论证会等各种参与式决策。此外还有所谓"互联网政治"。再加上那些面对不合理现实的屈服和忍耐——另类"知情同意"。在一定意义上,"大调解"也属于知情同意的范畴。

一般而言,"知情同意"的风险管理方式意味着第三者(专家、权威机构)判断的相对化,通过强制性的自由选择来推行某种自我负责的体制。它显然是一种分散风险的技术或机制设计,把损害发生时的责任从决定者转移到决定的被影响者、从特定的个人转移到不特定的个人的集合体(社会),并让一定范围内的每个人都承担部分责任。

但是,不得不指出,基于这种同意而作出的公共选择,本身依然充满着风险。这种风险,在"调解热"与"信访潮"互相促进、同时攀升的现状中可以一览无余。

尽管"风险社会"的出现的确对现代法治国家的制度设计提出了咄咄逼人的挑战,迫使我们重新认识制度化的理论、管理系统的内部构成、公共选择的实践意义和影响以及在规范与事实之间运作的反省机制,但毕竟风险管理还是可以视为对复杂性进行缩减或者对例外现象进行非概率化处置。

从这个角度来看,司法独立原则有充分的理由成为不得不固守的底线,程序公正有充分的理由成为在非常流动的、相对的状态里"以不变应万变"的有序化机轴。正是风险社会的非等级性、多重多样性、过程性、网络性,注定了司法程序的关键意义。

为了在转型期中国确立和贯彻司法独立原则,有必要大力提倡这样的观点,即要最大限度地把司法与政治区隔开来。要退回到司法消极主义。但是,这种消极化并非全面的撤退。

目前,中国司法的问题是该能动的地方没有能动,该被动的地方没有被动。在对违宪行为和违宪法规进行审查和纠正方面,司法机关应该更积极些。但在涉及经济、政治以及意识形态的问题上,司法机关应该尽量消极些,只发挥安全阀、刹车以及合法性过滤器的功能。

应该特别注意司法只处理具体个案的特性,打破把审判与直接民主政治结合起来的幻想。如果要求法官在具体个案的处理中服务于政治,就会产生因地制宜、因时制宜的特殊主义倾向,瓦解法制的统一性,使规范体系变成一堆碎片。而之所以需要司法独立原则,就是为了防止立法权和行政权的任意性和妥协性,避免政治投机主义对国家秩序的侵蚀。

总之,没有司法独立就没有真正的法治可言,2010 年以后中国制度变迁的方向也由此得以明确。

2010 年 1 月 22 日

最高法院的使命与威信[*]

在以法治著称的美国,在所有高级职业中,联邦最高法院大法官的信誉始终位列第一,得分远远胜出议员、政府高官、大公司经营者、市长以及银行家。由此可见,建设法治国家的关键在于法官的定位:没有大法官的威信,就不可能有法律制度的威严。斯蒂芬·布雷耶的人物印象和答问实录也算得上一个新佐证,同时还在相当程度上揭示了大法官为什么应该而且能够受人尊重的主要理由。

耐人寻味的是,布雷耶是带着美国宪法接受记者采访的,就像刘少奇当年带着中国宪法接受红卫兵批斗那样。作为合众国宪法守护神的大法官;作为共和国主席护身符的宪法;一个宪法在审判程序中是活的、有力量的;另一个宪法却徒具空文、无从实施,在群众运动的狂风暴雨里已经名存实亡……这实在是个太意蕴深长的隐喻!布雷耶告诉我们,宪法是法治国家的基石,是个人、社会以及政府之间的基本共识。公民在考虑公共事务时,总是要回到宪法的框架下来讨论问题。正是宪法让那些出自不同种族、身份、教育背景、政治派别以及宗教信仰的公民们团结起来。

---

[*] 原载《新世纪》2012 年第 22 期。

一部推行法治、保护人权、实现民主、坚持公正的好宪法是具有凝聚力的，也是必须付诸实施的。

他还指出，正是对宪法实施的态度决定了司法权的沉浮。美国联邦最高法院的已故首席大法官约翰·马歇尔的明智之处在于奉行"宪法至上"原则，通过马伯里诉麦迪逊案明确了法院对宪法的最终解释权和对违宪行为的最终审查权，从而保障和加强了法院的功能，巩固和提升了法院的权威。显而易见，法院对法规和行政行为的合宪性进行审查的权力是决定性的。换言之，没有违宪审查制，司法独立原则就很难真正确立，司法权就很难抬头。而斯蒂芬·布雷耶大法官的明智之处是在上述前提条件之下，仍然对走过头了的"能动司法"倾向敬而远之。他的投票行为和意见表明，法院即使享有宪法最终解释权，也应该始终采取一种谦虚的、自制的姿势，不轻易否定国会立法，不把制定法律与执行法律这样不同的职责混为一谈。根据我的理解，当他提出"法官能为民主做什么"之问时，不仅顾及司法判断的正当性基础，而且还深刻认识到审判机关的力量之源何在。

从布雷耶的立场来看，舆论不等于民主；国会立法才是民意的制度化表达，是审判的根据。因此，即使面临再大的舆论压力，法院也必须坚持依法判决，绝不能对舆论让步。只要严格按照宪法和法律的规定进行审判，无论舆论如何沸腾、导致什么结果，法官都是免责的。我们只能根据是否遵循和坚守宪法和法律来对法官问责。在这个意义上，法官只需服从法律，只需奉行"宪法至上"原则。在这个意义上，首先法院必须是独立的。其次，正如布雷耶指出的那样，"如果法治必须通过法官来执行和生效，那么法官必须独立。……法官不应该受到任何团体包括政府机关的影响"。当然，法官也不应该，甚至更不能够受到舆论的影响。因为舆论是可以操纵的，一时一地的倾向性舆论会造成非常不确定的状态。

在舆论场里，通过预测和计算进行决策势必变得极其困难，专业技术往往显得捉襟见肘，从而导致人们更倾向于因地制宜、临机应变，也更倾向于像股市、房市中"买涨不买跌"那样的随大流、跟风。也就是说，不确定性的增大会导致群体行为方式会从技术理性转向没有一定逻辑关系的、情绪驱动色彩较浓的相互模仿。这样的不确定性恶性循环很容易引起社会震荡和解构。唯其如此,国家应该特别致力于减少不确定性,促进合理化进程,尽量通过专业技术来预测、计算、驾驭以及控制那些非常复杂的、流动的事项。这正是独立的法官和法律职业共同体应该也能够大显身手的地方。这时如果有关当局鼓励和参与"一窝蜂"式的相互模仿行为,那么社会的不确定性就势必愈演愈烈,直至失控,直至造成危机。目前中国的司法界正是如此,实际上在不经意间促使审判股市化、赌场化。此时此刻,听听布雷耶大法官的意见,也许有点振聋发聩的效果。

我注意到,布雷耶大法官反复强调真正的法治国家建设是个漫长而艰难的过程,不能指望在一个早上"从头收拾旧山河"、突然间改变秩序原理,也没有什么能够迅速见效的灵丹妙药。的确,法治成为一种生活方式也许需要几十年甚至更长的时间,但对法官以及整个法律职业群体而言,更重要的是应该立即开始行动,通过点点滴滴的积累推进制度进化。在法治确立过程中,自由市场的需求构成了最基本的前提条件,而政府是否尊重宪法和法律、是否带头守法至关重要。布雷耶大法官讲述了两个有趣的故事,从安德鲁·杰克逊总统拒不执行联邦最高法院关于保护切诺基族的判决而造成印第安人"泪水之路",到艾森豪威尔总统为执行联邦最高法院反种族隔离判决而派出1000个空降兵护送黑人学生到白人校园就学。从这样的历史演变可以解读出一条铁律,即:判决本身只是一纸空文,因而离开从宪法层面对政府强制力的属性进行判断,我们就无法界定法治的真正内涵。

2012 年 6 月 3 日

期待地政拐点*

本溪被拆迁户杀死违规拆迁者案件,法院以司法判断的方式开始要求政府和企业对 20 世纪 90 年代以来的地政问题进行善后处理,承担对暴利与暴力的恶性循环所应该承担的社会责任。这个判决表明,从根本上彻底解决土地问题的时机正在成熟。

这是一份具有重大历史意义的判决。对辽宁本溪被拆迁户在遭遇违规强制拆迁时持刀刺死拆迁人员的案件,法院认定被告是过度的正当防卫,判处有期徒刑三年、缓刑五年,当庭释放。该被拆迁户还获得了拆迁补偿。"正当防卫"这四个字,划清了法理与开发政策之间的界限,也彰显了司法机关相对于地方政府和企业的独立性。透过这个案件的处理,我们也可以看到,中国的地政似乎正在发生微妙的变化,值得高度关注。

众所周知,过去,在一些区域,土地开发过程产生的交易利润当中大约有将近六成归地方政府所有,剩下的两成由土地开发商获得,一成归建筑商,而被征收了土地的农民以及被拆迁了房屋的住户获益非常有限。

---

* 原载《财经》总第 247 期。

这样的分利构成,决定了中国不动产市场的极端特殊性。既然地方政府从土地交易中获得了这么巨大的收益,那么它就有责任也有能力来调节土地市场的涨跌,解决因土地引发的各种社会问题,承担制度转型的成本。被征地农民和被拆迁户的权利诉求必然要在某个时点、以某种适当的方式提出来并加以解决,这是迟早的事情。

辽宁本溪中级法院的判决适得其时,似乎构成了一个重要的转折点,以司法判断的方式开始要求政府和企业对20世纪90年代以来的地政问题进行善后处理,承担对暴利与暴力的恶性循环所应该承担的社会责任。这个判决也表明,从根本上彻底解决土地问题的时机正在成熟。

从法律角度来看,解决土地问题的关键包括四点。第一,把个人诉权作为土地权益保障的基础,使得土地权利之争能够通过司法救济的方式来解决。第二,把公共利益与具有一般社会性的商业利益加以区分,采取不同的判断标准和处理的方式。第三,在围绕土地权益的多方博弈中加强农民的谈判地位,改变力量对比悬殊的现状。比如,通过农会组织、通过法律的制度设计来加强农民的谈判力。第四,透过合同的法锁以及"关系束"的重组来确定具体的权利内容。就像经济学界曾经在20世纪80年代面临如何逐步使国有企业的产权关系明晰化的难题那样,法学界现在正面临如何在中国现有的条件下使土地的产权关系明晰化的难题。在这里,需要操作的智慧,也需要法学理论创新。

对于上述司法救济过程而言,最大的障碍是什么?不得不指出,那就是上层的分利同盟。也就是说,少数人垄断了经济利益,而这一部分既得利益者对深层改革持一种抵抗的态度。也就是说,上层的既得利益集团是通过司法救济改革地政的最大阻力。这个阻力不克服,就有可能应验一句民谣,这就是中国的经济奇迹很可能"成也土地,败也土地"。

在中国两级土地市场的制度框架里,存在着不少特色和问题。众所周知,中国没有私人所有的土地——城市部分是国有的,农村部分是集体所有的。在所谓土地市场上流动的,只是国有土地使用权。农村集体所有的土地,只有在经过征用程序国有化之后,才能以使用权交易的方式进入流通。所以,土地买卖之前必须首先设定可交易的土地使用权,由政府的土地管理部门审查决定。实际上,在整个土地交易过程中,政府始终发挥着主导作用。在土地交易中政府权力过大究竟意味着什么？答曰：在扭曲的价格机制中寻租。

那么，在目前中国的城市，又为什么会出现那么多的拆迁纠纷呢？主要是因为在计算补偿额度时，土地的使用权本身不包括在补偿的范围之内。按照有关规定，拆迁之际政府要无偿回收土地使用权，不对市民的土地使用权上的利益损失进行补偿。显而易见，这样的规定使得城市拆迁的补偿金额大幅度减少，而拆迁户在土地使用权上的利益损失很大。众所周知，很多市民的私房本来是在私有土地上建筑的，在社会主义改造运动和"文化大革命"中，房地都一律充公了；后来落实政策把房屋归还了所有者，但土地变成了国有的。

请设身处地想象一下：现在搞城市开发，原住户不得不拆迁，土地使用权也要转移给企业主，相应的损失却不能从商业利润中得到补偿，连基本的征地补偿也只限于房屋损失，他们能不产生怨气吗？这样的处理符合公正原则吗？所以，土地使用权利益损失要不要补偿、怎么补偿，仍然是法律上绕不过去的重要问题。

应该从法律的角度来重新审视征用和补偿问题。首先要考虑的一个非常重要的问题，就是如何区分公共利益与商业利益。很多住户拒绝搬迁的很重要的理由，就是征用并非为了公共利益，而是出于商业开发的需要。因此，公共利益和商业利益之间的关系，成为前一段时期有关争论的一个焦点。但迄今为止的各种意见，忽视了两者之间还有个中间项。公共利益的界定是比较复杂的，但一般而言是国家为了整个社会的公共利益而征用土地。在城市规划和开发的过程中，尽管为了不动产开发商的事业需要进行的征用会带来巨额商业利益，还是有相当一部分开发后效果可以惠及当地社会，所以也具有一定的公益性。在法国，这样的城市开发被称为"一般性利益"，构成公共利益与商业利益之间的一个中间项。

设置一般性利益的中间项有好处，就是一方面可以避免因为纯粹商业利益引起的争执，另一方面使一般性利益和公共利益严格区别开来，避免假公济私引起的争执。一般性利益不能完全等同于公共利益，所以征地的标准应该更严格，审批的程序也应更公开，补偿的标准应该更充分，必须把开发后的商业利益的一部分还原到公共社会。一般性利益也不等同于单纯的商业利益,所以拆迁户不能纠缠不休,阻碍征用与开发。但是,中国的法律规定没有进行这样的区别和概念计算。

总之,中国的土地使用权结构是必须改革的。改革的一个很重要的方面,就是把土地所有权的主体以及处分的手续弄清楚,也就是产权关系要明晰。从这个角度来看《物权法》的不足之处,最重要的是农村集体所有的土地的处分性决定的主体仍然是不明确的。从理论上说,集体所有的土地,是所有农民个人把私有土地放在一起而形成的财产权构成物。但是,该集体的所有农民,或者其中每一个人,或者集体的代表,实际上不能按照自己的意愿对土地进行处分,至少没有最终决定权,即使他们作出处分土地的决定,也要经过政府有关部门的同意才能产生法律效力。这样的状况是极其特异的。无论如何,在这样的状况下,怎样防止政府对私人所有以及集体所有的财产权的侵害,就成为一个非常重要的立法问题。

2009 年 9 月 28 日

"铁腕"执政功与过*

原江苏省副省长仇和调到云南省任职,其敢作敢为的风格,给当今中国的官场增添了生趣。

下车伊始,仇和就说:"我到昆明工作,人地两疏,和大家无亲无故;从未共事过,与大家无恨无怨;只身一人,无牵无挂;所以,工作必定能无恃无畏。"——这样个性鲜明的履新感言,充分展示了此人难能可贵的激情和干才。但不经意间,也掠过几丝若隐若现的虚无主义阴影。尤其是其治山疏水、改天换地的惯用手法,与全民招商的彻底市场化倾向紧密结合在一起,再次引起激烈争议。如何理解和评价所谓"仇和现象",其实是个不容回避的政治问题。

倡导一种超常规的经济发展观,用威权和重典来提高施政效率,在相当程度上无视甚至封压反对意见——这就是仇和的基本思路。在2008年春节后在昆明经济动员大会上,仇和明确表示,要继续"倡导这样一种风气:先干不争论、先试不议论、先做不评论,允许在探索中有失误、不允许无所作为,在干中积累经验、在干中完善政策"[①]。从知行之辩的角度

---

* 原载《财经》总第208期。
① 见《人民日报》2008年2月19日。

来看,这种立场可以理解为某种实践优先论。但从政治学的角度来看,不妨看做 16 世纪的博丹式绝对主权说的新翻版,表现出挣脱传统观念和抵抗势力的束缚的魄力。

但是,不理会异议的实践要持续下去,迟早还得证明自身的正当性——除了全心为公的德行,特别是需要用实践的结果来检验是否正确;因而其必然具有强烈的功绩指向,也希望不断赢得群众的响亮喝彩或者欢呼声作为动力。因此,强势的改革派领袖在行为方式上势必呈现如下特征:以迅雷不及掩耳的霹雳手段推行特定政策或新举措,以看得见、摸得着的成就来化解既得利益集团以及保守势力的抵制;达成目标之前则往往借助于舆论的声威,在把民间口碑作为盾牌、从外部施压去推动失灵的官僚机器的这一系列操作过程中,执政者当然要重视形象塑造,也多半会通过从严治吏、任贤亲民的各种方式争取社会各界的好感和支持。

其结果,"形象政治"和"舆论政治"的因素将被注入行政机构中,逐步造成有魅力的领袖人物不必依靠科层制组织而可以直接动员人民的超常规的态势。社会心理学的逻辑决定了这样不倚赖官僚集团的执政者一定会显得特别值得倚赖,于是,支配者的个人绝对权威就自然而然地树立起来。

这样一锤定音的状况,岂不是很像卡尔·施米特所描述的那种决断主义?的确,施米特的学说在本质上极其接近超常规的经济发展观,他认为主权者的决断不能从常规中推导出来,故而构成"真正意义上的决断"[①]。

由此可以推想,在地方行政首长也能作出类似决断的场合,博丹、施米特们所定义的那种主权,实际上是被分割或者下放了。一个巨型金字塔结构被自上而下划分为许多小的金字塔结构,它们相互之间存在竞争与合作的互动关系——这正是"放权"式改革的本质所在。

当中央集权的整体结构还没有发生本质性改变时,要调动地方的积极性,要避免下级官员采取"等、看、靠"的明哲保身术,不得不容许一些能吏们享有较大的自由裁量幅度。这就是所谓试错范围,也构成可开拓

---

① 引自〔德〕卡尔·施米特:《政治的概念》,刘宗坤等译,上海人民出版社 2004 年版,第 5 页。

的事业空间,或者制度变迁的回旋余地。实际上,倘若各地执政者都具有超越科层制的决策力和行动力,尽管存在割据、动荡以及失序的某些风险,但精减中间环节、缓和规制的构想或许也会变得比较容易落实,客观上有利于社会系统朝"分权"和民主化的方向转型以及跳跃式发展。

例如仇和发明的那个行政改革"三分法",让公务员的1/3轮岗招商、1/3离职创业、1/3继续管理,虽然颇有点唐突和滑稽,并难免出现若干种让人诟病的问题,但也的确给政府机构裁减和疏散冗员提供了多样化出路。另外,执政者与群众的直接沟通也有可能为意见市场的发育以及行政透明度的提高,准备某些前提条件。

尽管如此,还是不得不指出,铁腕执政在带来令人刮目相看的绩效的同时,也会带来压迫和反抗的潜在危机,应该认真考虑曲突徙薪之策。显而易见,强行拆迁后建设高楼大厦既然着眼于公众利益,就应该尊重公众意见,并对那些本来不属于公共事务范畴的个人价值偏好、独特的生活方式以及各类私产给予充分的尊重和保护。不无遗憾的是,仇和的许多令人耳目一新的举措其实仍然囿于人治和承包责任制的窠臼,缺乏现代法律观念。从设立35个招商分局到勒令打瞌睡官员辞职,仇和治滇的各种传奇故事正在演绎的不外乎长官的独裁意志以及急功近利的经济短期行为。

以此为背景,现代的"分工"原理被扭曲成各行各业层层压指标的"包工"措施,公务员制度也不断受到一时一地的政局和舆论的冲击。更重要的是,在一呼百诺的氛围里,难以形成有效的事先预防失误和及时矫正偏颇的民主法治机制,也不可能阻止类似张居正人亡政息那样的历史悲剧反复上演。地方官员当中的等而下之者,还会变得只热衷于作秀演戏,最终造成某种形式的"剧场政治"——执政者们竞相通过堂皇的面子工程、一刹那的精彩表现以及脍炙人口的妙语去取悦上司、糊弄群众。

应该承认"仇和现象"确实还是很有些不同凡响,确实有扫荡衙门暮气之效。然而过去的成功却并不能担保将来的正确,引进工程更代替不了振兴产业。必须清醒地认识到,随着中国社会日益复杂化、流动化、国际化,仅靠领导拍脑袋的决策方式和政府刮风暴的管理手段,已经越来越不能应付裕如。尤其是在办事节奏加快、政治周期缩短的语境,国家的中长期发展战略以及社会的根本利益很难得到充分的、周密的统筹兼顾，"一言堂"太容易铸成事与愿违的大错。

因而在进行重大决策之际，我们有充分的理由要求把专家论证会（服从科学规律）和公民听证会（尊重个人权利）作为仇和们大刀阔斧的行动的两道安全阀，以避免再次出现一失足成千古恨的结局。

2008 年 3 月 30 日

人事与天命的碰撞*

虎年春节前夕,山东省新泰市曝出"80后"集体登上政坛的消息,引起网民一片质问声。有人指责"一刀切"的低龄化会导致不成熟的治理,也有人猜测破格提拔的必有"官二代"背景。但是,关于新泰的这些风言风语,只是反映了目前的社会心态,并没有点出问题的要害。

早在上古秦国,丞相之孙甘罗12岁就官拜上卿,不仅无人不服,还传为千古佳话。为什么?那是因为他凭着慧心机智、伶牙俐齿进行外交谈判,巧获五座城池,立下了丰功奇勋。再看当今法国,内格罗尼20岁就从爷爷那里继任圣洛伦索市长职位,也没有引起任何风波,那是因为他通过公开的竞选活动展现了治理才能,获得了多数投票。由此可见,新泰这次任用干部招致非议的决定性因素并非入选者缺乏历练,也非出自官宦门第的家庭成分,而是选拔的程序和标准根本不足以取信于民,不足以确保用人得当。

干部的破格提拔,如果既没有出色的业绩作为晋升根据,也没有优势的选票作为群众基础,那就只有把考试的成绩作为资格认定的标准或者

---

* 原载《新世纪》总第389期。

合法性根据。这正是科举的逻辑:学而优则仕。

新泰市这次的确采取了类似科举的做法,但考试方式的公平性、评分标准的客观性让人疑窦丛生。笔试成绩很低、面试成绩极高,两者折衷后才上合格线,再加上"组织考察"过关,这意味着决定"金榜题名"的尺度其实并不是完全客观化的分数。

显而易见,在毫不掩饰的面试高分以及组织考察的鉴定意见里,存在着某种不受制约的自由裁量权和上下其手的空间,所以很多网民怀疑其中有猫腻。

尤其是组织考察,长期以来流行一套内部调研、最终拍板的特殊做法,甚至可以封锁其他候选人的可比较信息,使得任何公开招聘和选拔的程序基本上流于形式。组织考察之目的,本来是通过忠诚心的确认来提高令行禁止的行政效率。但是,如果由此造成私人间关系网的盘根错节、渐次演化成一个尾大不掉的局面,那么人事集权的初衷也就无法实现了。

在某种程度上不妨说,通过组织考察和忠诚心本位的任免制度,可以形成官员生涯的可计划性、可预测性,从而加强眼睛向上看的政绩指向。正是这样的利益驱动机制,为中国高速经济增长提供了必要的政治领导力保障。但是,当既得利益累积到一定规模,就会构成合理化法律秩序的障碍,就会产生争取世袭制的强烈动机,就会促成互相勾结的牟利联盟,现有的诱因体系也就随之发生功能异化,反过来严重阻遏经济增长,甚至引发政治危机。

目前中国官员任用制度的最大问题是:没有真正确立起公正的选拔程序和普遍的、客观的评价标准。为了在既定条件下减少流弊,只好把年龄作为"一刀切"的硬性指标。一定级别的干部只在一定年龄限度内选拔,过了界线就退休,这样的做法倒是可以克服论资排辈和恋栈造成的"老害",也减少了人情的压力,还缓和了权力斗争的剧烈性。然而,另一方面,却助长了在年龄竞争上提前卡位的风气,例如在退休前安排好代理人,或者让子女尽早攀登晋升的阶梯,不断通过超速提高级别的方式来扩大与年龄"天花板"的距离。其结果,中国官场凸现出一道突击提干低龄化的景观,逼得中央组织部长不得不出面喊停。这表明,人事制度已演变成只有年龄是唯一普遍的客观标准,但现在连年龄这条底线也守不住了。

在一个高速发展、迅速转型的社会,干部的破格提拔并非不可为,甚至还应该有所鼓励。但是,这一切都必须以真才实学和政绩事功为前提条件,只能偶一为之、适可而止。

山东省新泰市六位行政副局长、一位审判副院长的任命公示,之所以能在全国范围内引起轰动效应,是因为互联网上发出的一则消息和若干呼应跟帖。这标志着人事制度已经开始接受"互联网问政时代"的洗礼,暗箱操作的旧办法正在逐步失灵,信息公开的潮流已经势不可当。也就是说,政治体制改革似乎已经进入读秒阶段。

在我看来,有必要从现在起就重新筹划人事制度的设计方案,把有晋升高级官僚资格的公务员与担任事务性工作的公务员区别成不同系列,分别采取培育型人事政策和渐进式升迁系统,只能对那些有晋升资格的公务员按照绩效或选票适当采取破格提拔的举措,其余职员还是应该摒弃政治投机的念头,在兢兢业业中逐步实现自我。

毋庸讳言,人事制度改革是极其艰难的。但是,既然连年齿序列这条硬性界线也开始失守了,那么触底反弹还会远吗?

2010 年 2 月 27 日

官员财产公示的"下行上效"*

要不要建立党政官员财产公示制度？在这个问题上，说"不"的人一定很少。理由很简单，面对政治伦理的滑坡、结构性腐败的蔓延、群众的尖锐质疑，征诸各国的经验和教训，这种"阳光法案"的必要性不言而喻。

但现阶段的中国究竟能不能真正做到财产公示，还难容乐观。从1988年提出这项立法动议到现在，已历时20年，恍若隔代。从中办和国办1995年颁布关于县处级以上党政领导干部申报收入的内部规定到现在，已经过了13年；从2001年中央纪委和中组部联合制定省部级高官家庭财产报告的党规15条到现在，也已经有相当于"八年抗战"的光阴汩汩流逝。一切却都没有实质性的变化——内部制度几乎形同虚设，外部监督始终法无实据。

进入2008年到2009年间，情况突然开始改观。先是西北的阿勒泰，后是东南的慈溪，开始试行党政官员财产公示制度。一般而言，在发达国家，财产公示制主要针对政界和官界的高层，因为下级干部的越轨行为比较容易通过自上而下的监督和司法手段来防止。

---

* 原载《财经》总第231期。

目前中国的实践却相反,新一轮制度建设走的是"下行上效"的路线,很有特色。这种以"打苍蝇"倒逼"打老虎"的机制究竟能否切实奏效,恐怕还需要有一段时间拭目以待。

不难想象,如果上层领导率先垂范,一清二白地公布自己的资产,然后再敦促下属依样画葫芦,有关的改革措施就可以雷厉风行而不引起强烈反弹。"作秀"之类的讥评、"瞒报"之类的猜测,也就未必会像现在这样甚嚣尘上。

尽管还存在这样那样的局限,我们还是应该充分承认阿勒泰和慈溪试验难能可贵的意义,并倾力支持诸如此类的创举。

与过去的两个中央规定相比,慈溪和阿勒泰的地方性制度设计还是颇有新意的。最大的进步在于引进外部监督这个要素。无论把党政机关和国有企业的现任领导的详细财产信息在公告栏里张贴,抑或把新提拔干部的收入项目作为初任申报内容在廉政网站上传,都要向当地有关公民公开公仆的经济收入,以接受群众检查来获取群众信任。

但是,披露的对象、程度以及方式,在这里仍然还有推敲的余地。两个地方分别提到干部隐私权问题,说明这正是财产公示制成败的一个关键,值得进一步推敲。实际上,社会监督的力度是应该与对象的公共性成正比。也就是说,官位越高,公共性也就越大,对其隐私权的限制自然就会更多些。

慈溪公布的财产范围是领导干部本人、配偶及未成年子女名下的房产、私家车以及亲属出国(境)求学(定居)、经商办企业等方面情况,然而银行存款、信托资金、股票和其他有价证券、借出款和借入款、美术工艺品等并没有包括其中。阿勒泰公布的信息更少,主要是本人的工资等收入现状,至于财产以及家庭成员的相关信息,出于"保护领导干部的合法财产、人身安全以及隐私权"的需要,统统都被列入秘密申报、内部掌握的范畴,外界根本就无从知晓。

阿勒泰有关部门的顾虑当然不是没有道理的。怎样保护官员的隐私、防止绑架等犯罪行为的发生,这些问题的确有必要纳入制定规则者的视野,预设对策。但在实践中,阿勒泰的盲点是把公示的范围与公示的方式混为一谈了。慈溪市之所以出现怀疑资产申报真实性的舆论,根源也在此处,仅凭改革推动者们那种无奈的"低调"也是无济于事的。

其实,要避免干部的个人信息泄露过度而诱发某些侵害财产和人身安全的犯罪或者社会动荡,大可不必采取掩盖财产数量和内容的态度,只需对公示方式进行某些技术性调整就可以达到目的。例如,为了保护隐私、防止诱拐、阻遏谣传,可以把申报的不动产所在地仅公示到市、区、镇、乡的层面,不详细记载街道和门牌号码;不采取广告专栏、廉政网站之类的信息发布方式,申报资料全部集中保存在指定的机构(例如纪检监察部门的档案室),容许任何公民随时在登记身份和联络地址的前提条件下自由查阅,等等。

通过2008年年底出台的《慈溪市领导干部廉情公示暂行规定》,还可以发现中国有关制度设计上的另一个盲点,这就是对财产公示之后的处理虎头蛇尾,很容易流于形式。按照这个规定,财产公示情况将作为考评和提拔干部的一项重要内容,申报不实的一经查清就由纪检部门从严处理。虽然这样的条款倒是的确有点把不太干净的干部们逼到"囚徒困境"、不得不在坦白与隐瞒之间进行艰难的博弈的意思,却依然没有打破内部监督的窠臼,从而也就为"官官相护"预留了方便之门。

显而易见,慈溪的制度设计在财产申报与组织测验之间还缺乏一个极其重要的环节。这就是某种制度化通道。有了它,就能够把向社会公布与受社会监督结合起来,在不同部门之间发挥媒介功能。正因为存在这样的空白,当有人对领导干部们的"两房两车"提出质疑时,当大多数人都认为领导干部并不会填写真实的财产信息时,纪检部门才会陷入无言以对的尴尬,只好保持"低调"。

倘若慈溪或者阿勒泰的改革者们不满足于一时、一地、一部分地公布申报信息,能够及时补充那个缺失的环节,情况就会进一步发生实质性变化。比如说,设立由各界代表组成的官员财产公示审议会,通过这项制度正式受理质疑者们的审查请求以及第三者通报,并有权敦促纪检监察部门进行查处,那么对公示情况进行民主测验的现行规定就有了付诸施行的客观的、恒久的基础,各种情绪化的非议也就会转化成理性的投诉。何乐而不为?

2009年2月14日

经济危机中的司法责任*

如果把国家运行机制比喻为开车,那么,可以说立法机关是方向盘,行政机关就成为油门,而司法机关主要发挥制动器的功能。在高速公路上驾驶,要注意防止刹车失灵,避免翻车事故。而在爬陡坡之际,当然要加大油门,不必把脚踩到制动器上去。但是,假设陡坡上有很多障碍物,假设陡坡崎岖还带拐弯,那就必须在右脚提速的同时,还把左脚放在制动器上进行调节——这应该就是2008年年底中央政法工作会议的基本逻辑,并没有错。尽管如此,对制动器怎么进行调节仍然还是个问题。

面对大萧条的风险,广东省检察院在2009年1月6日公布了积极为企业保驾护航的十条意见,明确规定在查办企业经营管理者和关键岗位工作人员的职务犯罪案件之际,检察机关要及时与主管部门或企业领导沟通,慎重选择办案时机,犯罪情节轻微的,酌情暂缓办理。从中可以看出,公诉人在如下三个地方有些豹变:

第一,对刑事案件的查办可以因人物、因职位而异,几近历史上的"官当"、"八议"等司法陋习在新的条件下死灰复燃。

---

* 原载《财经》总第229期。

第二,在是否起诉的决定上要听取企业主管部门或企业经营者的意见,意味着检察机关自我削减独立性,为国家性权力和社会性权力干预司法打开了方便之门。虽然这只是特殊时期的特殊对策,但谁能保证不会产生覆水难收的长久效应?

第三,对犯罪行为的追究可以选择时机、斟酌轻重,实际上就是容许例外,容许超出定罪科刑的裁量幅度,让政策思维方式以及个别人的主观意志压倒法律规范。

在法治国家,在功能分化的现代社会,居然会出现这样规范自反、职能错位的事态,实在令人难以想象。倘若检察部门公开宣称要网开一面,认为非此不足以挽救大批中小企业、维护经济发展的势头,那就无异于告诉世人:在这里,企业的违法经营已经非常普遍,以致官方不得不冒天下之大不韪,为它们剥离那些应该粘贴的犯罪标签,任意放宽制裁的尺度。

这样做,看上去倒是很有点自由放任主义的色彩。问题是如此高高举起、轻轻落下的鞭策,究竟能不能收到缓和规制、刺激景气的效果?回答是否定的。因为市场经济的生命力来自信用关系,而无视规则的企业根本就无法确立和维持信用。面对一个缺乏信用的经济环境,本来就神经过敏的资本会倾向于逃遁,挑剔的消费者则有可能采取集体不买行动。所以,产业化、市场化应该以一套公平而透明的制度为前提条件,要求一视同仁地严格执行既定的法律。由此可见,把牺牲规则和信用的祭酒献给违法企业的对策,其实是在让企业和国家都饮鸩止渴。

更有甚者,还有些法院开始扮演起像律师那样提供法律服务的角色,对负债企业公然表示"亲善",完全不顾债权人一方的感受和诉求,也没有把其他的利益攸关者纳入权衡的视野。例如,广西高级人民法院与工商业联合会磋商谈和,签署了《关于建立广西民营企业法律风险防范机制的意见》,其内容迥然不同于对企业制度合理化的司法建议。在这里,法院似乎要放弃作为第三者的超然立场,而变成非正式的具体协议的当事人。如此大胆的创意,或许真应该作为珍奇现象写进世界审判制度发展史的新篇章。

然而,透过这些极其特殊的实例,我们也还是能发现一些带有普遍性的社会问题,值得进一步探讨。广西高级人民法院与企业界签署协议书这样的做法固然让人诟病,但提出风险防范之议还是颇有见地的。关于"法律风险",可以有各种不同的概念界定,并相应作出不同的制度安排,例如以法律手段驾驭社会风险,或者把依法追究责任的可能性也看成风险,或者把法律决定本身视为市场活动面临的危险之物,或者导致对企业的社会责任以及合规性经营方式(compliance)的强调,等等。

经济危机引起了人们对"风险社会"的关注。实际上,现代化运动一直在鼓励或者迫使人们进行各种有风险性的选择,不断强化着行为的风险导向。这种趋势,被德国联邦政府顾问赫马克汝普教授定义为产业经济世界与生态环境世界之间反复的相互作用和创生的"熊彼特动态"。在这种意义上也可以说,在产业经济急速发展的中国,与风险共舞已成为无从逃避的宿命。目前的这个巨大社会系统不仅是"风险广布",而且还具有很强的"风险导向"。这就很容易引起风险管理上的悖论,造成公共决策上的一系列两难困境,使得区别合法与非法的界限无法划清。

众所周知,中国的 GDP 已经在 2007 年超过德国并连续两年据全球季军地位,同时也付出了环境污染的代价;中国的轿车销售量已经达到全球第二的规模,与此相伴随的是交通事故的急剧增加;但是,我们又不能为了环保而打击制造业、为了交通安全而取缔私车。基于同样的道理,在风险导向很强的社会里,我们也不可能为了防范风险就严厉处罚一切有违"注意义务"的行为(注意:不是指违法行为)。因为这样做会压抑包括风险投资在内的各种有益活动。也就是说,为了增加社会财富,不得不容忍一定程度的"剩余风险",不能不对"以严刑峻法防患于未然"的传统观念进行修正。有些侵权行为的过失责任,也可以通过保险制度和其他分散风险的技术由全体成员来分担,而不必启动刑事上或民事上的制裁机制。

换言之,为了减少社会的风险而过度扩大问责范围,不断追究离事故现场很远的企业管理人员的业务过失责任或者政府官员不作为责任,这样的司法政策在很多场合反倒会造成弊大于利的后果。以风险社会的到来为背景,如果刑事审判对"过失犯"(注意:不是指故意的经济犯罪行为)查办面太广、惩罚措施太重,就会酿成战战兢兢的紧张气氛,势必妨碍选择行为的自由。要避免这类弊端,应该引进刑法谦抑观念,尽量采取非刑事的制裁手段,尽量采取间接惩罚和弹性惩罚的方式。

在这个意义上,浙江省司法机关充分运用严格区分企业集资类案件中罪与非罪的界限、正确处理刑民交叉问题的法庭技术,慎重办理因资金链断裂引发的集资类刑事案件,不轻易动用刑罚,诸如此类的提法和做法都是比较稳妥的。

总之,禁止违法经营活动,绝不姑息经济犯罪,在上述前提下对犯罪与非罪、刑事与民事、单一化制裁与多样化制裁等进行合法的利益权衡和概念计算,这才是现阶段在经济刑法领域对"制动器"进行调节的题中应有之义。

2009 年 1 月 18 日

法律:举起正义之剑*

南国赌王案是当今中国的一个隐喻、一个非常典型的象征性符号。

在大地与公海之间往返的那条游轮"海王星号",寓意某种形态的赌场经济以及货币过剩带来的资本漂流,也暗示中国金融系统其实在一定程度上已经变成了"无根的浮萍"。如果把大地理解为民族国家的生产力实体,把公海理解为全球资本主义体制,那么"海王星号"就可以被看做是那些无限欲望的载体。

超级分利联盟

可以说,"海王星号"的每一次航行都是投机对投资的沉重游击,都在使资金持有者越来越摈弃作为主体的身份认同,远离坚固的大地,驶往自由而虚渺的法外公海。如此反复下去,势必造成国民经济乃至社会秩序的价值基础和结构的逐渐分离解体。但是,就在可能发生的大崩溃那一刹那,这条漂泊不定的赌船注定是要弃大地而远去的。它绝不可能成为国人逃离浩劫的"诺亚方舟"。

---

* 原载《财经》总第 348 期。

实际上，这一公海赌船不仅缺乏对民族国家的身份认同，试图摆脱大地的羁绊，还构成了一片移动性的不法地带。在这里，可以毫无廉耻地从事走私、洗钱、行贿、隐匿生意。

与此同时，"海王星号"也构成了一张特殊人际关系网的枢纽。在这里，以潮汕帮为核心，以流水般的货币为媒介，形成了包括前内地首富黄光裕、"南粤政法王"陈绍基、深圳市原市长许宗衡、粤浙原省纪委书记王华元、公安部原部长助理兼经济犯罪侦查局局长郑少东等在内的超级权力精英的分利联盟。尤其值得注意的是这张关系网的特征：警匪交相渗透、互为利用。

赌博的经济观

从连氏家族及类似的所作所为，我们可以清楚地认识20世纪80年代末以来资本在中国的原始积累过程以及权力与货币的共犯关系造成的"原罪"。他们的成功故事具有共同特征，这就是借助金融诈术来获得巨额资金，借助暴力杠杆来垄断交易市场。这样的发展模式与亚当·斯密所设想的以土地、劳动及勤奋生产和合法经营为坚固基础，具有道德情操的"市民资本主义"体制风马牛不相及，而更接近马克斯·韦伯揭示的那种冒险的、缺德的"贱民资本主义"类型。

不言而喻，连卓钊式的商人们持有赌博的经济观。他们都在强权的政府、投机的金融、买空卖空的商业以及难以监管的海外交易犬牙交错的地方，通过货币的来回操作而使自己的身价巨幅增值。

至于郑少东们，更重视的是货币和权力的互补性、可替代性。一种变态的权力欲可以表现为货币崇拜，而货币可以使人满足更大的、更无止境的权力欲。

在公海赌船上，权力与货币的反复混交，孕育出来的只能是个奇丑无比的经济怪胎："流氓资产阶级"。对这些人而言，为了达到垄断经营和攫取利润的目的，可以不择手段，可以借助黑社会来操纵竞争机制。换句话说，暴力就意味着暴利。

在他们互相之间也只存在利用与被利用的关系。黑道上的人提供黑道信息，有选择地满足在白道上的人的职务需要。白道上的人泄露白道上的机密,有选择地为黑道上的人通风报信、网开一面。这种毫无道义的分工关系甚至还通过政府人事的安排实现了"可持续发展"。

在"海上赌王"的身后,可以看到黑道的运作已经公司化、规模化的影子。在"南粤政法王"的政治人脉里,可以发现黑白两道的相互渗透和跨境渗透已经达到极其严重的程度。不难想象,这条船再往前航行下去,就将是一个黑白完全颠倒的世界。

次级秩序的僭越

我们不妨返回来,透过2007年秋天那场游艇会来观察和分析当今中国的制度缺失。黄光裕之所以热衷于这个"桃园三结义"的翻版故事,是因为他玩弄的资本腾挪术始终需要政府做杠杆,是因为他在土地和资本之间运作出来的数以亿计的资金需要漂洗,是因为他在不断陷入经济犯罪指控之际需要高层保护。

连卓钊发挥的是媒介作用。他通过公海赌船这个灵活的、隐秘的交流平台,把赃款与贷款联系起来、把地下钱庄与境外银行联系起来、把黑道与白道联系起来、把商界与政界联系起来,进而在国家秩序之外形成了庞大而有力的次级秩序。

郑少东与连卓钊的勾结起初是因为权力。郑需要黑道信息和涉事官员信息,而连可以有选择地满足这种需要,并以此获得庇护。在这里警匪互相利用也互相渗透。郑少东与黄光裕之间是权钱互动。黄想花钱买屏障,郑想花钱买稳定,也是一种互惠关系。黄连郑三者之间信任的基础却在于传统的地缘关系,这就是他们选择离故乡最近的海域作为密谈地点的原因。

可想而知,如果中国政府对市场不享有任意指手画脚的超强权力,那么私营企业以及商人向官员行贿的动机就会大幅度减弱。如果任何财产的所有权都获得法律制度上的可靠保障,那么"圈地"与"圈钱"之间的互动关系就不会如此畸形发达,有产者也不必纷纷在衙门里寻找自己特有的庇护者。

如果官员以擅自收取贿赂的方式来保护财产权和人格权的现象普遍化,就会主要在如下两个方面抽空国家的价值基础:

(1) 税收作为政府提供公共服务的对价的属性被歪曲、被消磨,国库因中饱私囊的所谓"内卷化"机制而逐渐空虚;

(2) 政府摈弃那种超然于各种利益集团或个人之上的中立性、客观性,成为偏袒少数关系户或行贿者的帮办,进而蜕化成某种勾结型政府,完全丧失道义根据。

在这样的状况中,国家秩序的存在形态与黑道帮派的规则以及相应的次级秩序之间的界限就会越来越模糊、越来越混淆不清。

树立法制权威的起点

要从根本上打破超级分利联盟,必须完善包括产权保护、税务法定、财政透明、司法独立在内的一系列制度并使规范的执行合理化、去人情化,并按照法治原则严格限制国家权力的滥用。

倘若坏事也可以变好事,在我看来,南国赌王案能变成的好事就是为中国加强规范刚性、树立法制权威提供了一个最没有争议的契机。

概而论之,公民之所以遵守法律,是因为法律具有正当性。这种正当性往往需要举出理由加以论证,而关于善、正义以及公平的说理过程难免掺杂传统文化的影响、意识形态的因素、利益集团的博弈等,有可能使得法律的效力相对化。但在有些方面,法律制度为解决单纯的调整问题而存在,其强制约束力是不证自明的客观需要。正因为存在这样公认的调整功能,所以必须树立法制权威,用以统一步调、避免混乱和冲突。例如严格执行交通规则,无非明确人们的行为方式,从而改进道路秩序、保障所有人的安全。像这样为了调整社会步调而严格执法,不会引起对错之争。因此,交通规则是最容易刚性化的,应该成为树立法制权威的起点。同样不容讨价还价的逻辑也存在于反腐败的执法行为。

公海赌船上进行权钱交易的罪恶是如此触目惊心。警匪勾结、黑白串通对社会公共秩序的危害也的确令人不寒而栗。法律在这里举起正义之剑,当然毋庸置疑。倘若制度在这里也不能立威立信,那么人民就将面对更彻底的无法无天!

2013年2月2日

图书在版编目(CIP)数据

大变局下的中国法治/季卫东著. —北京:北京大学出版社,2013.6
ISBN 978-7-301-21956-0

Ⅰ.①大… Ⅱ.①季… Ⅲ.①中国法治-研究-中国
Ⅳ.①D912.290

中国版本图书馆 CIP 数据核字(2012)第 215654 号

书　　名	大变局下的中国法治
著作责任者	季卫东　著
责 任 编 辑	白丽丽
标 准 书 号	ISBN 978-7-301-21956-0/D·3256
出 版 发 行	北京大学出版社
地　　址	北京市海淀区成府路205号　100871
网　　址	http://www.pup.cn
新 浪 微 博	@北京大学出版社　@北大出版社法律图书
电　　话	邮购部 62752015　发行部 62750672　编辑部 62752027 出版部 62754962
印 刷 者	三河市北燕印装有限公司
经 销 者	新华书店

　　　　　　965 毫米×1300 毫米　16 开本　17 印张　262 千字
　　　　　　2013 年 6 月第 1 版　2020 年 12 月第 7 次印刷

定　　价：35.00 元

未经许可,不得以任何方式复制或抄袭本书之部分或全部内容。
版权所有,侵权必究
举报电话:010-62752024　电子信箱:fd@pup.pku.edu.cn